Leo Brugger

Wanderungen und Bergtouren
Meraner Land

Berghöfe, Almen und Gipfel – die schönsten Ziele rund um Meran

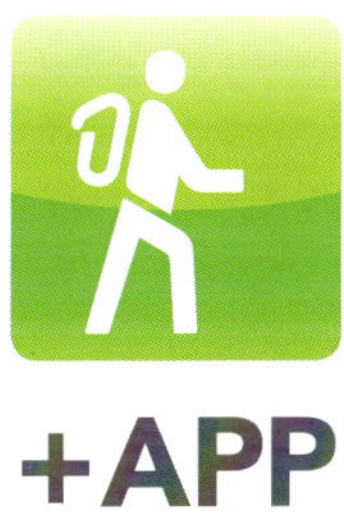

+APP

TAPPEINER.

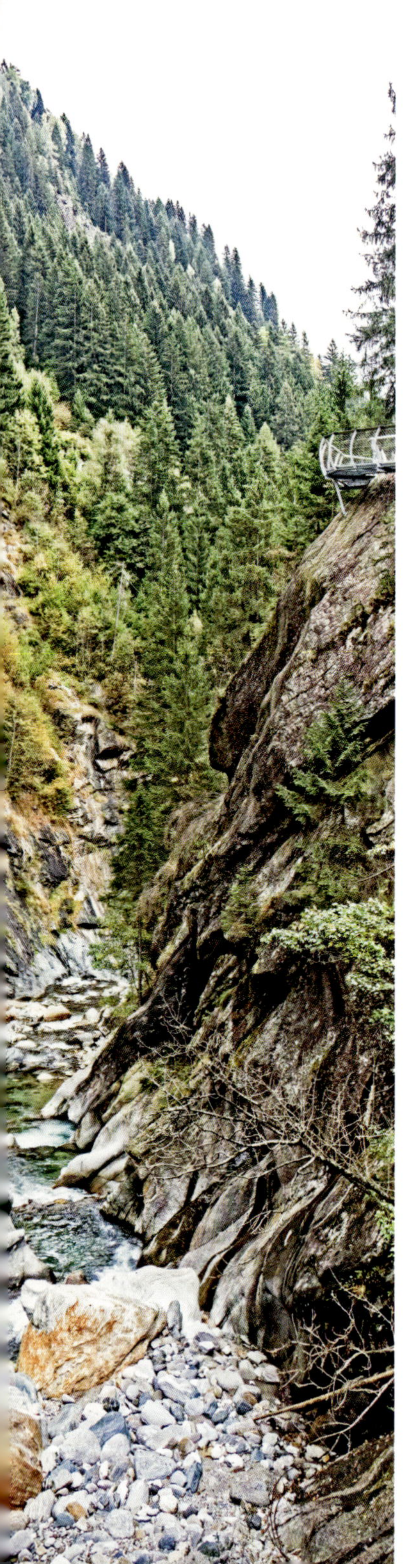

Inhalt

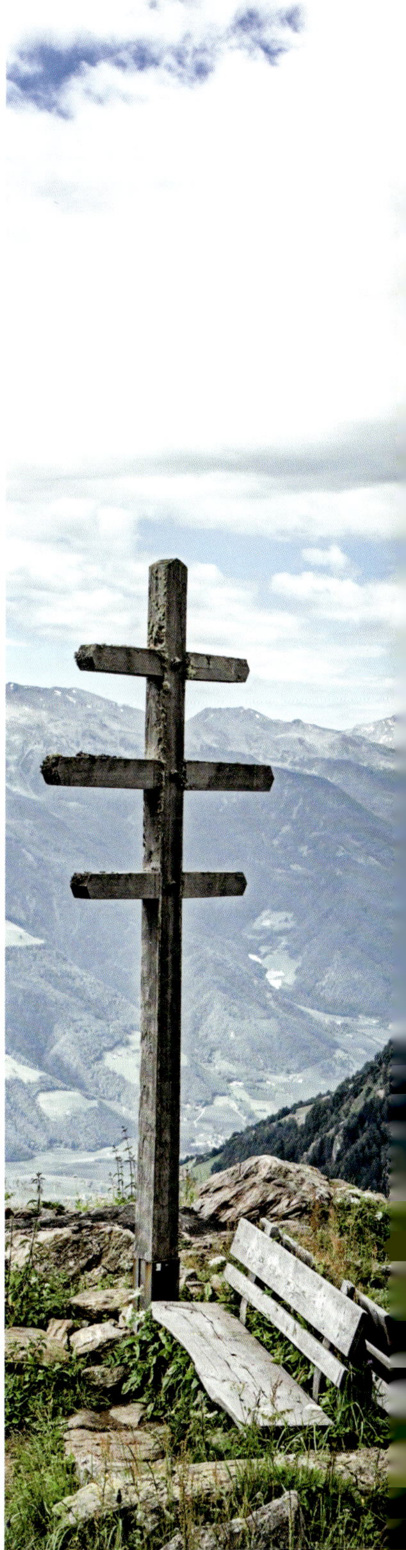

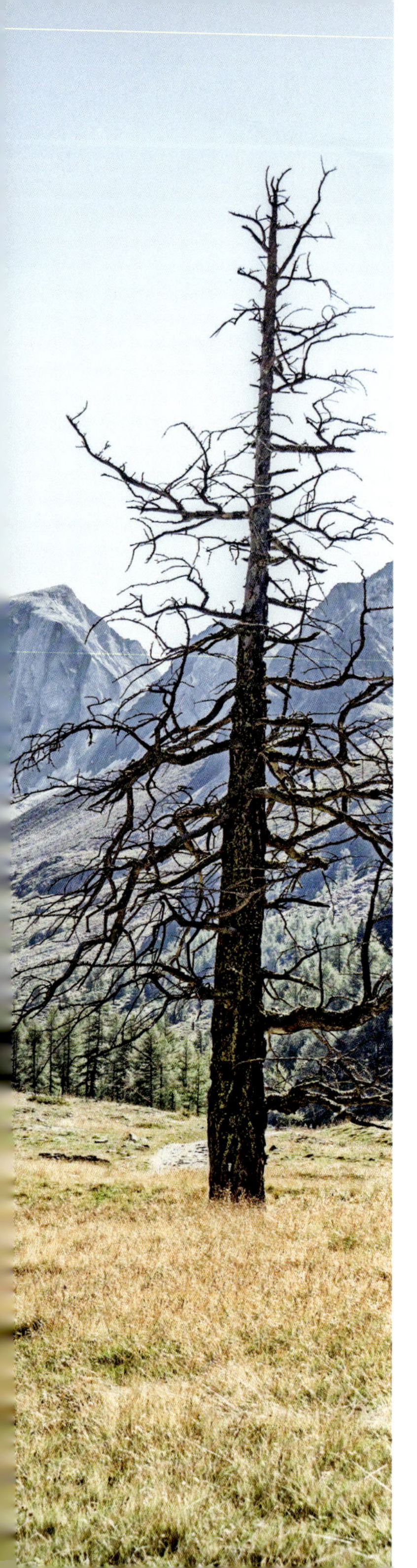

Einführung

In diesem Wanderführer werden Wanderungen und Bergtouren im Großraum Meran vorgestellt: zwischen dem Schnals- und dem Passeiertal, zwischen dem Tschögglberg und dem hinteren Ultental. Die Touren sind zum größten Teil technisch einfach und auch für weniger „erprobte" Wanderer zu bewältigen, einige wenige aber stellen erhebliche Anforderungen an Kondition und Technik. Schlechtes Wetter oder Schneereste können Einfaches plötzlich ganz schwer werden lassen. „Mut zeigen heißt umkehren, wenn man Angst hat!" Die meisten Bergunfälle passieren durch Selbstüberschätzung!
Alle Wege sind bestens gekennzeichnet bzw. beschildert, so dass es bestimmt keine Orientierungsschwierigkeiten gibt. Viele Ausgangs- und Endpunkte sind auch mit öffentlichen Verkehrsmitteln zu erreichen, was durchaus der Grundidee dieses Buches zum sanften Tourismus entspricht. Und fast alle Wanderungen lassen Zeit fürs Genießen: fürs Auge, für die Seele, aber auch für den Gaumen.

Gehzeiten und Ausrüstung

Die Gehzeiten sind (eher großzügig gehaltene) Richtwerte und entsprechen einer mittleren Gehleistung ohne Rastpausen; die angegebenen Höhenunterschiede berücksichtigen auch größere Gegenanstiege. Die Ausrüstung muss sich auch im Hochsommer nach dem Zwiebelschalenprinzip richten und umfasst adäquate Bergbekleidung, die Schutz vor Regen, Wind und Kälte garantiert. Bei den Hochtouren gehören auch eine Mütze und wenigstens leichte Handschuhe in den bequemen Tagesrucksack (auf über 2500 Metern ist Schneefall auch im August keine Seltenheit), dazu genügend Getränk und energiereiche Verpflegung. Ebenso unerlässlich sind feste Bergschuhe mit Reibungssohle, bei den einfachen Wanderungen wenigstens leichte Trekkingschuhe, denn wozu Turnschuhe gut sind, sagt bereits ihr Namen. Ebenso in den Rucksack gehört eine Tüte, in der eventuell anfallender Müll wieder zum Ausgangspunkt mitgenommen werden kann. Auch ein Erste-Hilfe-Set kann manchmal wertvolle Dienste erweisen.

Kartografie und Wegenetz

Für die Planung und Durchführung aller im Buch beschriebenen Touren wurden spezielle topografische Kartenausschnitte in den Maßstäben 1:25.000–1:60.000 erstellt. Es empfiehlt sich jedoch bei allen Touren die Mitnahme der zusätzlich empfohlenen Wanderkarte, da sich Wegverläufe und Bezeichnungen ändern können.

Öffentliche Verkehrsmittel

Bei vielen Wanderungen kann man öffentliche Verkehrsmittel benützen. Fahrplaninformationen können unter www.sii.bz.it abgerufen werden. Aber auch die Tourismusvereine der betreffenden Ortschaften sind mit Sicherheit gerne behilflich.

Wetter

Auch bei kurzen Wanderungen sind (einigermaßen) zuverlässige Informationen über die Wetterentwicklung hilfreich. Informationen im Internet unter www.provinz.bz.it/wetter; unter dem Stichwort „aktuelles Radarloop" und derselben Internetadresse kann man die Niederschlagsaktivität in Echtzeit auch auf dem Smartphone verfolgen; Informationen gibt's auch telefonisch unter der Rufnummer +39 0471 271 177.

Bei **Hüttenwanderungen** erkundigt man sich selbstverständlich vorher über die Öffnungszeiten, dann bleiben unangenehme Überraschungen erspart.

Und zum Schluss noch eine Information für den hoffentlich nicht eintretenden **Notfall**: Auch in Südtirol (und Italien) gilt die internationale Notrufnummer 112.

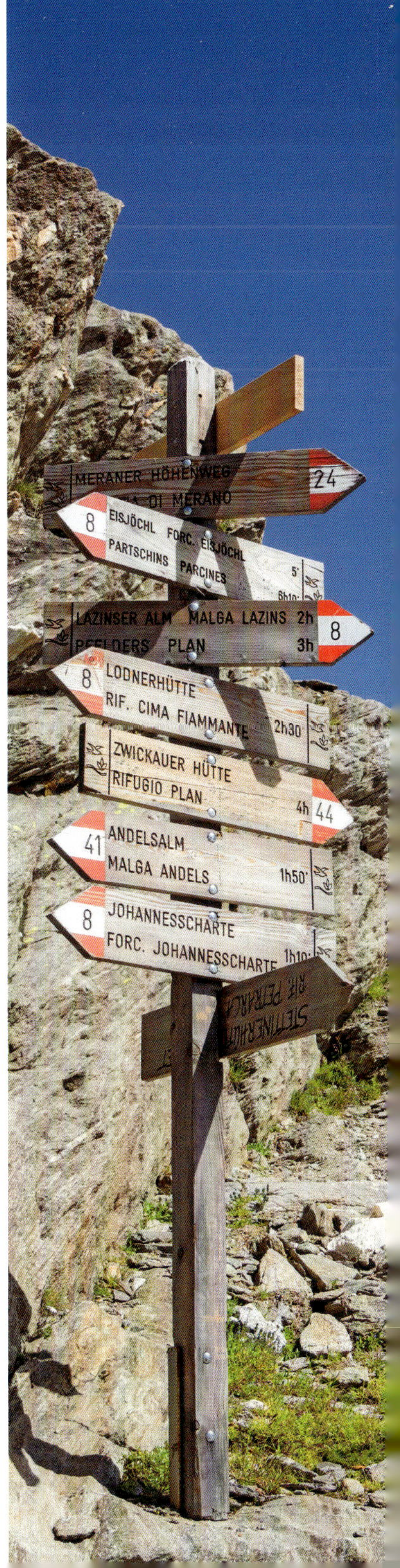

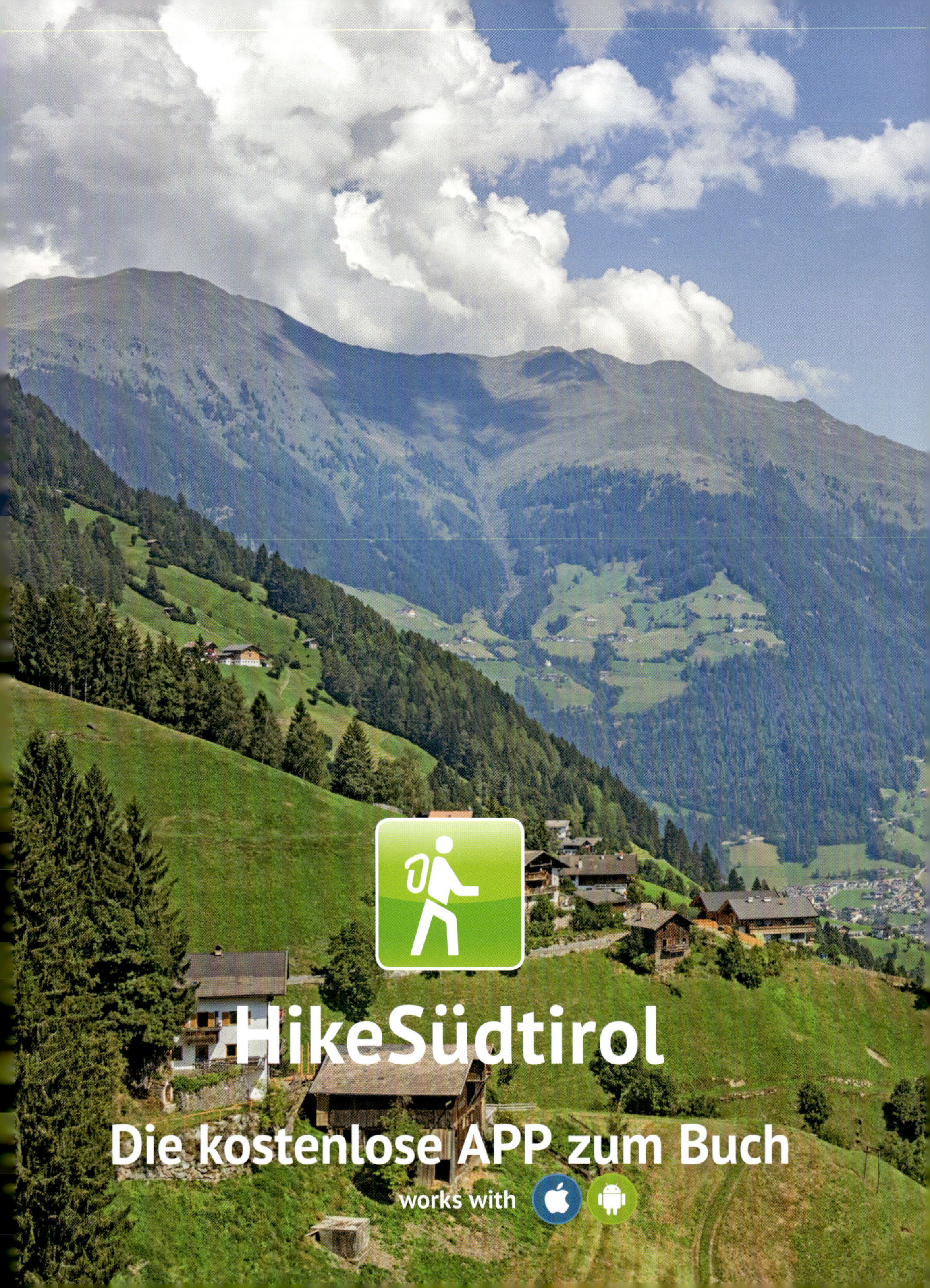
HikeSüdtirol
Die kostenlose APP zum Buch
works with

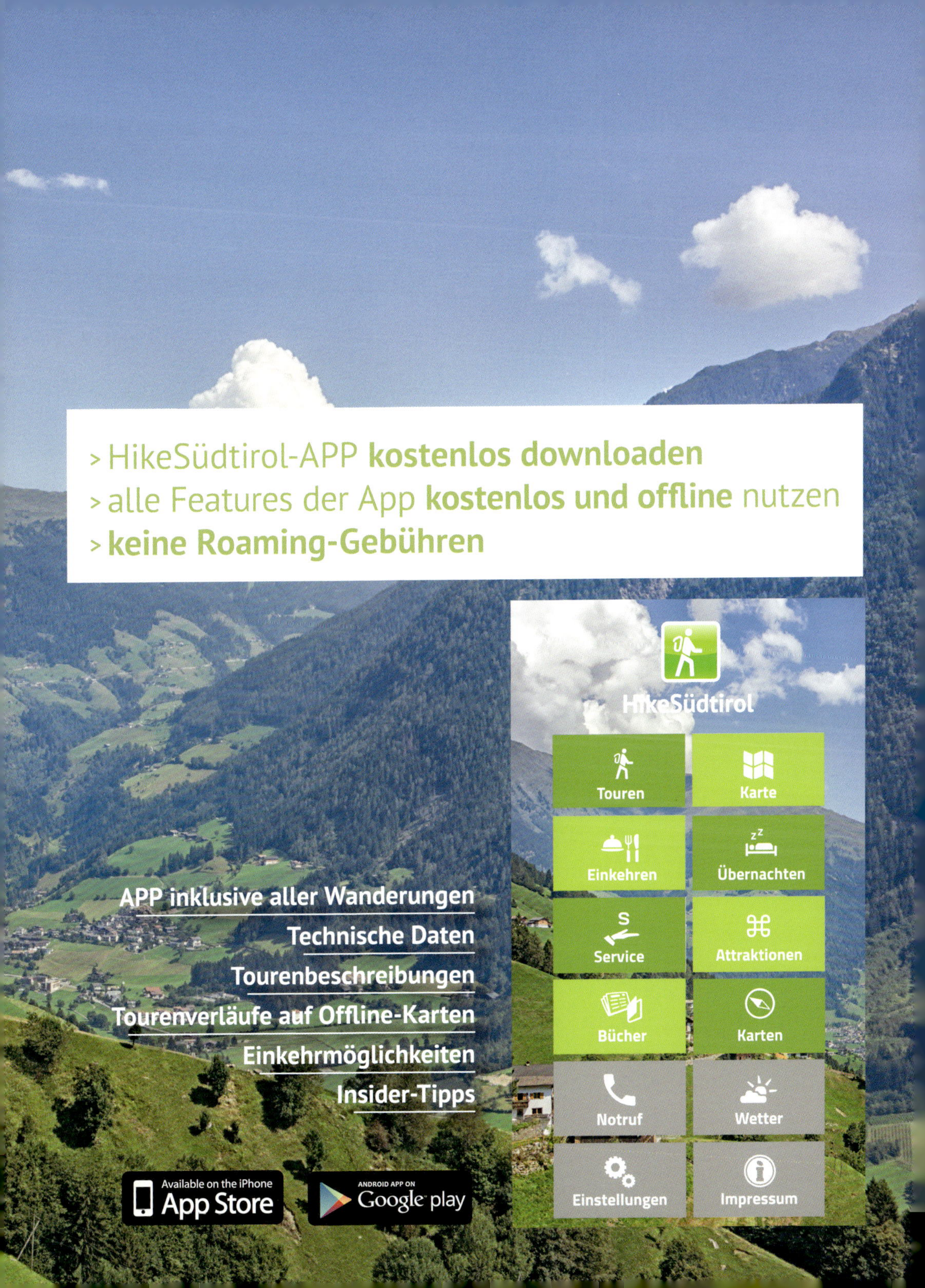

1 VON KURZRAS NACH VERNAGT

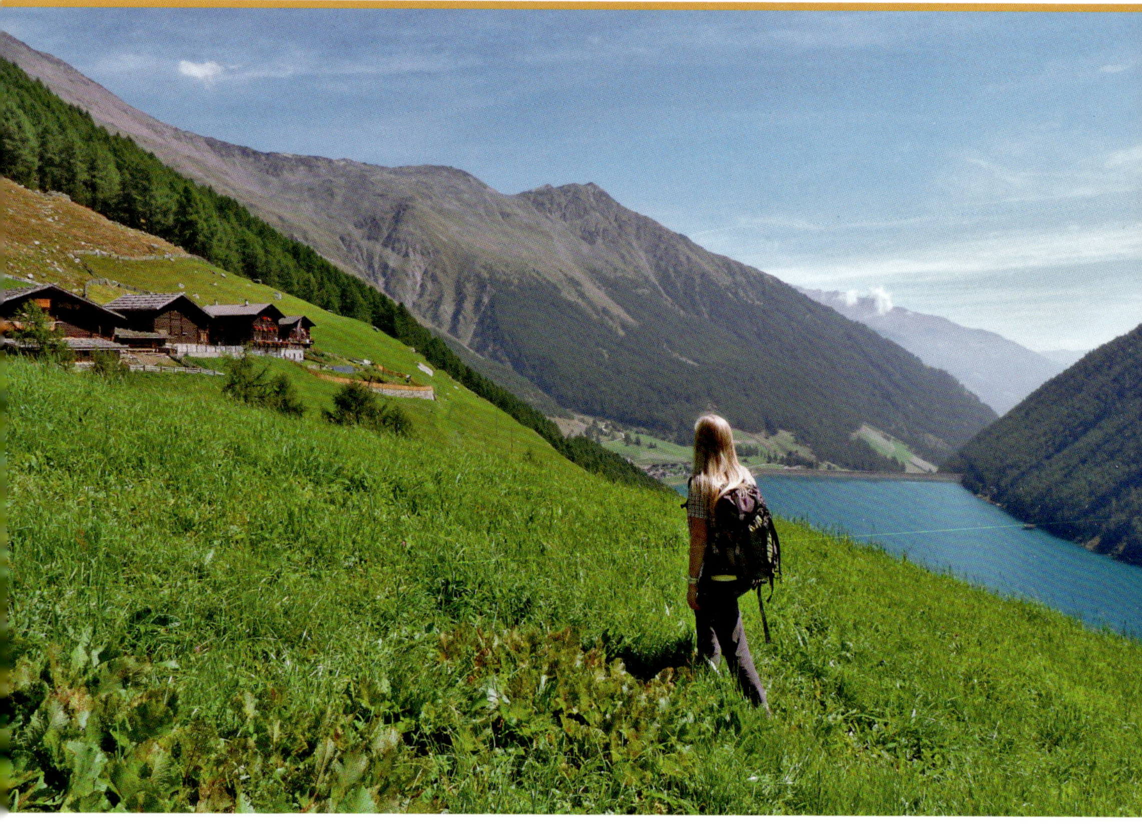

TECHNISCHE DATEN

Gehzeit
ca. 2½ Stunden

Höhenunterschied
ca. 200 m im Aufstieg
ca. 530 m im Abstieg

Ausgangspunkt
Kurzras

Kartenmaterial
Tabacco 04, Schnalstal – Naturns, 1:25.000

Eine gemächliche Wanderung mit einigen kurzen Gegenanstiegen, durch schütteren Bergwald. Immer wieder bieten sich schöne Tiefblicke auf den Stausee. Einige wenige, etwas ausgesetzte Stellen sind durch Geländer abgesichert, aber mit Vorsicht zu überwinden.

Anfahrt: Mit öffentlichen Verkehrsmitteln oder mit dem Privatauto durch den Vinschgau. Von Naturns weiter mit dem Linienbus bis zur Endstation in Kurzras, hingegen mit dem PKW bis zum Parkplatz kurz hinter der Staumauer des Vernagt-Stausees. Dort besteigt man den Linienbus nach Kurzras an der Haltestelle gegenüber dem Parkplatz.

Wegverlauf: Von der Endstation in Kurzras wandert man kurz auf der Straße talauswärts, bis an einem Gatter die Markierung Nr. 7 nach links abzweigt. Bald ist der schüttere Bergwald erreicht und es geht mit einigen Gegenanstiegen hinaus zum Finailhof. Auf fast 2000 m Höhe gelegen war dieses Anwesen bis 1967 der höchstgelegene bewirtschaftete Kornhof Europas. Der schöne Gebäudekomplex ist in Holzblockbauweise ausgeführt und stammt aus dem 15. und 16. Jahrhundert. (In der bemalten Stube oder auf dem Aussichtsbalkon werden kulinarische Köstlichkeiten serviert, u. a. ein köstliches Schöpsernes.) Vom Hof kann man auf Nr. 8 A direkt zum Seerundweg absteigen und auf diesem zurück zum Parkplatz (Bushaltestelle) gelangen. Lohnender ist die Fortsetzung auf Weg Nr. 7 über Raffein- und Tisenhof (Ausschank) zum Endpunkt.

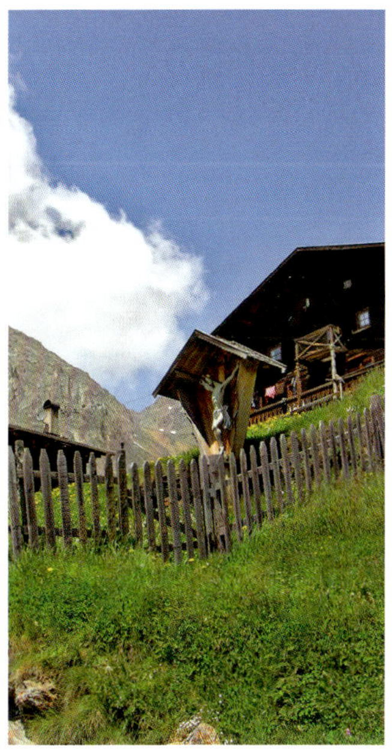

Blick auf den Vernagt-Stausee (links); der Finailhof oberhalb des Sees (rechts)

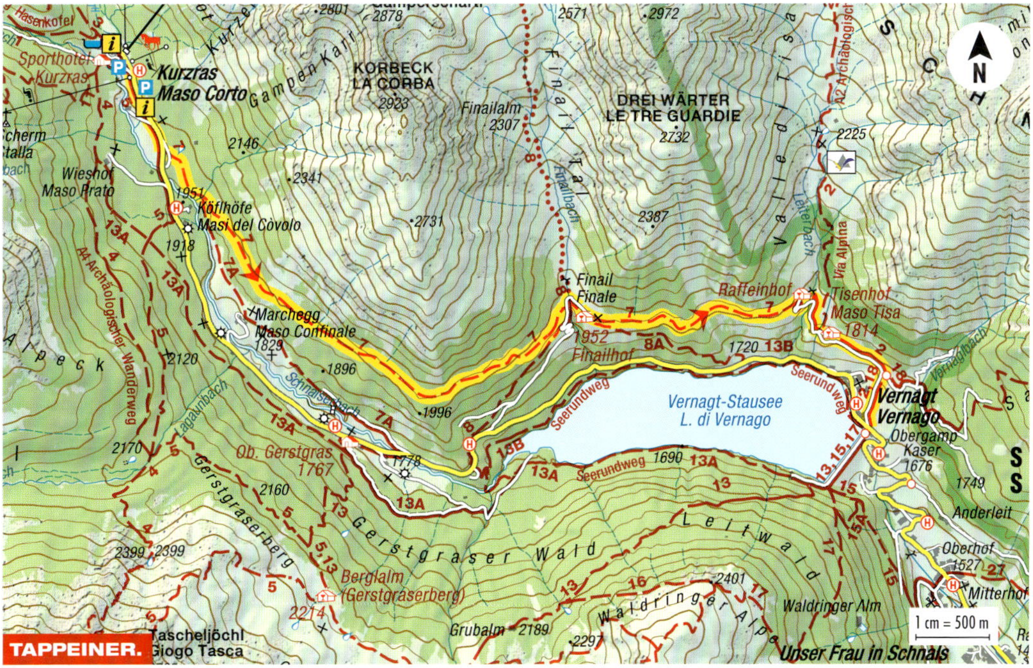

2 KIRCHBACHSPITZE, 2947 m

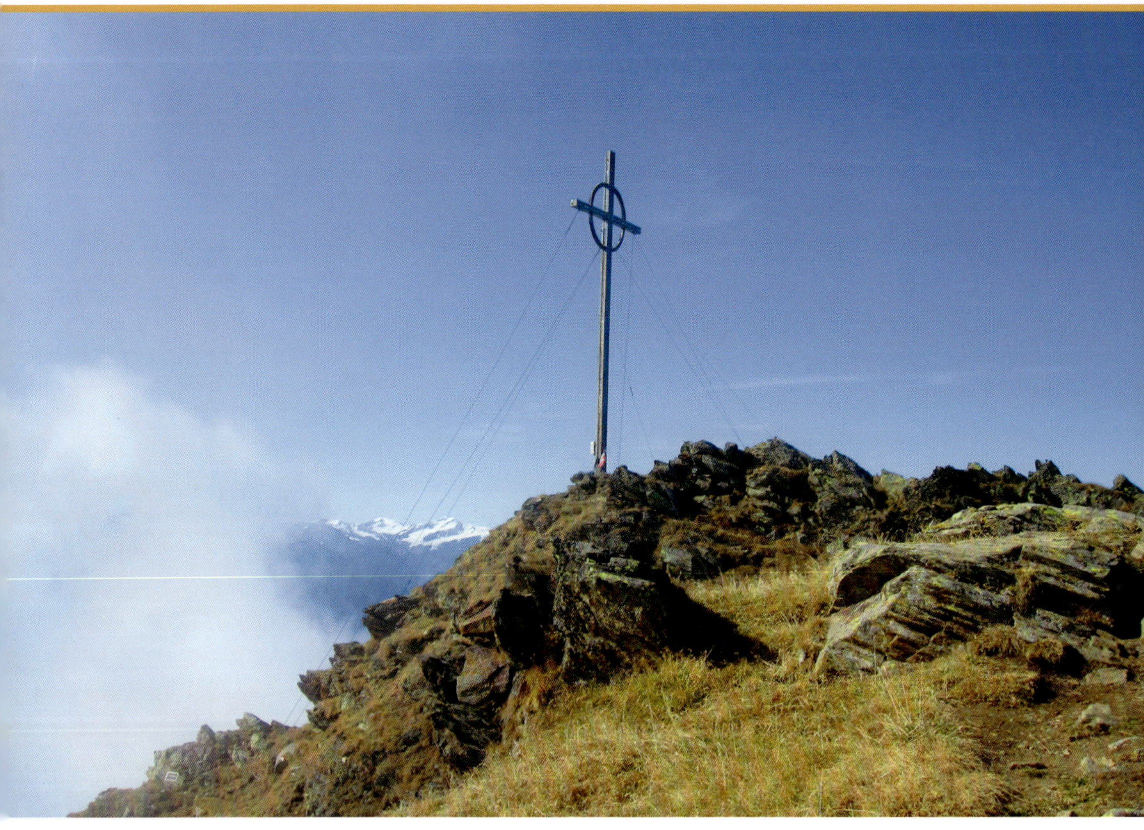

TECHNISCHE DATEN

Gehzeit
7½–8 Stunden

Höhenunterschied
ca. 1670 m im Auf- und Abstieg

Ausgangspunkt
Bergstation der Seilbahn Unterstell

Kartenmaterial
Tappeiner 107, Lana und Umgebung, 1:35.000

Die Kirchbachspitze ist der Hausberg von Naturns und bildet den südlichsten Eckpfeiler der Texelgruppe mit einem traumhaften Rundumblick vom hinteren Schnalstal mit Weißkugel und Similaun über die Ortlergruppe hin zur Mendel und weiter in die Dolomiten und Sarntaler Alpen sowie einem Tiefblick von fast 2500 Metern in den Vinschgau. Doch man beachte Höhenunterschied und Gehzeit!

Anfahrt: Mit öffentlichen Verkehrsmitteln oder mit dem Privatauto durch den Vinschgau bis zur Talstation der Seilbahn Unterstell in Kompatsch, westlich von Naturns.

Wegverlauf: Ausgangspunkt dieser Bergtour ist die Bergstation der Seilbahn Unterstell. Man folgt der Markierung Nr. 10 über Patleid und Lint und gelangt zur Jausenstation Dickhof. Weiter wandert man durch den Hochwald zur Dickeralm, wo sich das Gelände bis zur Oberen Mairalm, einem über 500 Jahre alten urigen Almgebäude, zurücklehnt. Hier hält man sich rechts (Mark. Nr. 9/10 A) und erreicht die nächste Weggabelung. Rechts auf Markierung Nr. 10 A steigt man nun „direttissima" und teilweise recht mühsam über Geröll auf zum Gipfelgrat (Vorsicht im Vorstieg!). Die letzten Meter vom Grat zum gewaltigen Gipfelkreuz führen über ausgesetzte Blockkletterei, die zwar ein wenig kraftraubend ist, aber durch das wunderschöne Panorama am Gipfel belohnt.
Abstieg wie Aufstieg. (Oberhalb der Mairalm laden einige Steinplatten zu einer gemächlichen Rast ein. Wenn man sich ruhig verhält, kann man schon bald das lebhafte Völkchen der Murmeltiere beobachten!).

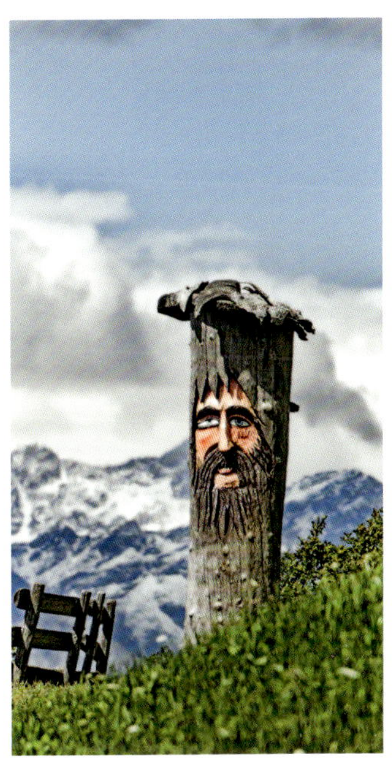

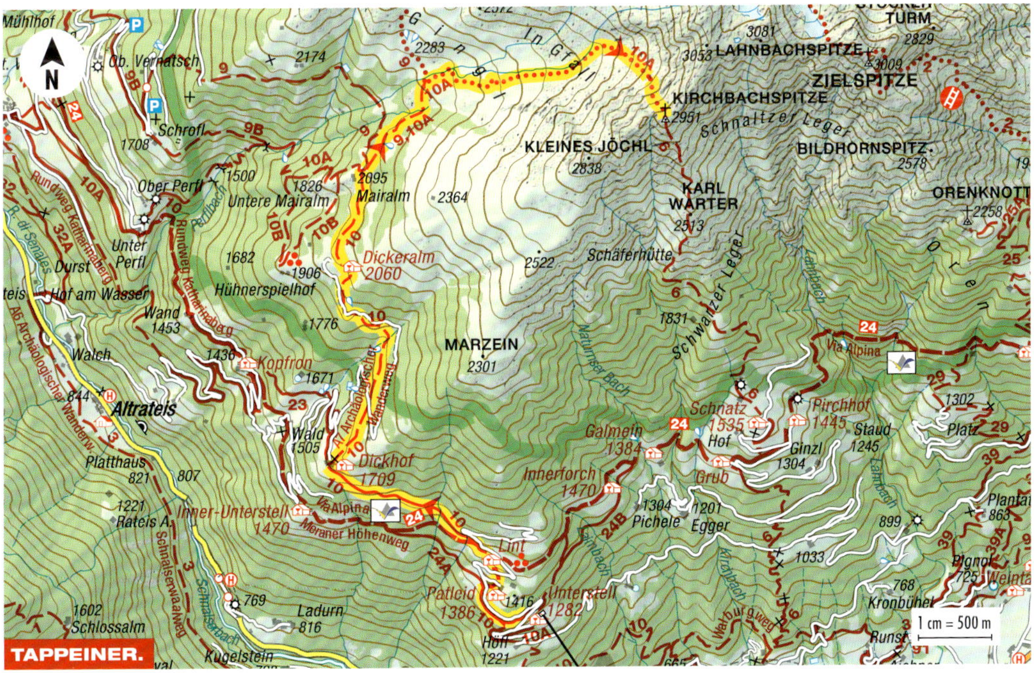

3 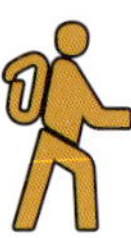 VON NATURNS ÜBER GRUB NACH UNTERSTELL

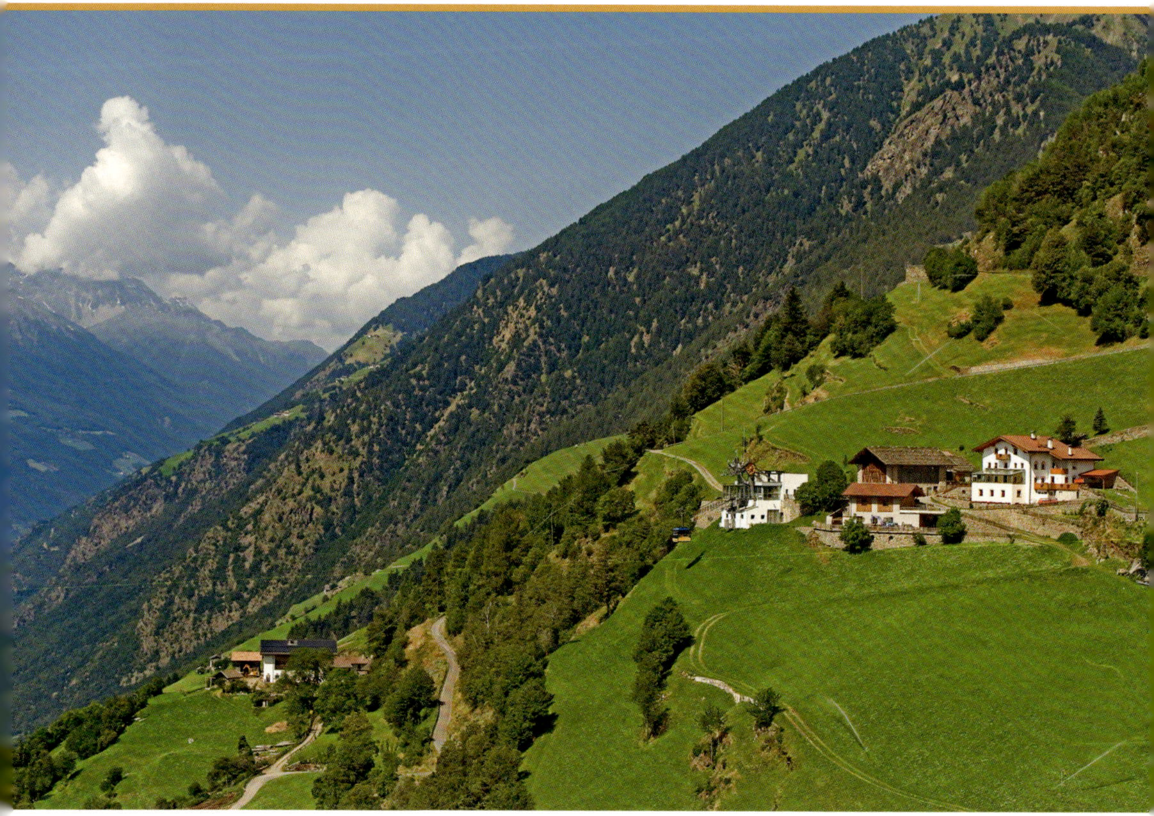

TECHNISCHE DATEN

Gehzeit
3½–4 Stunden

Höhenunterschied
ca. 940 m im Aufstieg
ca. 200 m im Abstieg

Ausgangspunkt
Parkplatz an der Talstation der Seilbahn Unterstell in Kompatsch/Naturns

Kartenmaterial
Tappeiner 107, Lana und Umgebung, 1:35.000

Unterwegs am Naturnser Sonnenberg: 315 Sonnentage im Jahr machen diesen Ort perfekt für Sonnenanbeter und Genusswanderer. Die Bergstation der Seilbahn Unterstell ist das Ziel dieser fast ganzjährig begehbaren Tal-Berg-Wanderung. Ein bisschen anstrengend ist der Aufstieg schon, aber man genießt einmalige Ausblicke auf das Meraner Becken und ins Tal bis weit hin zu den vergletscherten Gipfeln des Ortlergebietes.

Anfahrt: Mit öffentlichen Verkehrsmitteln oder mit dem Privatauto durch den Vinschgau bis zur Talstation der Seilbahn Unterstell in Kompatsch, westlich von Naturns.

Wegverlauf: Vom Parkplatz wandert man zunächst zurück in Richtung Naturns und biegt nach der Kirche links ab auf Weg Nr. 6 (Schlossweg). Vorbei am Schloss Hochnaturns steigt man weiter auf, quert den Wallburgenweg und setzt mehr oder weniger direkt in der Falllinie fort. Mehrfach wird die Zufahrtsstraße zu den Berghöfen gequert, dann erreicht man schließlich den Meraner Höhenweg (Nr. 24), dem man nach links folgt. Kurz hinter dem Hof Galmein bleibt man auf dieser Markierung und bewältigt einen letzten kurzen Anstieg nach rechts. Bald nach Innerforch biegt man nach links ab und steigt – manchmal steil – hinunter nach Unterstell. Auf dem Weg dahin gelangt man zur Aussichtsplattform, die für manch einen wohl auch Nervenkitzel darstellt, und zu den drei neuen, kurzen Klettersteigen (familiengerecht, aber entsprechende Ausrüstung notwendig). Nach Rast und Einkehr schwebt man mit der Seilbahn zurück zum Ausgangspunkt.

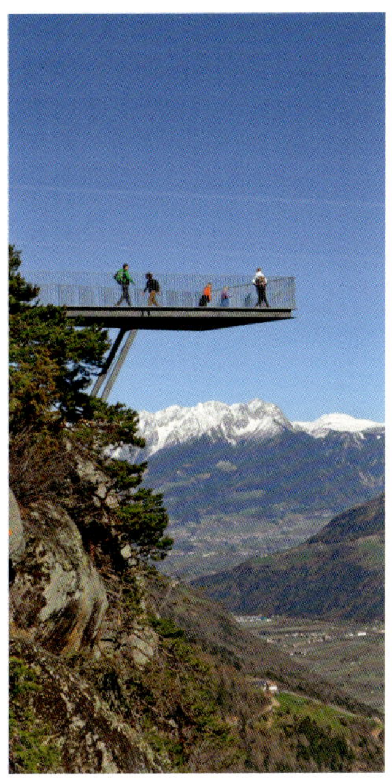

Bergstation und Gasthaus Unterstell (links); Aussichtsplattform (rechts)

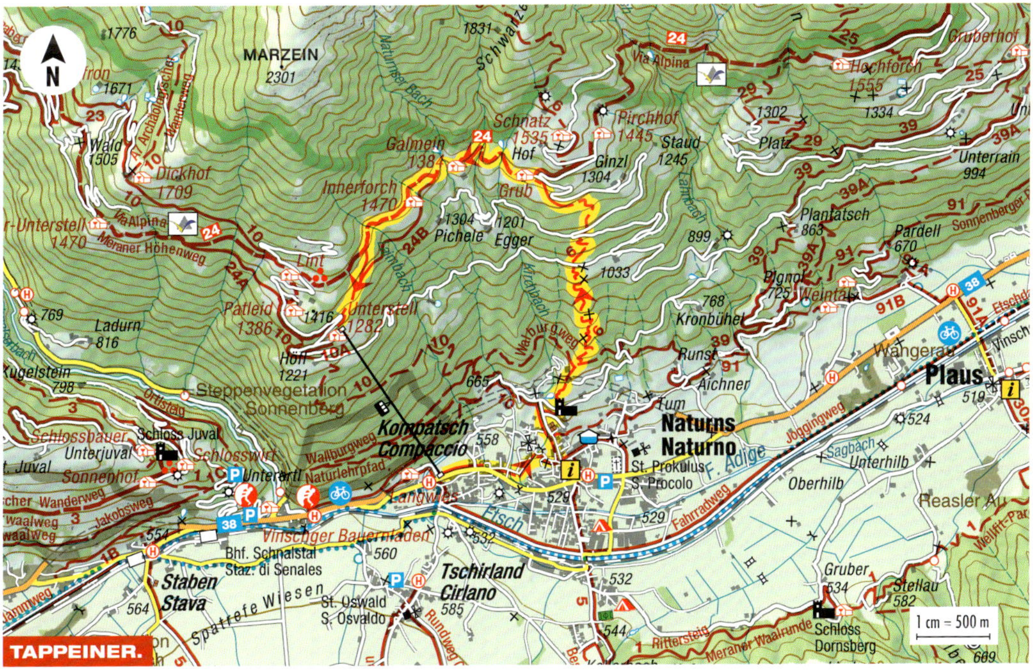

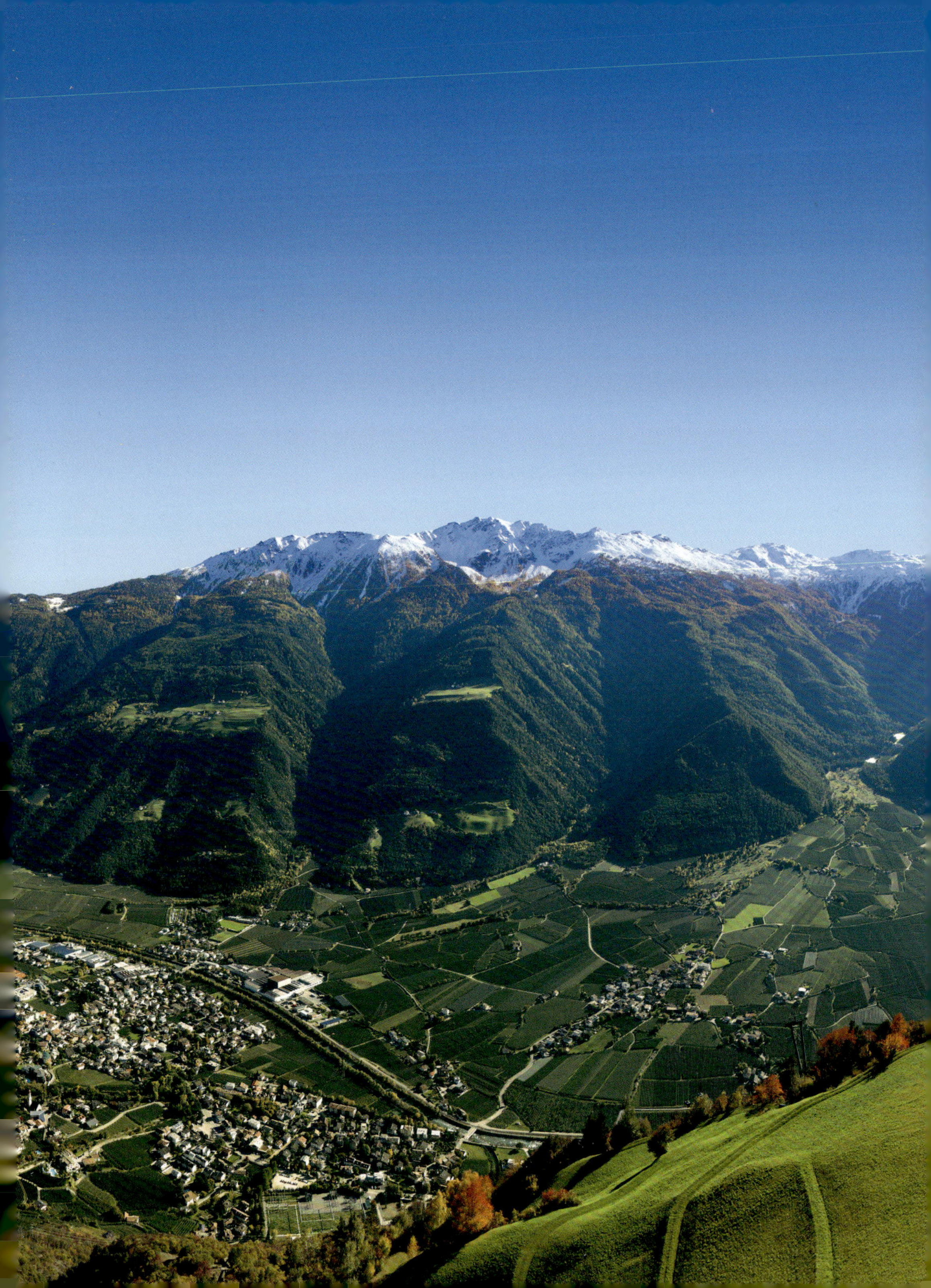

Seilbahn und Gasthaus Unterstell, 1300 m

Unser Gasthaus befindet sich am Naturnser Sonnenberg, direkt neben der Bergstation der Seilbahn Unterstell auf 1300 m. Hier können Sie bequem den Meraner Höhenweg erreichen.
Zahlreiche Wandermöglichkeiten bieten sich an.
Ebenso ist es ein idealer Startpunkt für Paragleiter. Genießen Sie die traumhafte Panoramalage bei einer herrlichen Aussicht über Naturns bis Meran oder in Richtung Vinschgau bis Latsch und Schlanders.
Weit ab von Lärm und Alltagsstress können Sie bei uns verweilen und die Ruhe genießen. In unserem Gasthaus erwartet Sie eine gute bürgerliche Südtiroler Küche. Verschiedene Getränke, hausgemachte Kuchen und Kaffee runden unser Angebot ab.

Wir freuen uns auf Ihren Besuch!

Ihre Familie Götsch

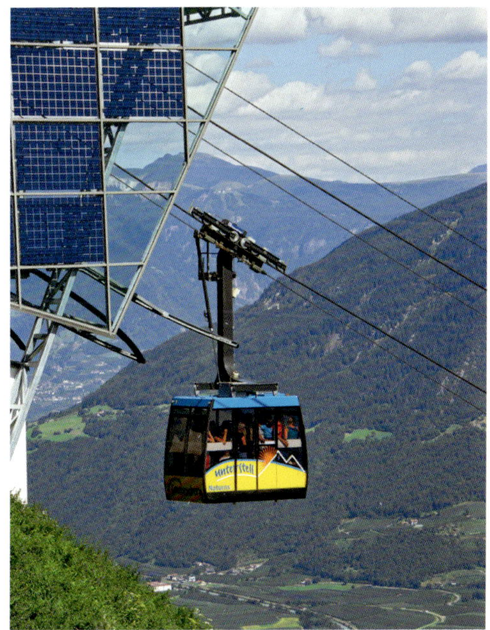

Gasthaus-Bergstation Unterstell
Sonnenberg 46
I-39025 Naturns
Tel. +39 0473 667747
www.unterstellhof.com
info@unterstellhof.com

Öffnungszeiten: ganzjährig
Ruhetag: Freitag (außer September/Oktober)

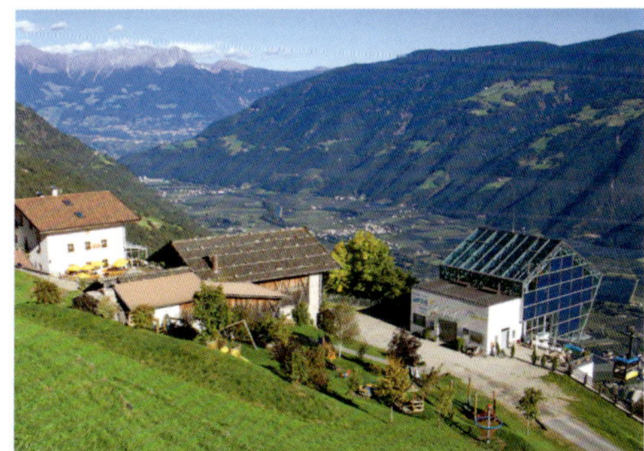

Seilbahn Unterstell
Tel. +39 0473 668418
www.unterstell.it
info@unterstell.it

Betriebszeiten: ganzjährig von 8 bis 19 Uhr
Sommer: jede ½ Stunde
Winter: von 8 bis 17 Uhr jede Stunde;
Sa–So jede ½ Stunde

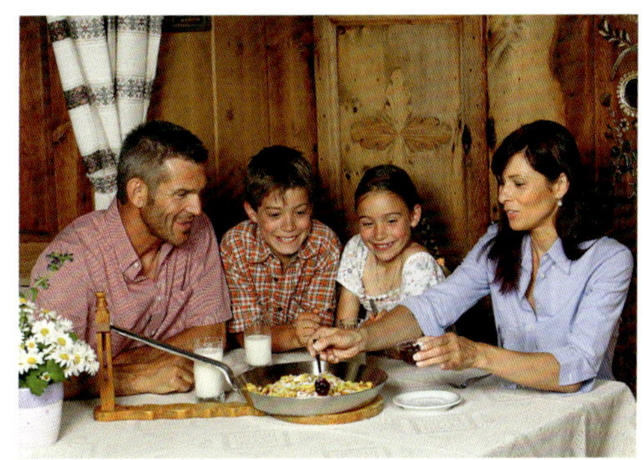

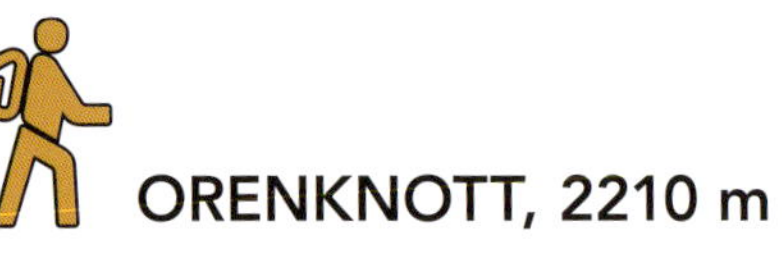

4 ORENKNOTT, 2210 m

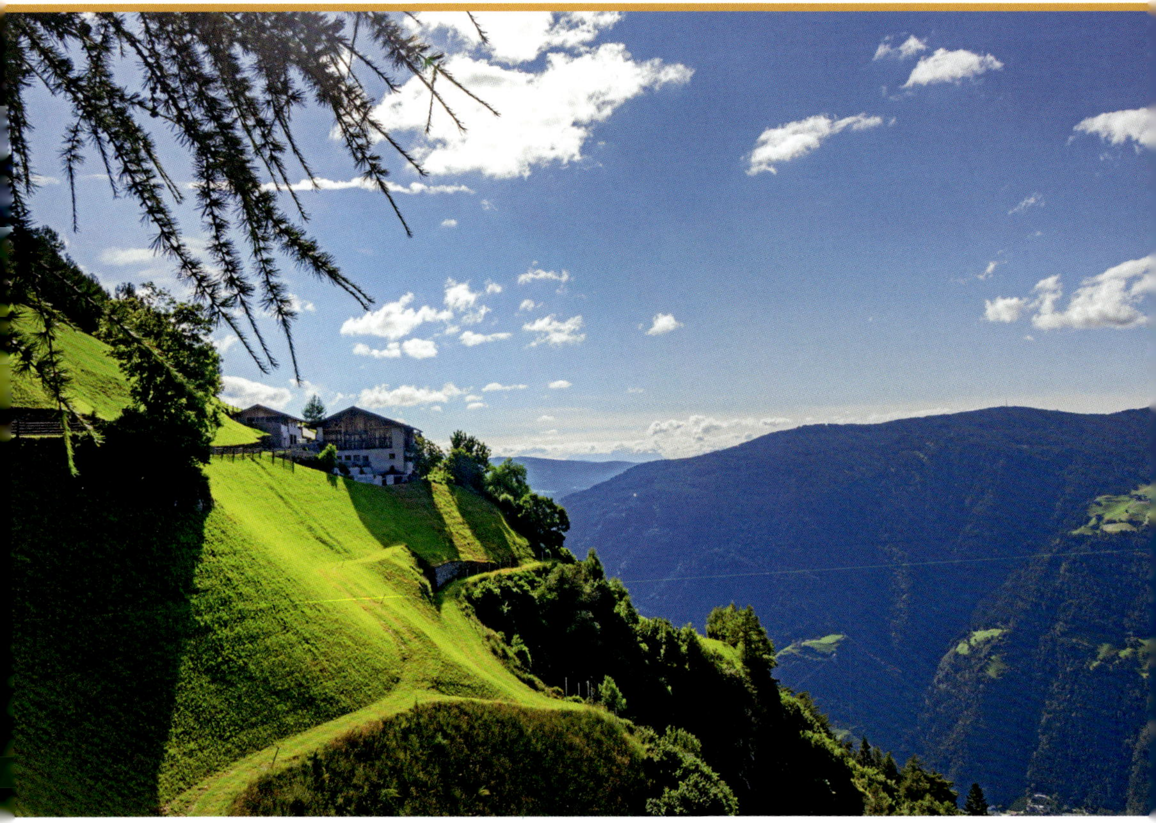

TECHNISCHE DATEN

Gehzeit
4–4½ Stunden

Höhenunterschied
ca. 800 m im Auf- und Abstieg

Ausgangspunkt
Bergstation der Texelbahn

Kartenmaterial
Tappeiner 121, Meran und Umgebung, 1:25.000

Schaut man von Meran in Richtung Westen, steht die Zielspitze dominierend über dem Vinschgau und an deren Flanke fällt eine markante „Nase" auf, der Orenknott. Ein prächtiger Aussichtspunkt über den Vinschgau, das Etschtal und den Tschögglberg. Und der Charakter dieses Felszackens ist hochalpin, obwohl man sich nur auf gut 2200 m befindet. Ein Stückchen „Wildnis", und doch nur wenig entfernt von allen Segnungen der Moderne.

Anfahrt: Mit dem Linienbus oder mit dem Privatauto über Partschins oder Rabland zur Talstation der Texelbahn. Dort gibt es einen großen, gebührenfreien Parkplatz.

Wegverlauf: Von der Bergstation der Seilbahn steigt man kurz aufwärts zum Gasthof Giggelberg und folgt dort dem Wegweiser (Nr. 2) zur Zielspitze. Zuerst eher steil über Wiesen, dann flacher durch Wald erreicht man das Tal des Schindelbaches. An der Wegverzweigung hält man sich geradeaus auf Markierung 25 A und überquert den Schindelbach (Vorsicht auf Steinschlag, wenn Wanderer auf dem Weg zur Zielspitze sind).
An der nächsten Wegverzweigung steht man schon am Fuße des Steilabfalls des Orenknott. Rechts hinauf geht's gegen den Uhrzeiger auf Markierung Nr. 25 zum kleinen Gipfelkreuz.
Im Abstieg bleibt man bei der Wegverzweigung auf der Nr. 25 und steigt recht steil durch schütteren Wald hinunter zur Orenalm (kein Ausschank) und weiter zur Jausenstation Hochforch am Meraner Höhenweg. Diesem folgt man nach links und erreicht schon bald den Ausgangspunkt.

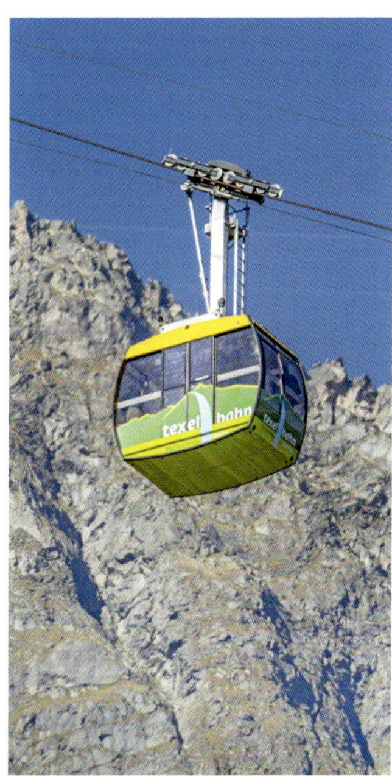

Hochforch am Meraner Höhenweg (links)

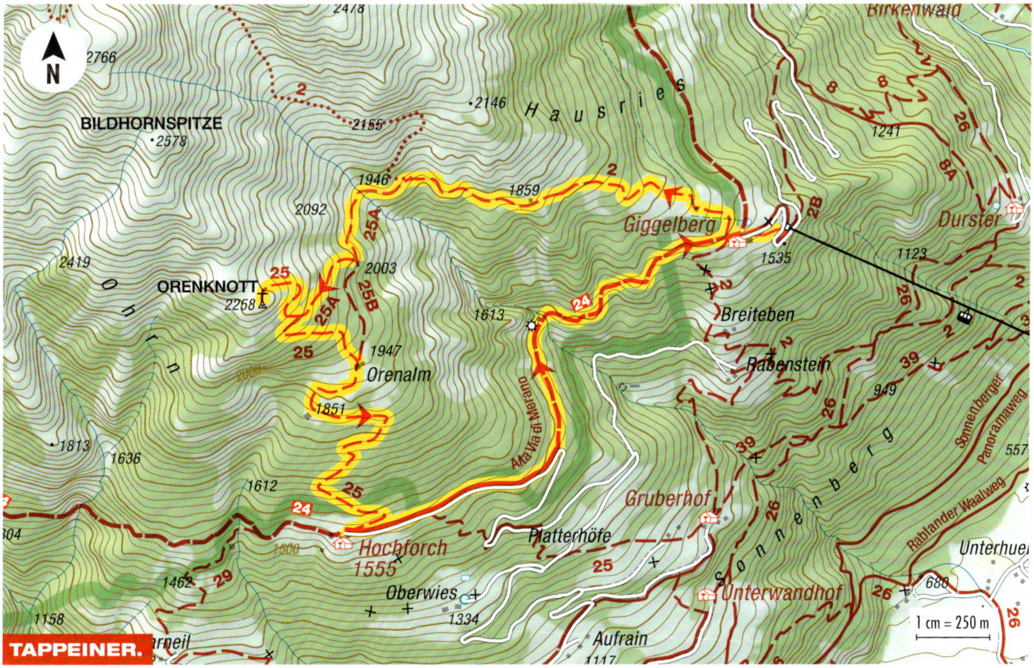

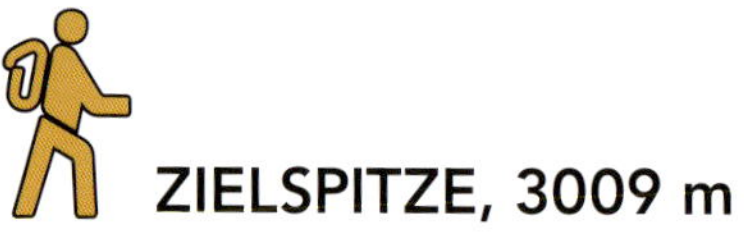

5 ZIELSPITZE, 3009 m

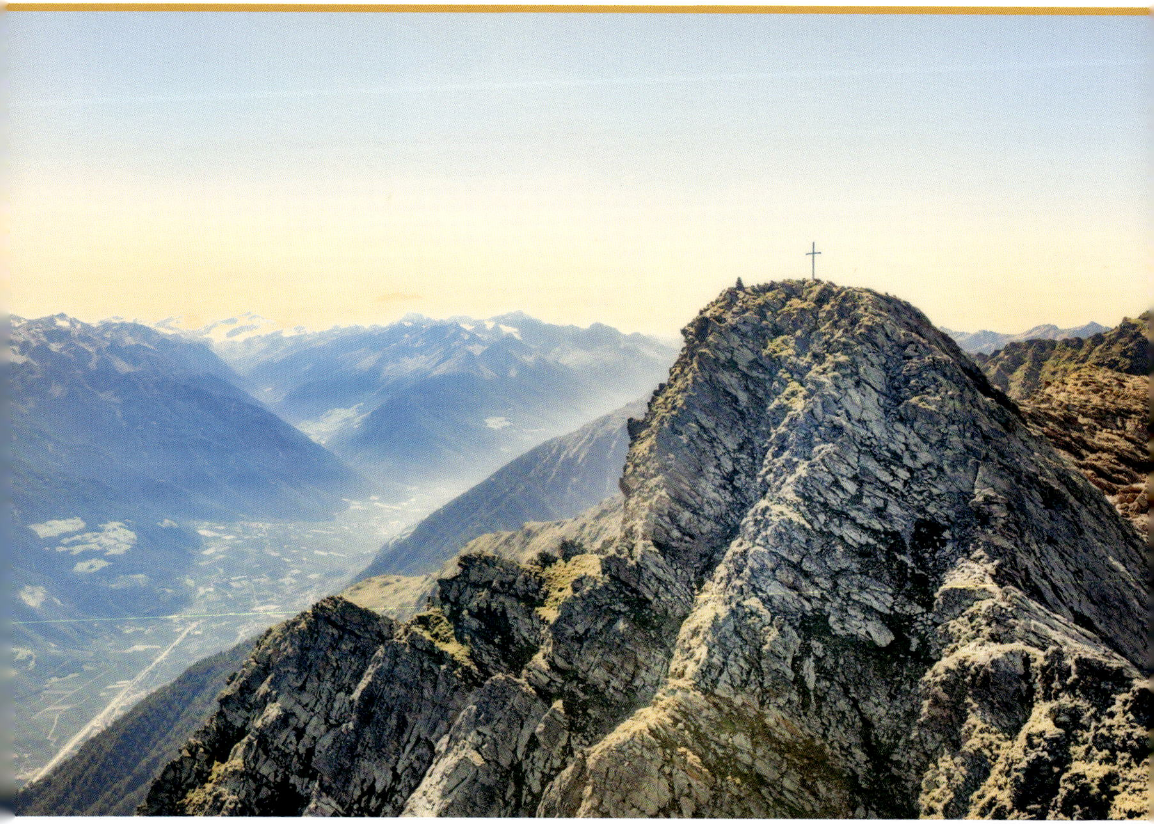

TECHNISCHE DATEN

Gehzeit
7½–8 Stunden

Höhenunterschied
ca. 1500 m im Auf- und Abstieg

Ausgangspunkt
Bergstation der Texelbahn

Kartenmaterial
Tappeiner 121, Meran und Umgebung, 1:25.000

Der Aufstieg über das Schindeltal ist trittsicheren, schwindelfreien und konditionsstarken Bergsteigern vorbehalten und erfordert stabiles Wetter und Bergerfahrung.

Anfahrt: Mit dem Linienbus oder mit dem Privatauto über Partschins oder Rabland zur Talstation der Texelbahn. Dort gibt es einen großen, gebührenfreien Parkplatz.

Wegverlauf: Von der Bergstation der Seilbahn steigt man kurz aufwärts zum Gasthof Giggelberg und folgt dort dem Wegweiser (Nr. 2) zur Zielspitze. Man erreicht das Tal des Schindelbaches und steigt bei der Wegverzweigung rechts hinauf. Oberhalb der Waldgrenze steigt man nach Nordwesten weiter

(Vorsicht vor Steinschlag bei Vorausgehenden) durch die steile Gipfelflanke bis zu einem Sattel. Die Route wird nun anspruchsvoller. Der Weiterweg führt über zum Teil steile und auch etwas ausgesetzte Kletterpassagen bis zum unteren 2. Schwierigkeitsgrad hinauf zum Gipfel. Abstieg über den Aufstiegsweg.

Variante: Technisch einfach ist die Besteigung der Zielspitze über die Nasereithütte, die Gehzeit beträgt allerdings 9–10 Stunden und der Höhenunterschied ca. 1800 m. Eine Übernachtung auf der Nasereithütte wird angeraten. Von der Bergstation der Seilbahn steigt man kurz aufwärts zum Gasthof Giggelberg und folgt dort dem Meraner Höhenweg (Nr. 24) nach rechts zur Nasereithütte. Dort steigt man auf Nr. 8 auf bis zum Aussichtspunkt Gingglegg und biegt nach links auf Nr. 3 ab. Über die aufgelassene Königsalm steigt man unschwierig auf bis zum Gipfel. Abstieg wie Aufstieg.

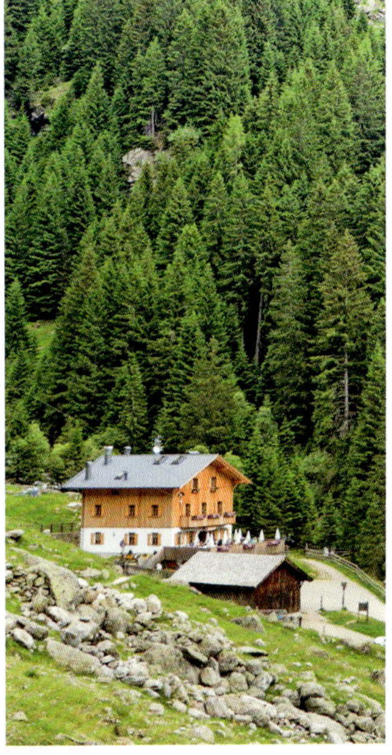

Die Nasereithütte (rechts)

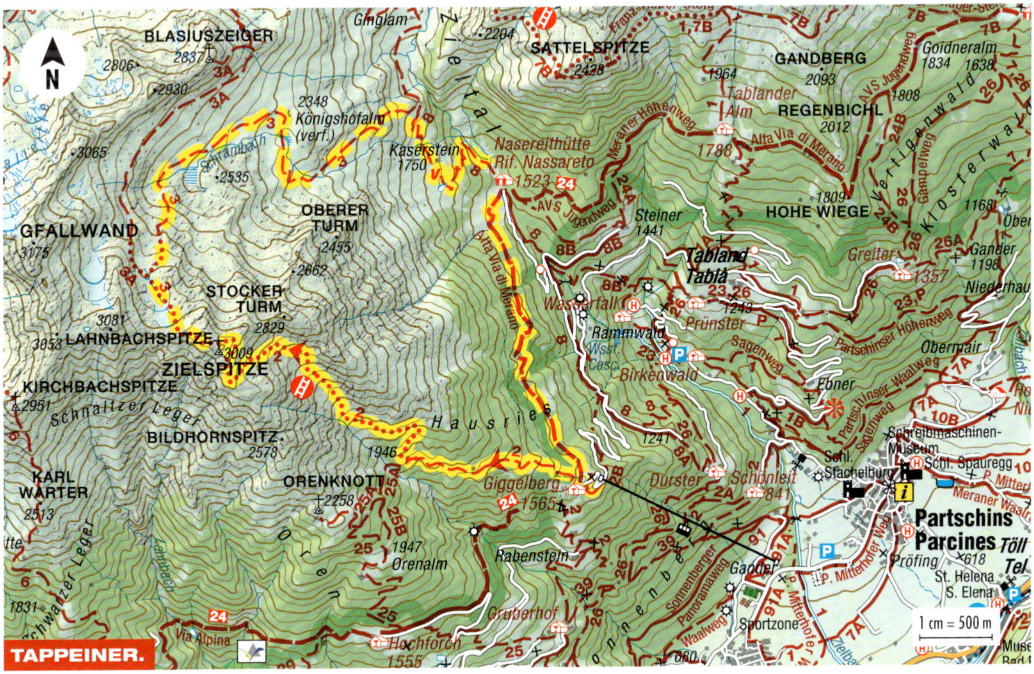

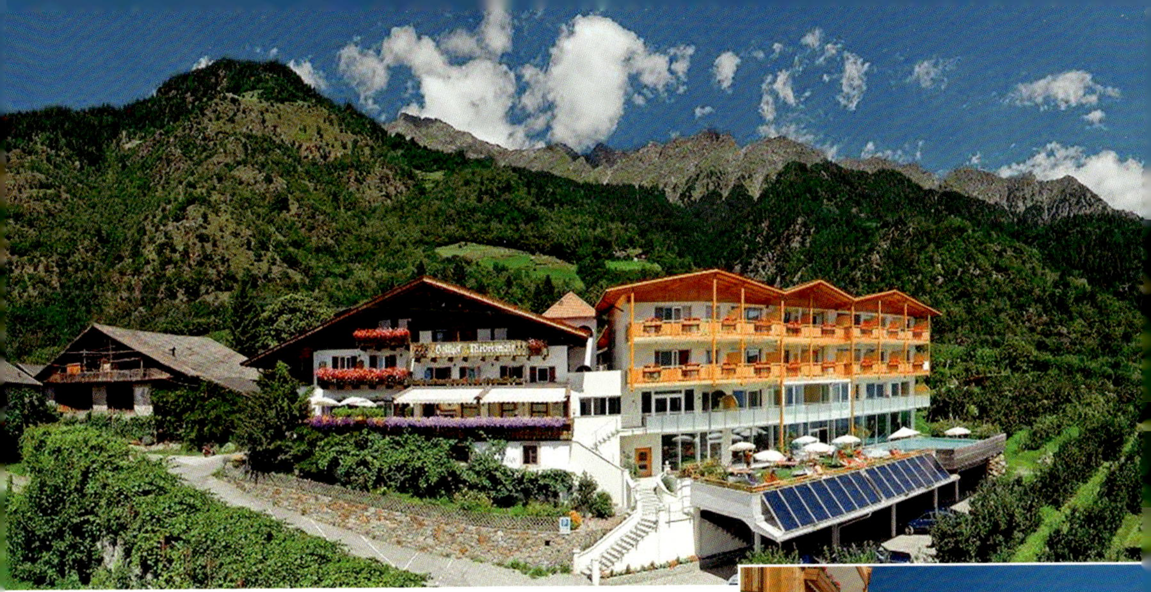

Hotel Niedermair ★★★ – Natürlich wohlfühlen

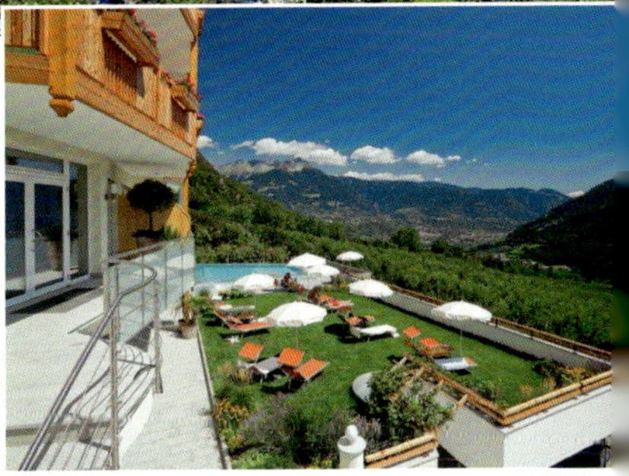

Das Hotel in Partschins mit Panoramablick auf die Kurstadt Meran.

Das Haus befindet sich inmitten von Wiesen und Obstgärten, 1 km von Partschins entfernt. Mit den Wanderschuhen an den Füßen geht es direkt vom Hotel auf zur Entdeckungsreise in die nähere Umgebung. Staunen am Partschinser Wasserfall, mit der ganzen Familie gemütlich entlang der Waalwege spazieren oder einzigartige Gipfelblicke beim Wandern in den Bergen genießen – ob mit dem Rad entlang der Etsch oder zu Fuß über sanfte Wiesen – dem Naturgenuss unter freiem Himmel im Wanderhotel Niedermair sind keine Grenzen gesetzt.

Die biologisch orientierte Bauweise, die naturbelassenen heimischen Hölzer sowie die liebevolle Dekoration geben den neuen großzügigen Zimmern und Suiten eine wohltuende Atmosphäre. Mit allem Komfort ausgestattet sind auch die Wohlfühlzimmer im traditionellen Stammhaus. Vom heimeligen Einzelzimmer bis hin zur geräumigen Familiensuite mit eigener Küche ist für das richtige Ferienzuhause gesorgt. Erfrischend und klar lässt sich die belebende Wirkung des Wassers rund um Partschins an jedem Tag neu erleben. Waalwege, Bäche und Wasserfälle durchziehen den Vinschgau. Soweit das Auge reicht, hat die Kraft des Wassers die Naturlandschaft geprägt und auch im Wellnesshotel Niedermair ist das kühle Nass ein wichtiger Bestandteil des täglichen Wohlbefindens. Ob in der Sauna, im Dampfbad oder im Whirlpool – Wasser tut einfach gut.

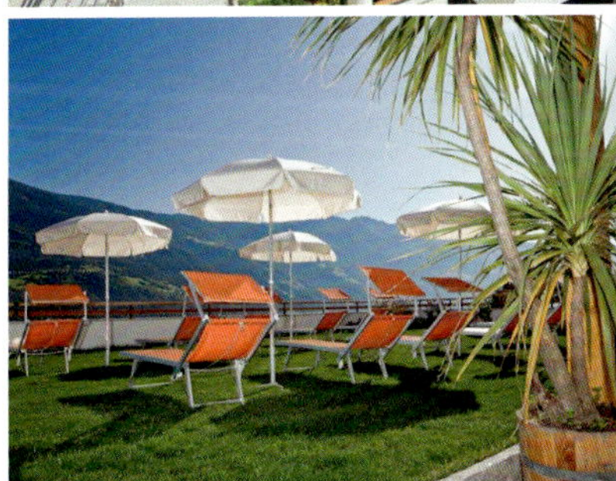

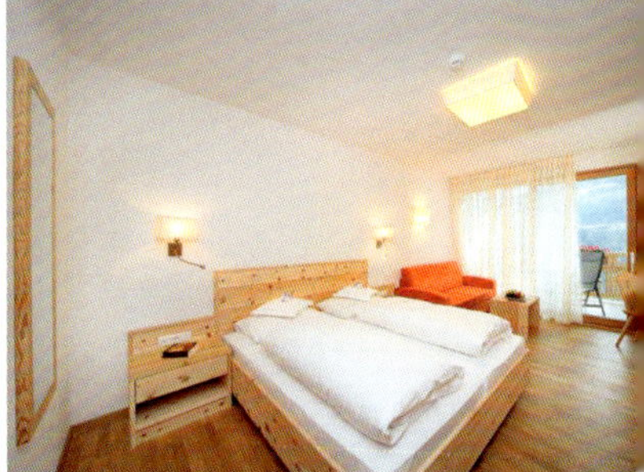

Vertigenstraße 8
I-39020 Partschins bei Meran
Tel. +39 0473 967171 – Fax +39 0473 967731
info@hotel-niedermair.com – www.hotel-niedermair.com

Öffnungszeiten: Von Mitte März bis 20. Dezember

6 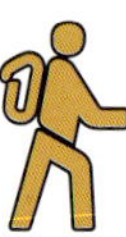 VON GIGGELBERG ZUM HOCHGANGHAUS

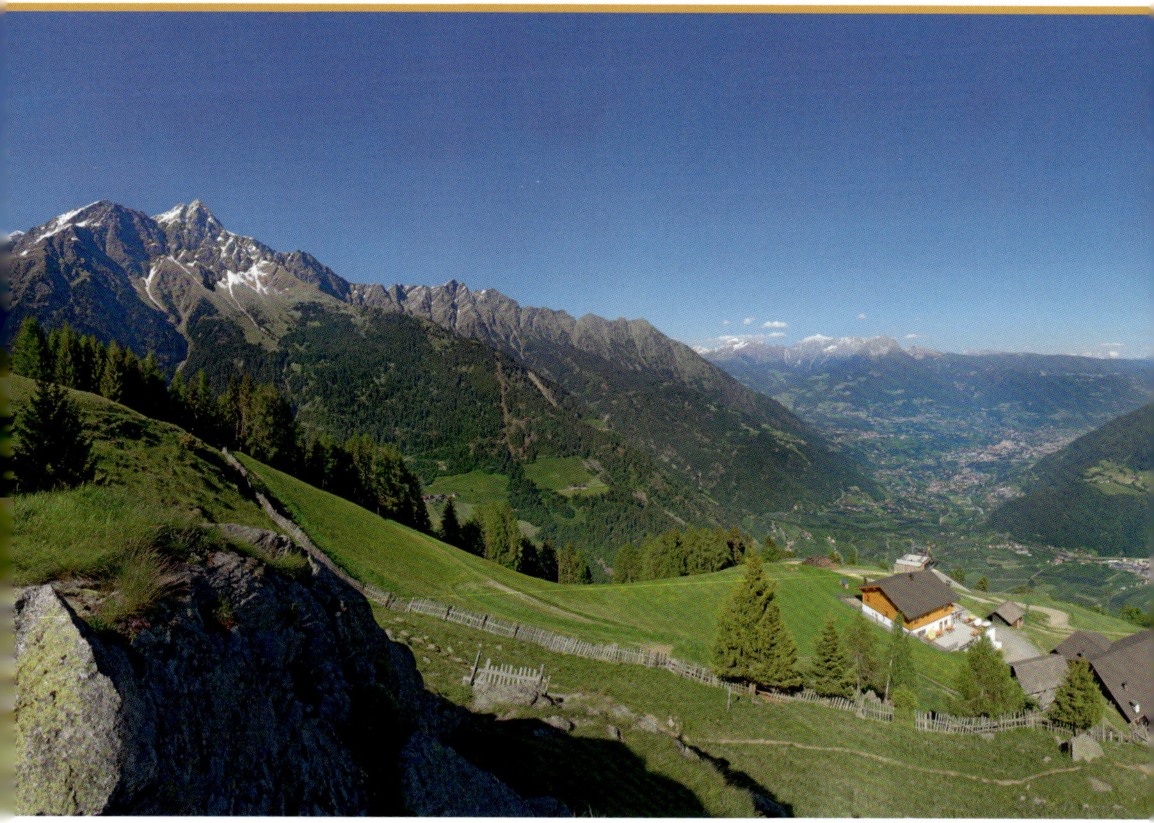

TECHNISCHE DATEN

Gehzeit
ca. 3½ Stunden

Höhenunterschied
ca. 570 m im Aufstieg
ca. 270 m im Abstieg

Ausgangspunkt
Bergstation der Texelbahn

Kartenmaterial
Tappeiner 121, Meran und Umgebung, 1:25.000

Die hier vorgeschlagene Wanderung ist an sich schon sehr lohnend, eignet sich aber auch vorzüglich als Zustieg zum Hochganghaus und für die Wanderungen Nr. 7 und 8.

Anfahrt: Mit dem Linienbus oder PKW zur Talstation der Texelbahn in Partschins und Auffahrt nach Giggelberg.

Wegverlauf: Nach der Auffahrt mit der Texelbahn steigt man von der Bergstation kurz hinauf zum Gasthof Giggelberg und folgt dem Meraner Höhenweg (Mark. Nr. 24) nach rechts. Größtenteils durch Wald führt der Weg durch das Zieltal einwärts zur neu errichteten und bewirtschafteten Nasereithütte.

Von dort geht es nun aufwärts durch schütteren Wald und offenes Gelände über die ebenfalls neu errichtete und bewirtschaftete Tablander Alm zum prächtigen Aussichtspunkt Hohe Wiege und zur Goidneralm (zwei etwas ausgesetzte Stellen sind mit Ketten entschärft und gut gesichert). Und nun ist es nicht mehr weit bis zum Tagesziel, dem Hochganghaus. Will man nicht im Hochganghaus übernachten, steigt man auf den Markierungen Nr. 7 und 7 A „direttissima" ab nach Partschins. Zu bewältigen sind dabei ca. 1200 m im Abstieg und ca. 2½ Stunden Gehzeit.
Möglich ist auch die Fortsetzung auf dem Meraner Höhenweg zur Leiteralm und die Talfahrt mit Korb- und Sessellift nach Algund. Gehzeit gut 1½ Stunden, ca. 350 m im Abstieg.

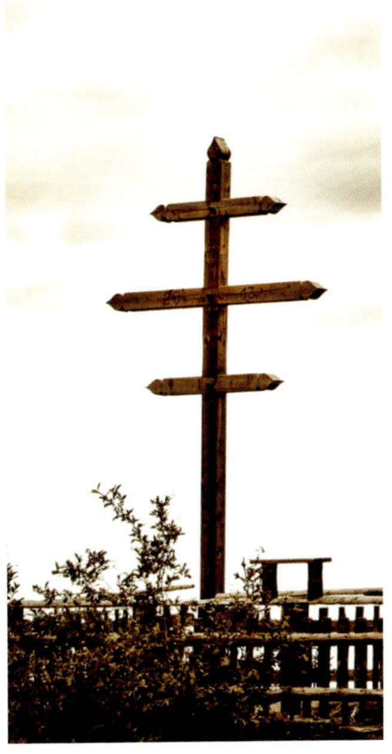

Giggelberg mit atemberaubender Fernsicht auf Meran (links); Wetterkreuz beim Hochganghaus (rechts)

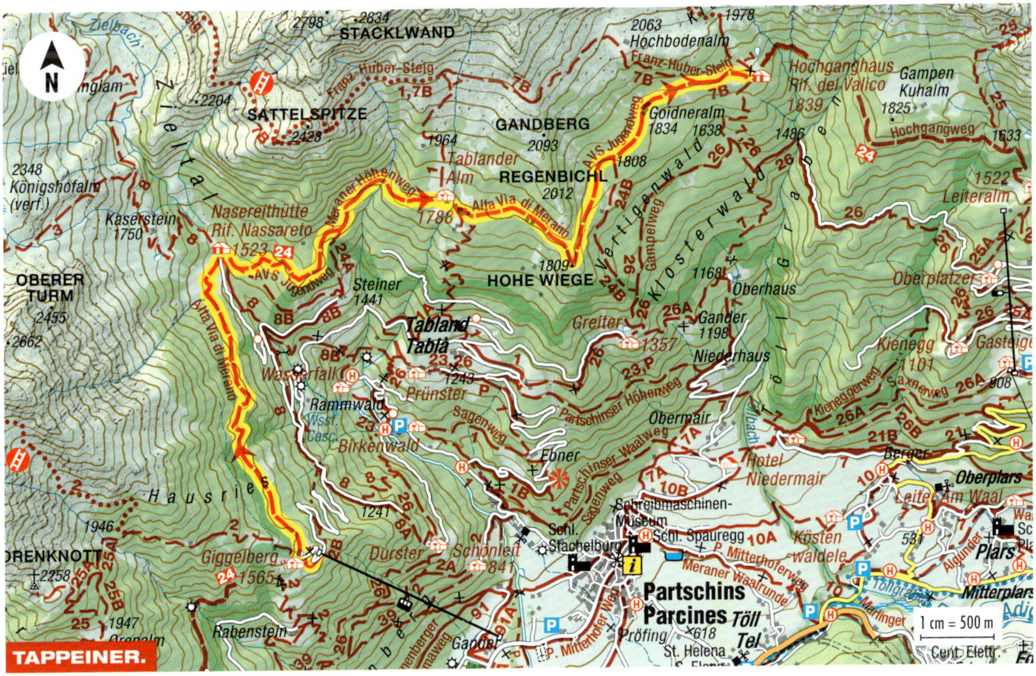

7 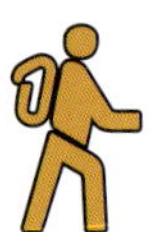 VOM HOCHGANGHAUS ZUR LODNERHÜTTE

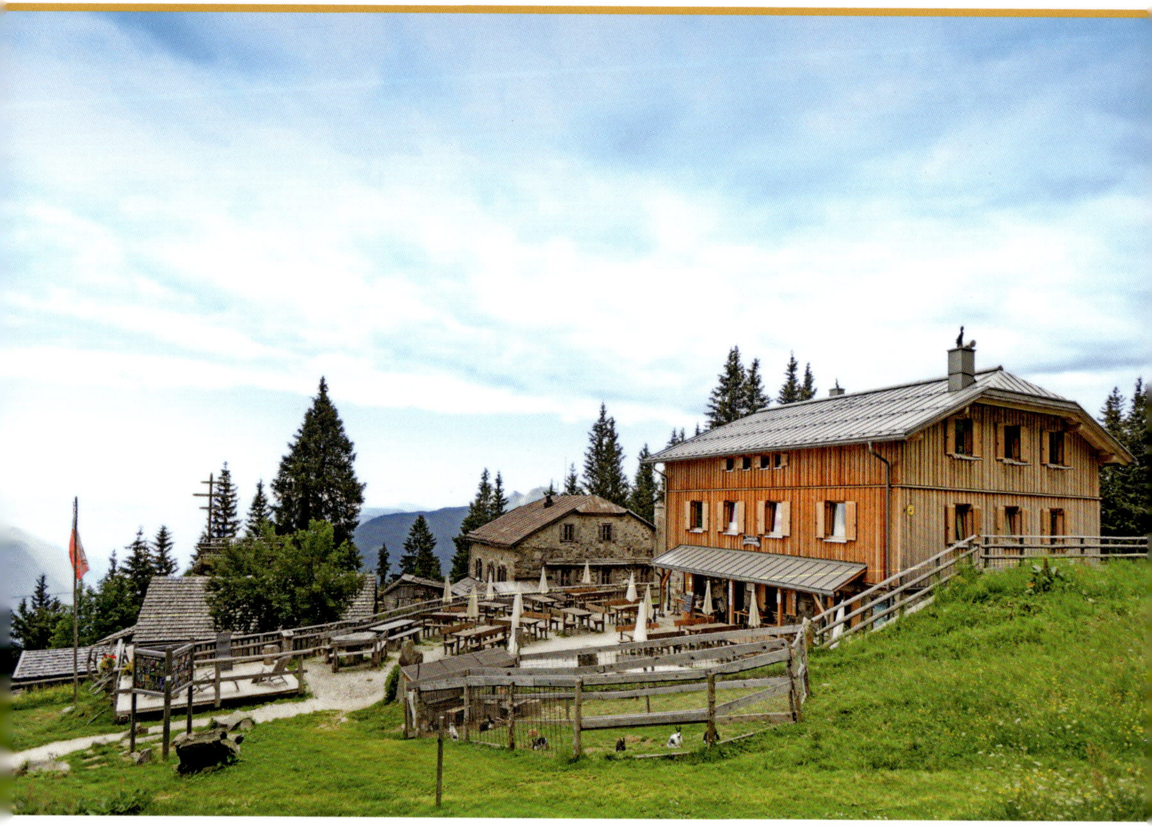

TECHNISCHE DATEN

Gehzeit
ca. 7 Stunden

Höhenunterschied
ca. 890 m im Aufstieg
ca. 1200 m im Abstieg

Ausgangspunkt
Hochganghaus

Kartenmaterial
Tappeiner 121, Meran und Umgebung, 1:25.000

Diese Wanderung führt über einen landschaftlich großartigen Steig in hochalpines Gelände, verlangt aber absolute Trittsicherheit und Schwindelfreiheit. Die gesamte Runde ist auch recht lang, eventuell empfiehlt sich eine zweite Übernachtung auf der Lodnerhütte oder auf der Zielalm.

Anfahrt: Anfahrt und Zustieg am bequemsten von Giggelberg über die Nasereithütte und Tablander Alm auf dem Meraner Höhenweg (siehe Tour Nr. 6).

Wegverlauf: Vom Hochganghaus folgt man kurz der Markierung Nr. 24 nach Westen, bis der Franz-Huber-Steig (Mark. Nr. 7 B) nach rechts abzweigt. Diesem folgt man durch Wald aufwärts und erreicht bei der Hochbodenalm freies Gelände. In diesem geht es weiter bis zur Abzweigung nach links zur Tablander Alm („Notausstieg", wenn einen der Mut verlässt, denn ab hier steigen die Anforderungen). Nach ca. 1,5 km muss man sich entscheiden: um die Sattelspitze herum oder über die Spitze weiter. Der Steig außen herum ist stellenweise sehr ausgesetzt, einige Ketten bieten psychologische Hilfe; der Weg über die Spitze ist mit einfacher Kraxelei verbunden. Nach der Sattelspitze folgt die zweite „Schlüsselstelle", eine ca. 15 m lange schräge Felsplatte, die mittels drei Klammernreihen überwunden wird. Nach einer weiteren Kette hat man es geschafft, in sanftem Gefälle geht es weiter zur Lodnerhütte. Von der Hütte folgt der lange, aber unproblematische Abstieg durch das Zieltal (eine Stelle mit Kette gesichert) zur Nasereithütte und zurück nach Giggelberg.

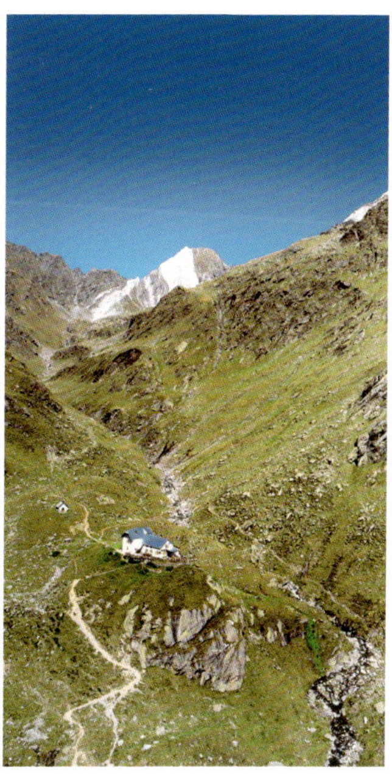

Hochganghaus (links) und Lodnerhütte (rechts)

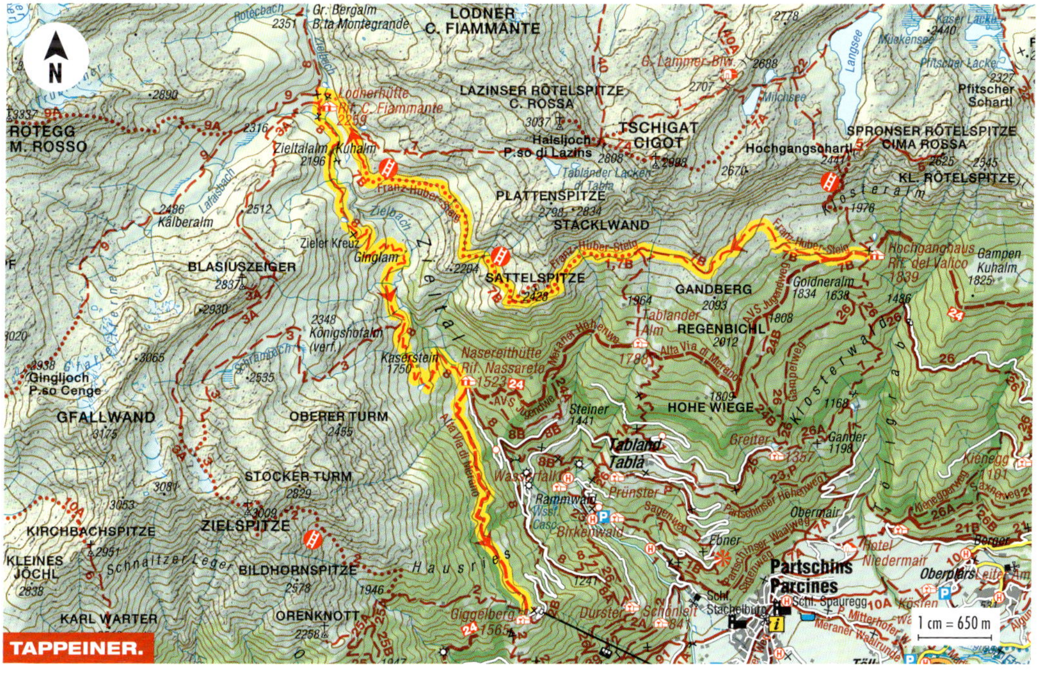

8 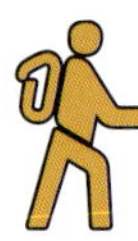 VOM HOCHGANGHAUS ZU DEN SPRONSER SEEN

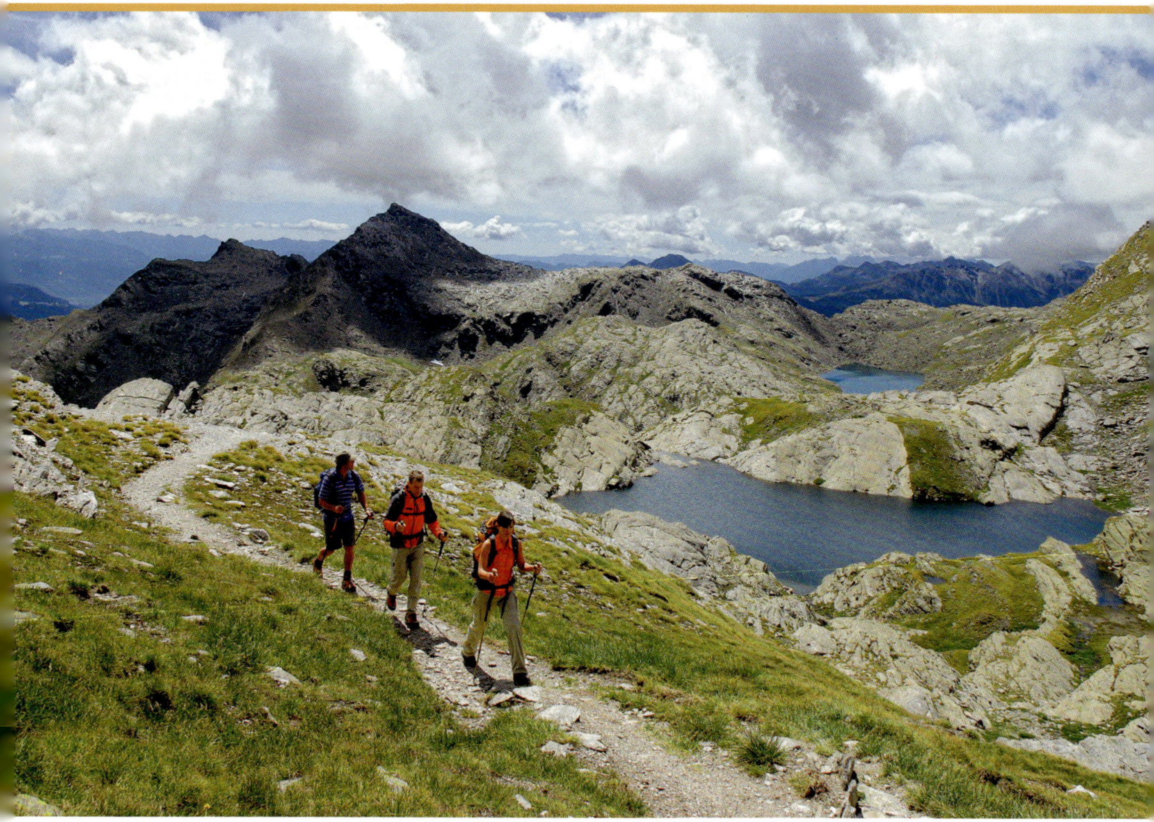

TECHNISCHE DATEN

Gehzeit
ca. 7½ Stunden

Höhenunterschied
ca. 990 m im Auf- und Abstieg

Ausgangspunkt
Hochganghaus

Kartenmaterial
Tappeiner 121, Meran und Umgebung, 1:25.000

Die hier vorgeschlagene Wanderung ist landschaftlich sehr ansprechend, aber sehr lang und im Teilstück unterhalb der Hochgangscharte auch anspruchsvoll. Es empfiehlt sich daher eine Übernachtung im schön gelegenen Hochganghaus.

Anfahrt: Anfahrt und Zustieg am bequemsten von Giggelberg über die Nasereithütte und Tablander Alm auf dem Meraner Höhenweg (siehe Tour Nr. 6).

Wegverlauf: Vom Hochganghaus folgt man der Markierung Nr. 7 ziemlich direkt hinauf zur Hochgangscharte. Im oberen Bereich ist der Steig schottrig, im letzten Abschnitt trifft man auf einige Seilsicherungen und Metallleitern. Nichts wirklich Außergewöhnliches, aber Trittsicherheit ist hier gefragt. Von der Scharte bietet sich ein prächtiger Tief- und Weitblick bis weit in die Dolomiten hinein. (Sehr gehfreudige Wanderer trauen sich auch noch die Spronser Rötelspitze oberhalb der Scharte zu; Gehzeit plus 1½ Stunden, 180 zusätzliche Höhenmeter; leichte Blockkletterei im Gipfelbereich). Nun steigt man ab in das weite Kar, in dem der Langsee liegt. Es ist der größte einer Gruppe von zehn Seen, die in der Eiszeit durch die Gletscher entstanden sind: die größte hochalpine Seengruppe Südtirols. Oberhalb und am Langsee entlang geht es weiter, hinunter zum Grünsee und zur bewirtschafteten Oberkaseralm. Auf den Markierungen Nr. 22 und 25 B setzt man fort zur Taufenscharte und (sehr) steil hinunter auf den Meraner Höhenweg. Hier entweder nach rechts zurück zum Hochganghaus oder nach links zur Leiteralm und zur Bergstation des Korbliftes nach Vellau.

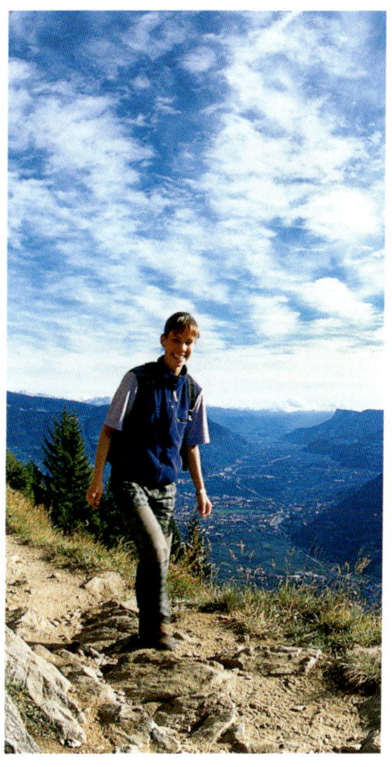

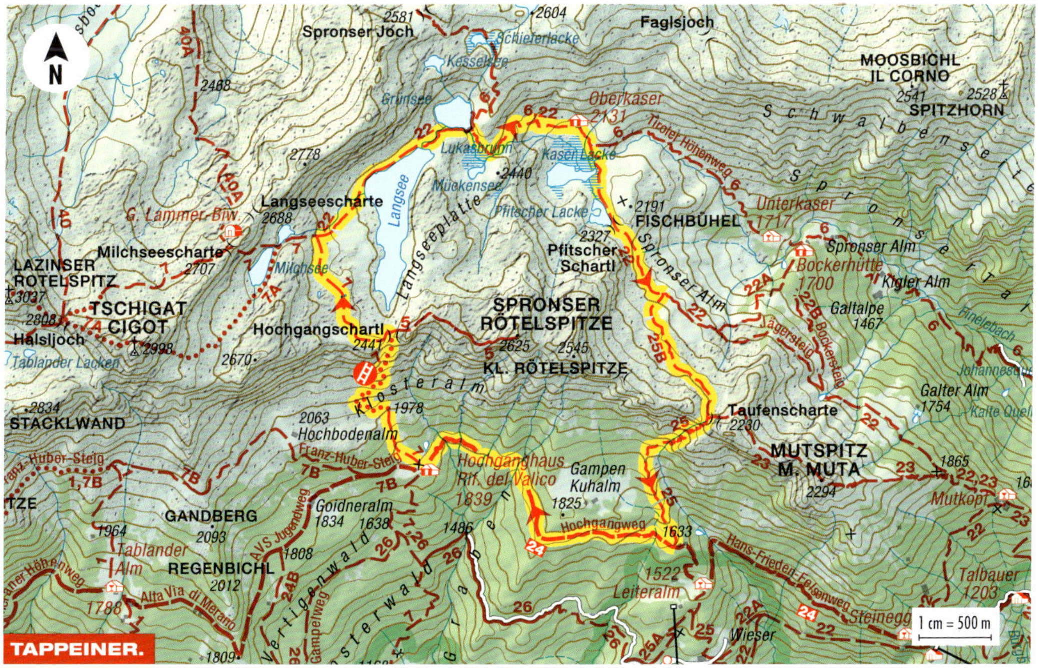

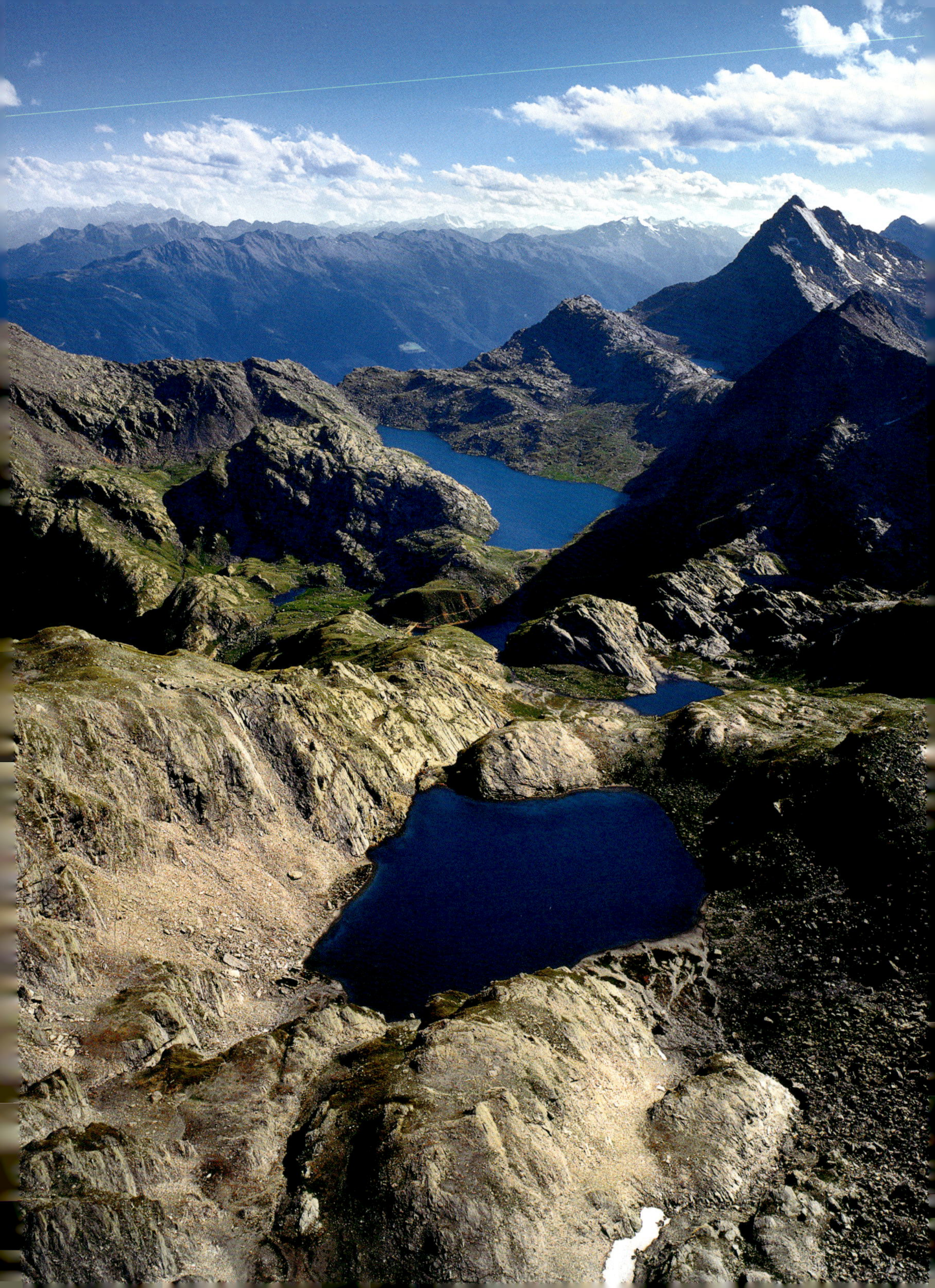

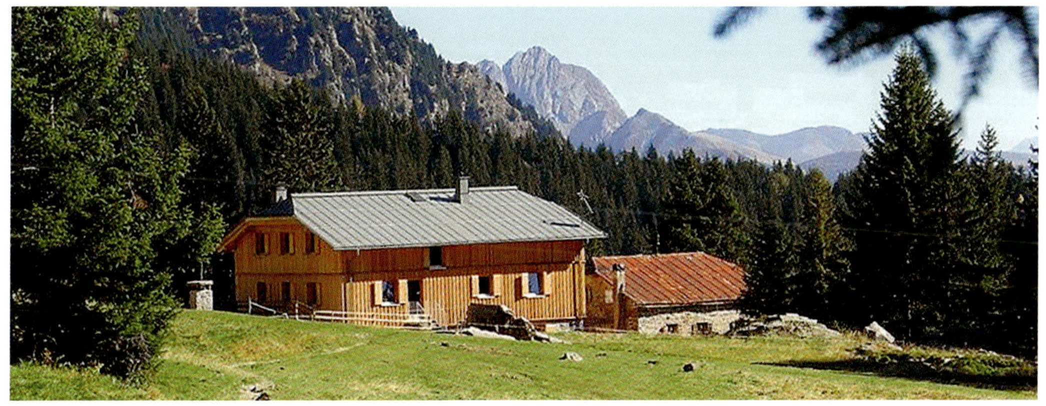

Schutzhaus Hochgang im Naturpark Texelgruppe, 1839 m

Das Hochganghaus wurde bereits 1910 als Touristenhaus eröffnet und ist 2008 mit einem Unterbau aus Naturstein und Ziegeln sowie einem Aufbau aus Naturholz neu errichtet worden. Dieses ideale Ausflugsziel für Familien und Bergfreunde bietet die optimale Kombination für Körper und Geist mit herrlichem Ausblick auf eine beeindruckende Bergkulisse. Die umliegenden Wälder und Wiesen bieten Platz zum Spielen und Toben … In kleineren und größeren Zimmern gibt es Platz für 50 Bergwanderer. Für Jugendgruppen und Selbstversorger kann das alte steingemauerte Schutzhaus genutzt werden.

Das Hochganghaus liegt direkt am Meraner Höhenweg sowie am 13-Hütten-Höhenweg – der den Brennerpass mit Meran verbindet – und ist idealer Ausgangspunkt für viele Gipfelziele und Rundwanderungen:

- Spronser Rötelspitze 2½ Std.
- Tschigat 4½ Std.
- Lammer Biwak 3 Std.
- Spronser-Seen-Runde 7½ Std.

Erreichbar ist die Hütte aus verschiedenen Richtungen:

- Partschins, Giggelberg: Nr. 24, 3½ Std.
- Partschins-Dorf: Nr. 7, 3½ Std.
- Partschins, Greiterhof über Goidneralm: 1½ Std.
- Algund, Vellau, Oberplatzer: Nr. 26, 2½ Std.
- Algund, Vellau, Leiteralm: Nr. 24, 2½ Std.
- Pfelders–Spronser Seen: Nr. 7/22/6, 7 Std.

I-39020 Partschins
Tel. +39 0473 443310
erlacher@hochganghaus.it – www.hochganghaus.it

Öffnungszeiten: 1. Juni bis 1. November

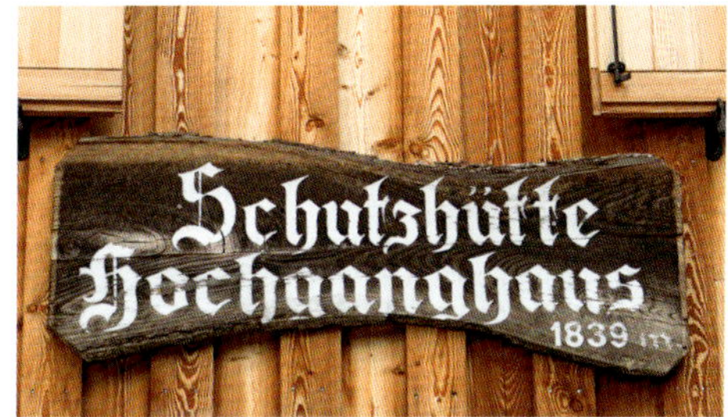

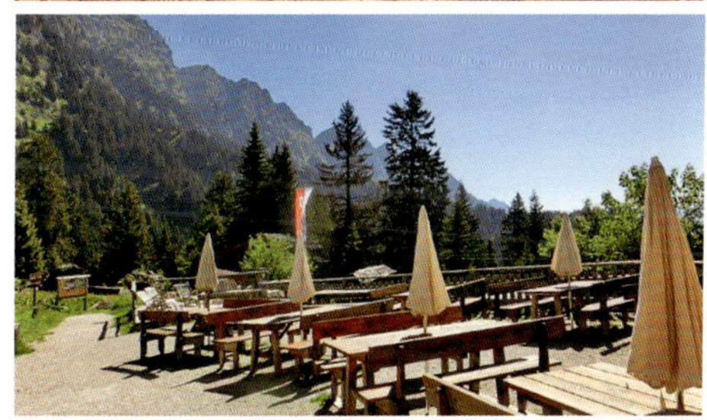

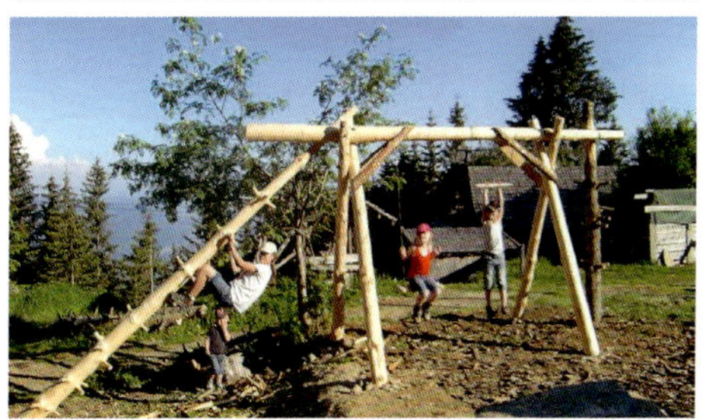

Das Hochganghaus nimmt am Projekt „Echte Qualität am Berg" teil, bietet einfache Hüttenkost sowie den Genuss von Berg- und Wildkräutern und Gerichten mit Tradition.

9 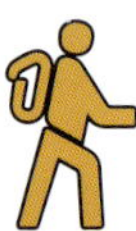 RUNDWANDERUNG RABLAND–QUADRATHÖFE–RABLAND

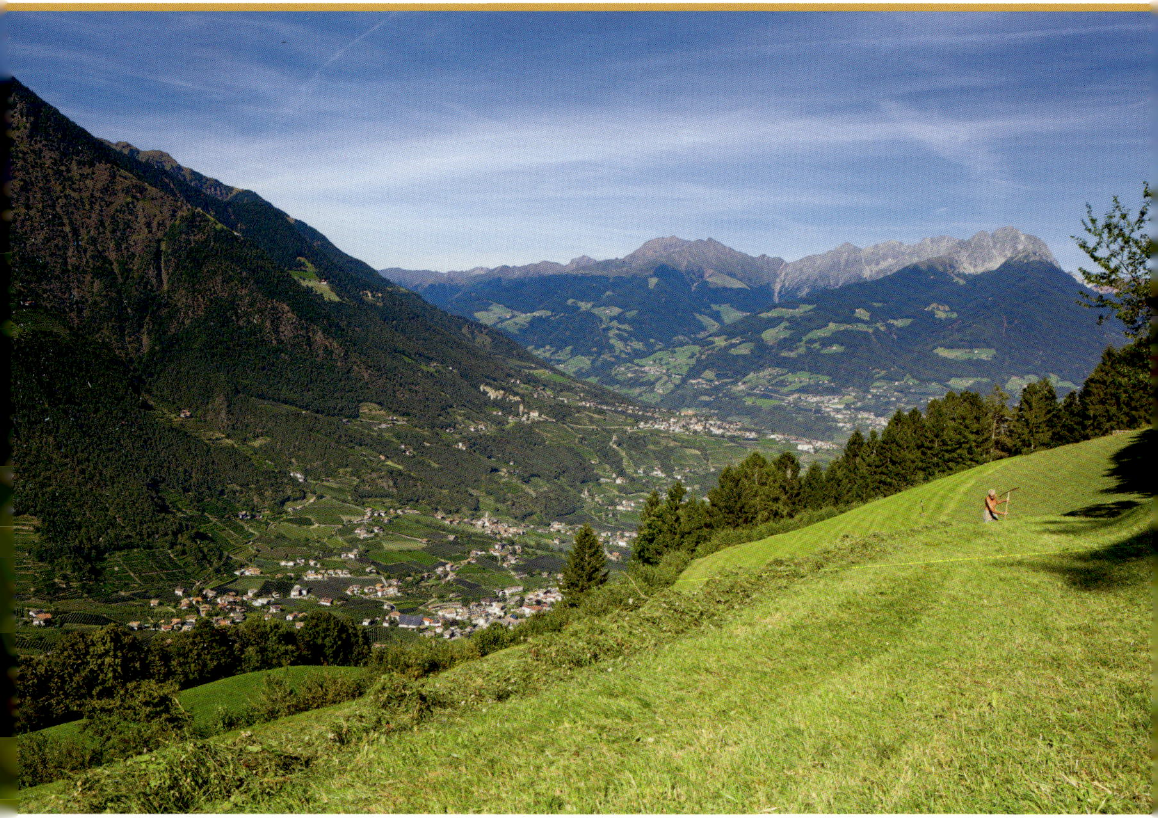

TECHNISCHE DATEN

Gehzeit
ca. 3 Stunden

Höhenunterschied
ca. 450 m im Auf- und Abstieg

Ausgangspunkt
Saringer Brücke in Rabland

Kartenmaterial
Tappeiner 121, Meran und Umgebung, 1:25.000

Gutes Essen und Trinken halten Leib und Seele zusammen, heißt es. An dieser Stelle muss der Autor ein Geständnis machen: Er hält es mit der bestätigenden Aussage von Winston Churchill, wonach man dem Leib etwas Gutes tun soll, damit die Seele gerne darin wohnt. Auf dieser Wanderung gelangt man zu einigen Plätzchen, wo man der Versuchung kaum widerstehen kann. Es sei denn, man erhebt Kasteiung zum Selbstzweck ...

Anfahrt: Mit dem Vinschger Zug oder dem PKW durch den Vinschgau nach Rabland. Zughaltestelle sowie Parkmöglichkeit direkt an der Brücke.

Wegverlauf: Von der Brücke folgt man der Markierung Nr. 28, der Zufahrtsstraße zum Biohof Niedereben. Der kleine Wermutstropfen, dass es sich um eine geteerte Straße handelt, wird durch das kulinarische Angebot auf diesem Biohof wettgemacht. (Man könnte auch noch weiter aufsteigen nach Unterobereben, und auf der Aschbacher Straße zurückwandern bis zur Abzweigung der Mark. Nr. 29 B.) Von Niedereben folgt man der Markierung Nr. 25 talabwärts, hält sich bei der nächsten Wegverzweigung rechts auf Markierung Nr. 27 A, überquert die Aschbacher Straße und biegt nach links ab auf Weg Nr. 29 B. Vorbei an den historischen Quadrater Berghöfen (Oberbrunn, Niederweg, Mitterhof) gelangt man zum Gasthaus Gramegg, wo man sich links hält und auf Markierung Nr. 29 zum Gasthaus Niederhof wandert. Von dort geht's auf Nr. 29 A nur mäßig steil hinunter ins Tal und dort nach links zurück zum Ausgangspunkt.

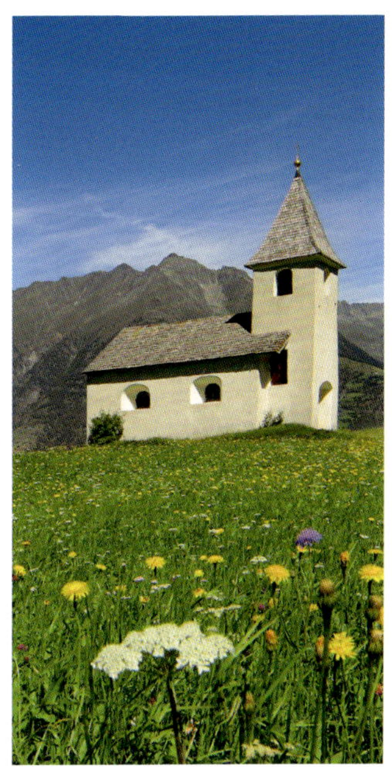

Mähwiesen am Nörderberg (links) und das Kirchlein Maria Schnee in Aschbach (rechts)

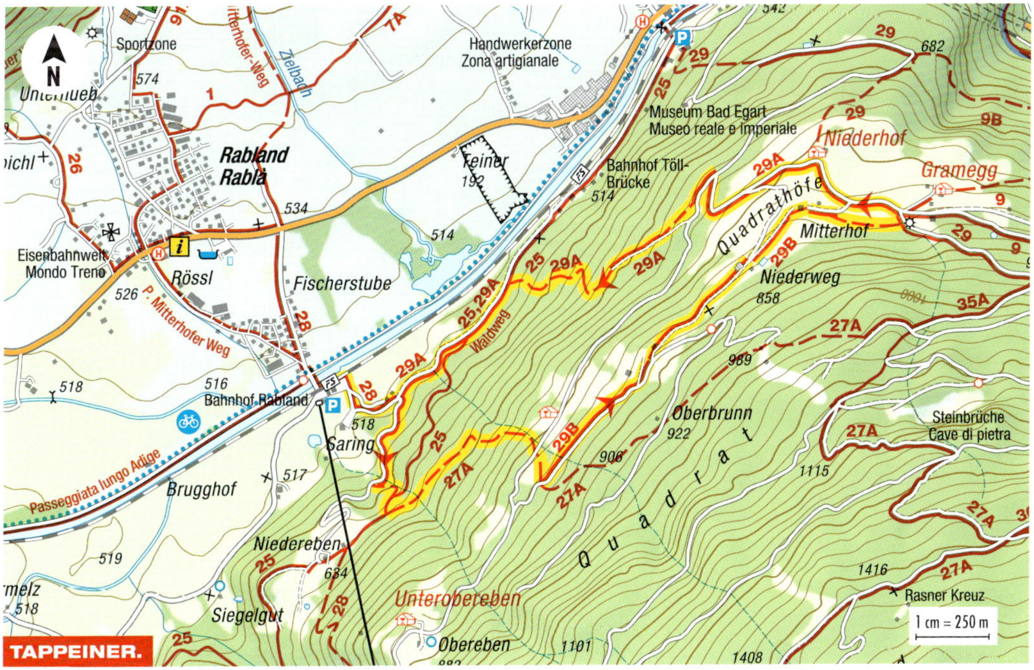

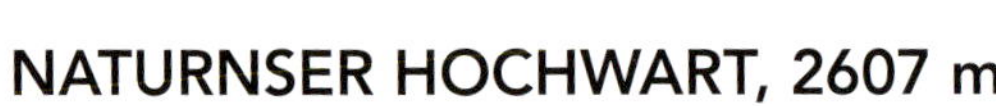

10 NATURNSER HOCHWART, 2607 m

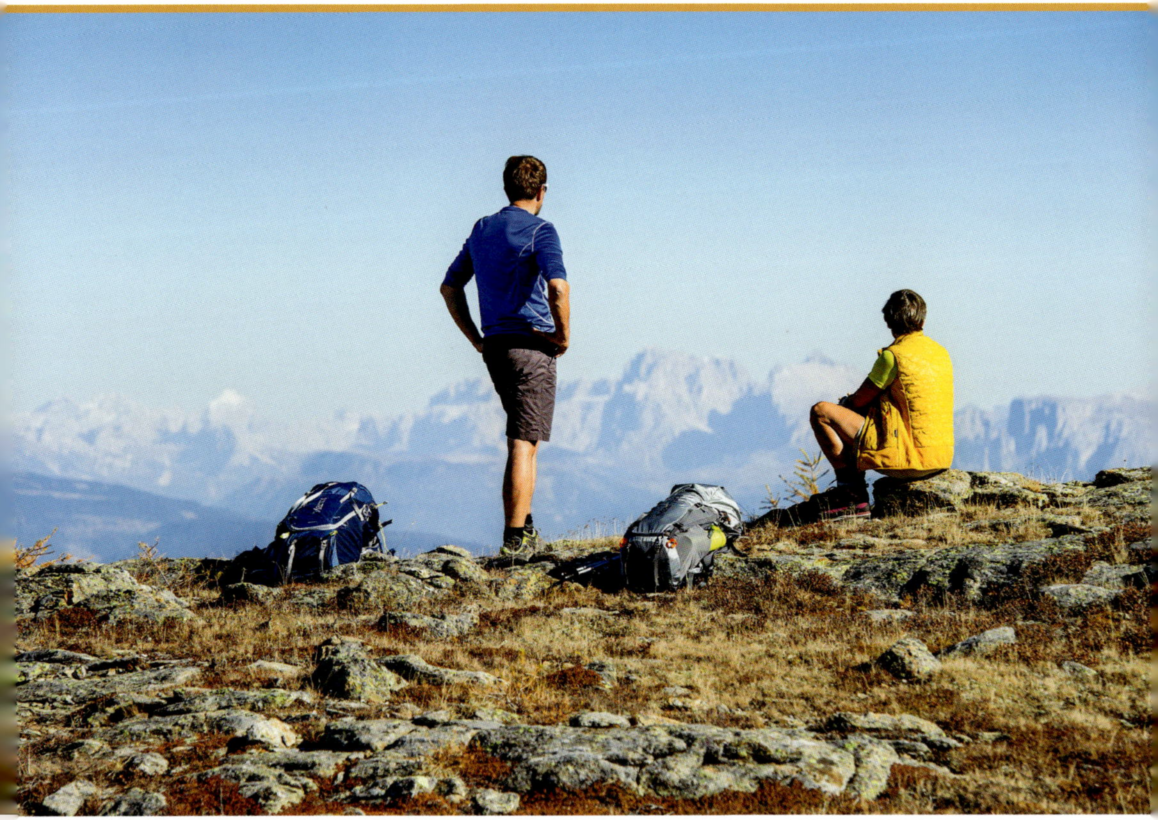

TECHNISCHE DATEN

Gehzeit
ca. 5½ Stunden

Höhenunterschied
ca. 1050 m im Auf- und Abstieg

Ausgangspunkt
Parkplatz Kreuzbrünnl am Naturnser Nörderberg

Kartenmaterial
Tappeiner 107, Lana und Umgebung, 1:35.000

Die Naturnser Hochwart gehört zu einer Vielzahl von Gipfeln, die den Namen Hochwart tragen. Es handelt sich durchwegs um prächtige Aussichtsberge, die nicht immer mit Höhe bestechen, sondern mit Dominanz bzw. Schartenhöhe. Und die Aussicht auf die Ötztaler Alpen im Norden, den gesamten Vinschgau, das Ultental und die Dolomiten im Südosten ist tatsächlich überwältigend.

Anfahrt: Mit dem PKW in den Vinschgau bis Naturns, im Ortszentrum in der Bahnhofstraße nach Süden Richtung Sportplatz und über die schmale Nördersbergstraße – im letzten Teil ungeteert – zum Parkplatz Kreuzbrünnl.

Wegverlauf: Vom Parkplatz (Hinweistafeln über Bewirtschaftung der Almen) folgt man der Almstraße ein Stück geradeaus und biegt an der Wegverzweigung rechts ab auf Markierung Nr. 5A. Durch Wald steigt man mäßig steil auf zur Zetnalm. Kurz nach der Alm wird es im nunmehr freien Gelände richtig steil (irgendwann muss man ja Höhe gewinnen). Teilweise über Stufen, aber unschwierig gelangt man hinauf in die Nörderscharte und setzt über den Nordostgrat fort. Etwas Trittsicherheit ist gefordert, aber der Aufstieg über Stufen und ein paar Bänder und im letzten Teil über Schrofengelände ist nicht wirklich schwierig. Der Abstieg führt zurück in die Nörderscharte, wo man sich links hält und auf Markierung Nr. 5 zuerst durch Schrofengelände, dann durch lichten Wald und Wiesen in Serpentinen absteigt zur wirklich idyllisch gelegenen Frantschalm, auch Mauslochalm genannt. Auf dem Almenweg geht es dann fast eben zurück zur Zetnalm und auf dem Aufstiegsweg zum Parkplatz.

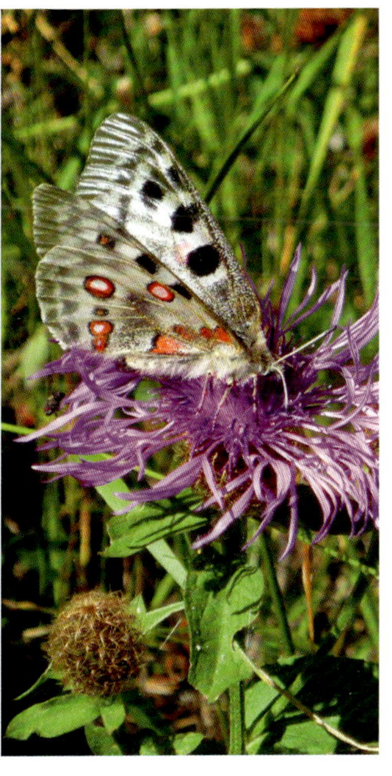

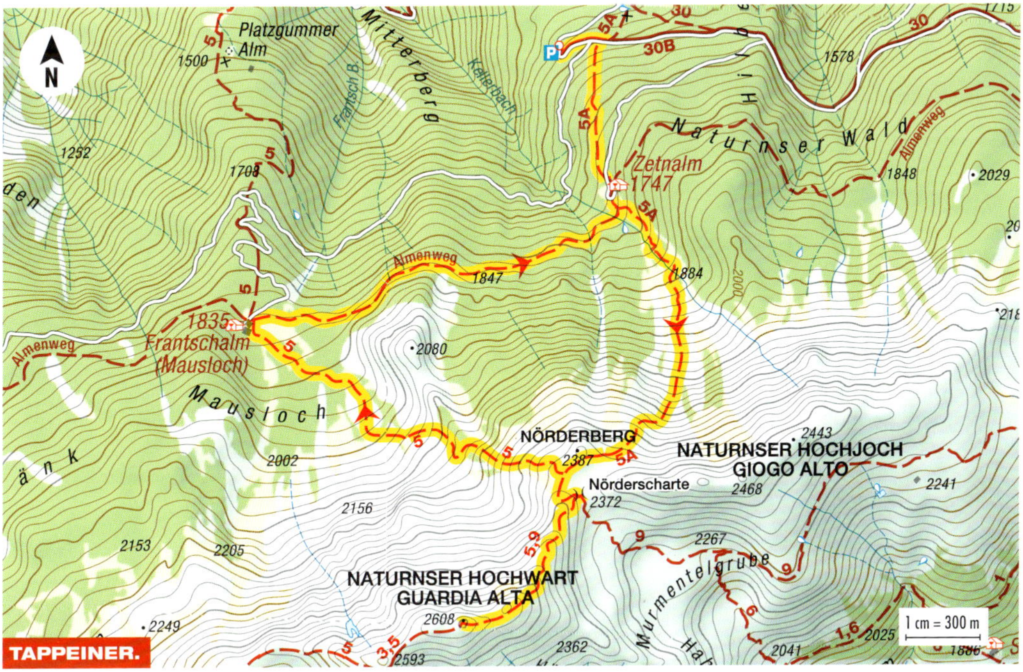

11 RUNDWANDERUNG ZUR SCHWARZEN LACKE AM VIGILJOCH

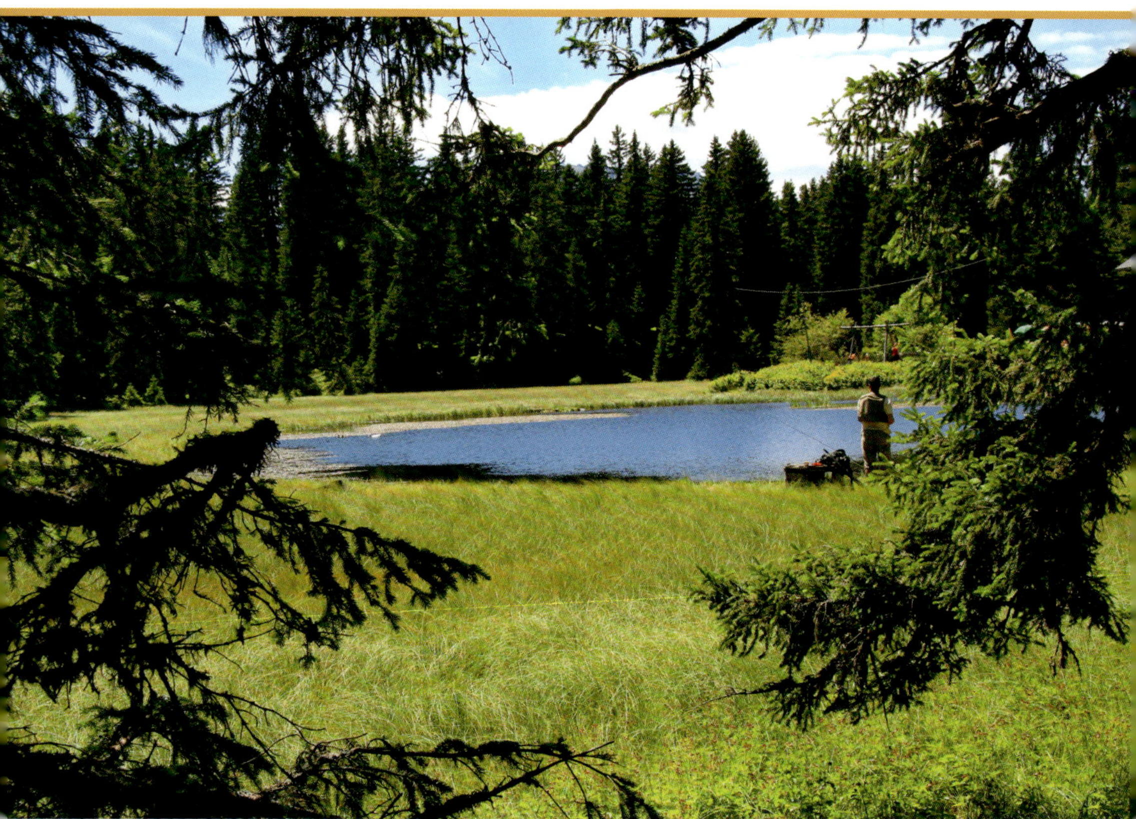

TECHNISCHE DATEN

Gehzeit
2½–3 Stunden

Höhenunterschied
ca. 350 m im Auf- und Abstieg

Ausgangspunkt
Bergstation der Seilbahn Vigiljoch

Kartenmaterial
Tappeiner 107, Lana und Umgebung, 1:35.000

Das Vigiljoch ist ein autofreies Gebiet (wie schön!). Daher erfolgt die Zufahrt mit der Seilbahn von Lana herauf. Das Vigiljoch im engeren Sinn ist ein 1750 Meter hoher Übergang vom Ulten in den Vinschgau, im Allgemeinen aber bezeichnet der Begriff die gesamte Bergkuppe zwischen dem Untervinschgau, der Talweite von Meran und dem äußeren Ultental. Ein prächtiges Wandergebiet mit zahllosen Möglichkeiten.

Anfahrt: Mit dem PKW oder dem Linienbus (5 Gehminuten) zur Talstation der Seilbahn Vigiljoch am nördlichen Ortsrand von Lana (Beginn der Straße ins Ultental) und Auffahrt zur Bergstation Vigiljoch.

Wegverlauf: Von der Bergstation der Seilbahn folgt man der Markierung Nr. 34 durch schütteren Baumbestand gemächlich aufwärts, bis am Rande einer ausgedehnten Wiese die Markierung Nr. 3 zum Jocher hinaufführt. Der kurze Steilaufstieg zum darüber liegenden Höhenkirchlein zu St. Vigilius führt zum höchsten Punkt der Wanderung. Der Markierung Nr. 9 folgend geht's über die Hochfläche der „Röcken" weiter und bald nach einem kurzen, etwas steilen Abstieg erreicht man das Gasthaus Seespitz an der Schwarzen Lacke, einem idyllischen Waldweiher. Von dort setzt man auf Markierung Nr. 7 links um den Weiher herum fort und spaziert eben bzw. in sanftem Gefälle durch den Wald zurück, wobei sich immer wieder ein prächtiges Panorama bis hin zu den Dolomiten auftut (an einigen Stellen ist der Steig recht schmal; man schaut daher beim Gehen auf den Weg und bleibt stehen, wenn man die Fernsicht genießen will!). Sobald man wieder die Markierung Nr. 34 erreicht hat, folgt man dieser nach links abwärts zum Ausgangspunkt.

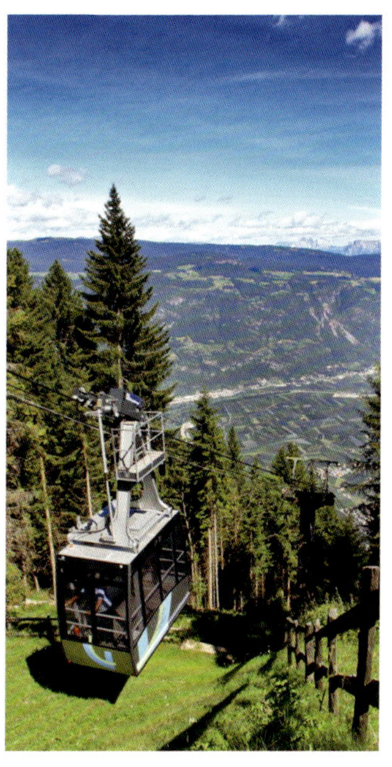

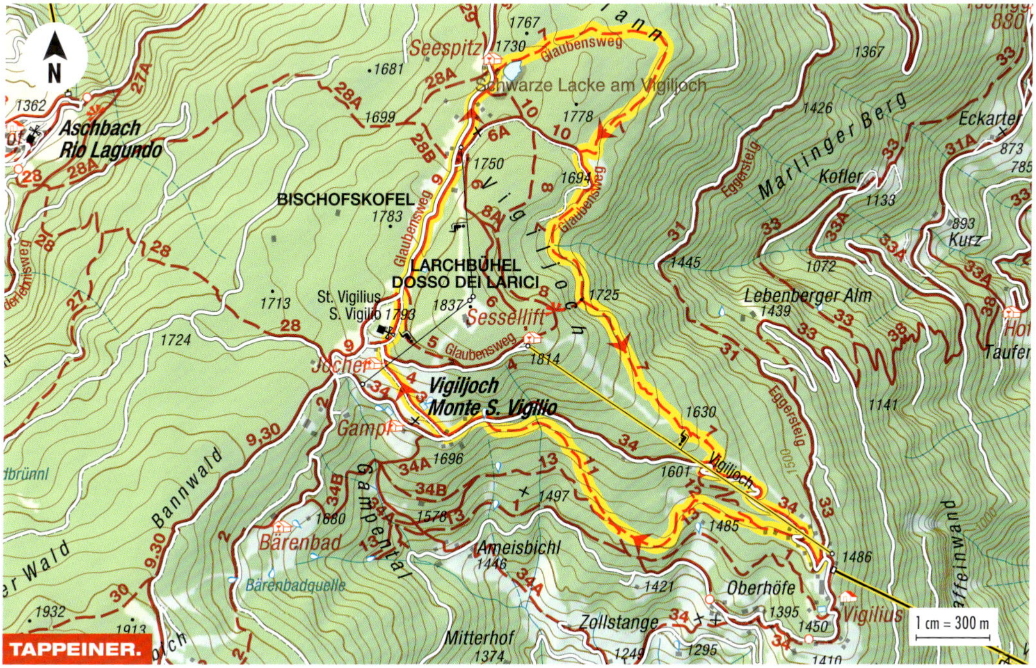

12 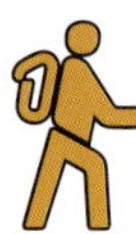 VOM VIGILJOCH AUF DIE HOCHWART, 2607 m

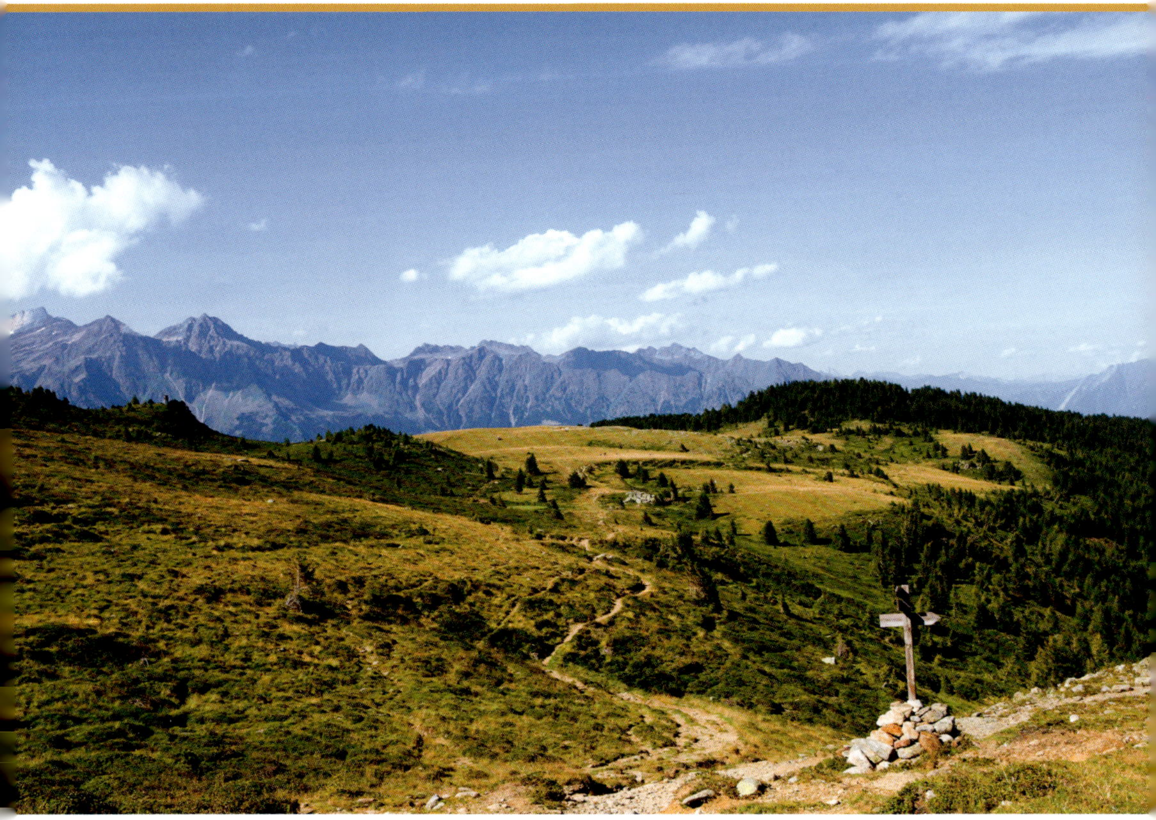

TECHNISCHE DATEN

Gehzeit
7–7½ Stunden

Höhenunterschied
ca. 1070 m im Auf- und Abstieg

Ausgangspunkt
Bergstation der Seilbahn Vigiljoch bzw. des folgenden Sesselliftes

Kartenmaterial
Tappeiner 107, Lana und Umgebung, 1:35.000

Die hier vorgeschlagene Tour ist lang und anspruchsvoll; weniger von der Technik, als von der Kondition her. Über den Namen der Hochwart und die besonders schöne Rundumsicht ist bereits an anderer Stelle geschrieben worden. Sinnvoller Weise benützt man von der Bergstation der Seilbahn den Sessellift Vigiljoch (Erkundigung nach der letzten Fahrt einholen!), um die Tour nicht überlang werden zu lassen.

Anfahrt: Mit dem PKW oder dem Linienbus (5 Gehminuten) zur Talstation der Seilbahn Vigiljoch am nördlichen Ortsrand von Lana (Beginn der Straße ins Ultental) und Auffahrt zur Bergstation der Seilbahn Vigiljoch und weiter mit dem Sessellift.

Wegverlauf: Von der Bergstation des Sesselliftes folgt man der Markierung Nr. 3–4 hinüber zum Jocher und von dort dem Weg Nr. 9 aufs eigentliche Vigiljoch. Immer der Markierung Nr. 9 folgend, gelangt man nur mäßig steil in die Nähe des Rauhen Bühels, wo der Wald hochalpinen Matten weicht. Die folgende Hochfläche gleicht fast einer Tundrenlandschaft und besticht im Hochsommer mit vielen Blüten, im Herbst mit einem wunderschönen Farbenspiel. Bald nach einem größeren Tümpel geht es dann aufwärts. Man bleibt auf dem markierten Steig und folgt nicht den Steigspuren aufs Hochjoch. Nun in felsigem Gelände weiter, es folgt ein weiteres Flachstück und nach einem weiteren Steilstück ist der Kamm erreicht. Ab hier ist etwas Trittsicherheit gefragt, aber wirklich ausgesetzt ist der Steig bis zum Gipfel auch nicht. Rückweg wie Hinweg. Gerät man in Zeitnot (Sessellift), biegt man nach dem Rauhen Bühel nach rechts auf Weg Nr. 2 (Bärenbadalm) und gelangt danach auf den Markierungen 34B und 13 zur Bergstation der Seilbahn. Gehzeit plus ½ Stunde.

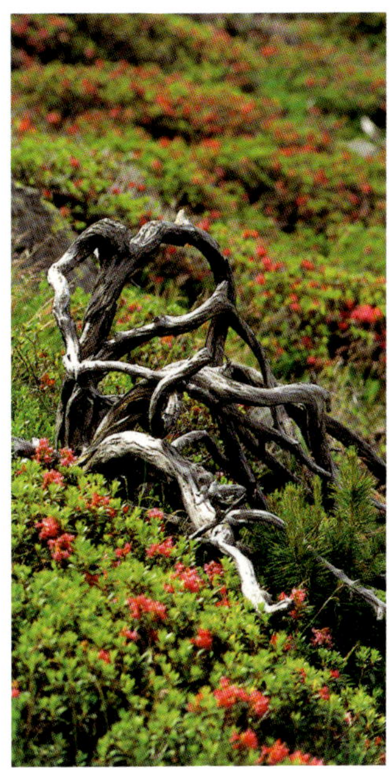

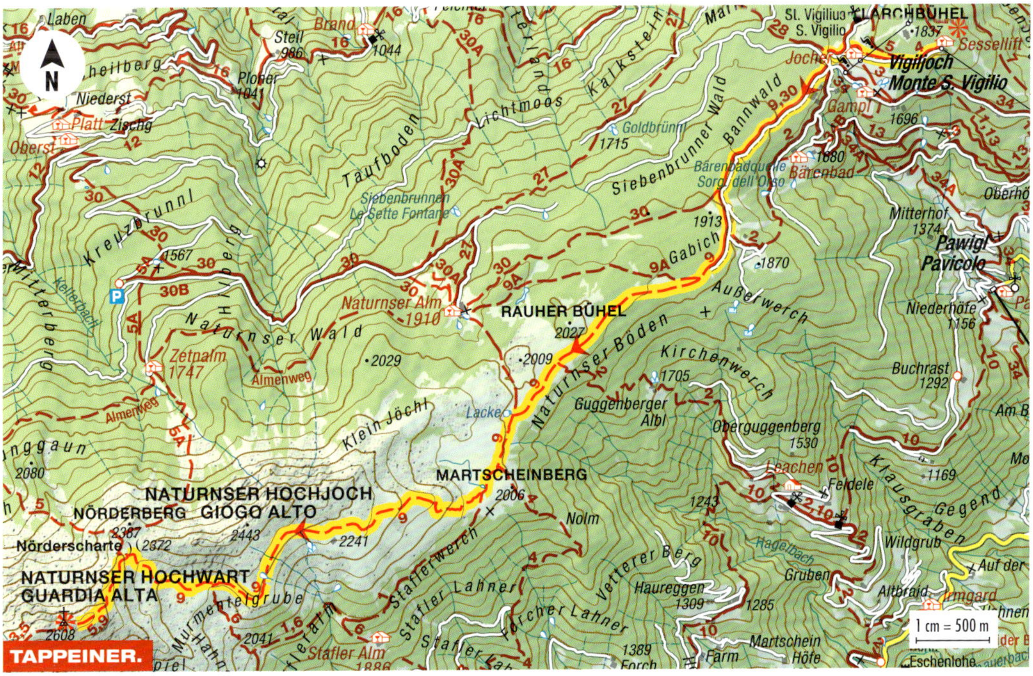

13 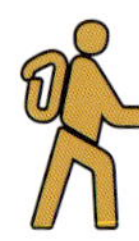

VOM VIGILJOCH NACH ASCHBACH

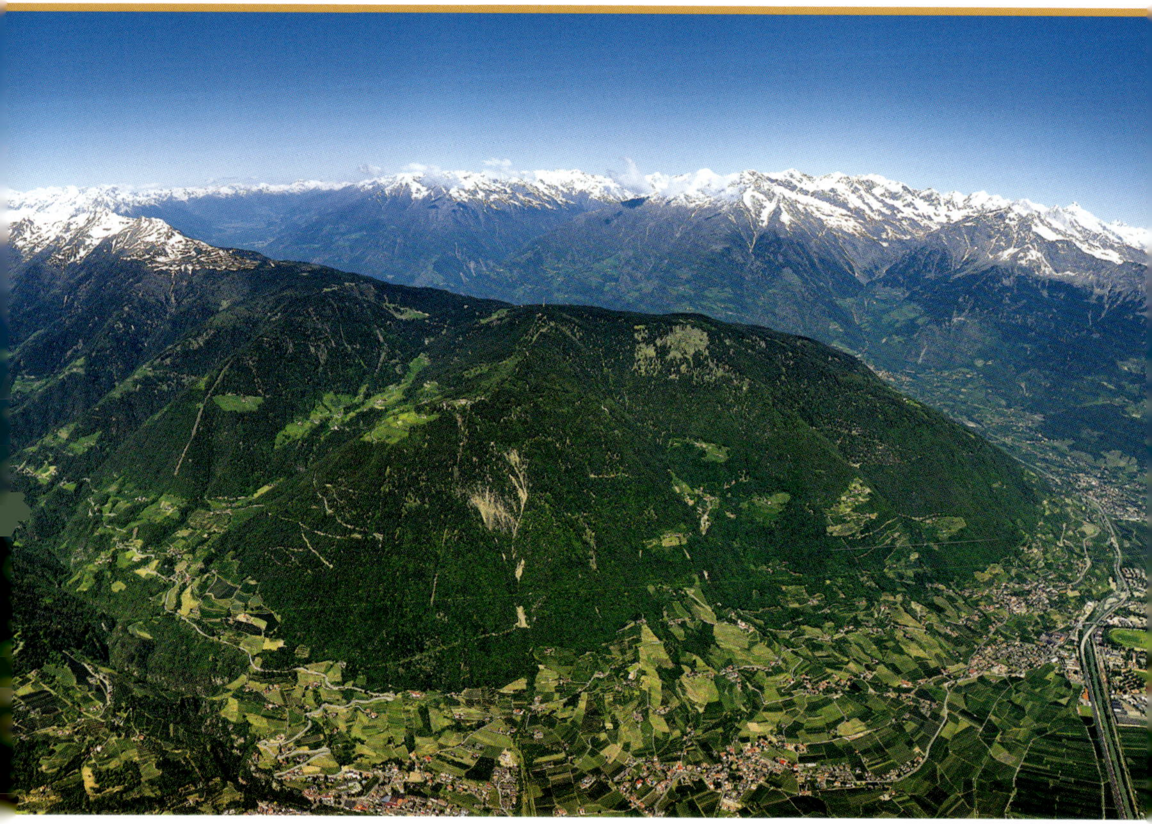

TECHNISCHE DATEN

Gehzeit
ca. 3 Stunden

Höhenunterschied
ca. 300 m im Aufstieg
ca. 450 m im Abstieg

Ausgangspunkt
Bergstation der Seilbahn Vigiljoch

Kartenmaterial
Tappeiner 107, Lana und Umgebung, 1:35.000

Bei dieser Wanderung wird das Vigiljoch überschritten, Ausgangs- und Endpunkt stimmen also nicht überein. Am besten wählt man als Ausgangspunkt den Bahnhof von Meran, fährt mit dem öffentlichen Bus zur Talstation der Seilbahn Vigiljoch, überquert das Joch nach Aschbach, fährt mit der neuen Seilbahn zu Tal (Vinschger-Zug-Haltestelle direkt an der Talstation) und kehrt mit dem Zug nach Meran zurück.

Anfahrt: Am besten von Meran mit dem Linienbus (5 Gehminuten) zur Talstation der Seilbahn Vigiljoch am nördlichen Ortsrand von Lana (Beginn der Straße ins Ultental) und Auffahrt zur Bergstation Vigiljoch.

Wegverlauf: Von der Bergstation der Seilbahn folgt man der Markierung Nr. 34 aufwärts, bis die Markierungen Nr. 4 und 7 nach rechts abzweigen. Dem Weg Nr. 4 folgt man in Serpentinen bis nach oben und setzt nach links auf den Markierungen Nr. 5 und 3 bis zum Jocher fort. Hier kann man sich entscheiden, ob man abkürzt oder die etwas längere Wanderung unternimmt. Wer abkürzt, hält sich oberhalb des Hofes links auf Markierung Nr. 28 und wandert auf diesem Steig durch den Wald hinunter zur Seilbahnstation in Aschbach. Viel lohnender aber ist der kurze Steilaufstieg zum Kirchlein und die Fortsetzung auf Markierung Nr. 9 zum Gasthof Seespitz an der Schwarzen Lacke. Dort hält man sich links auf Markierung Nr. 28A und wandert nur mäßig steil durch den Hochwald hinunter nach Aschbach.

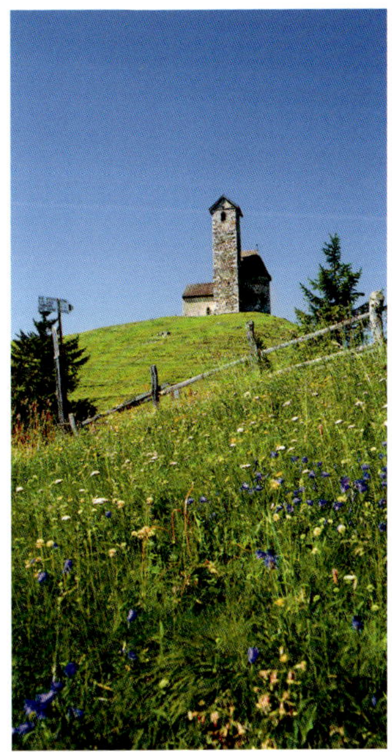

Die Ortschaft Lana mit dem Vigiljoch, am Horizont die Texelgruppe (links); die St.-Vigilius-Kirche am Vigiljoch (rechts)

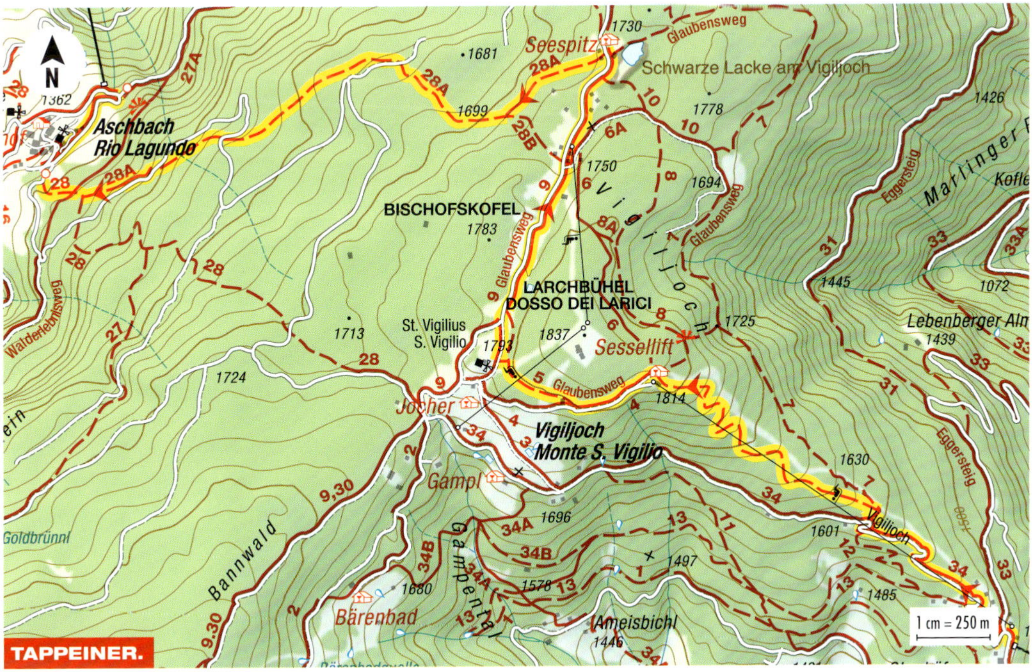

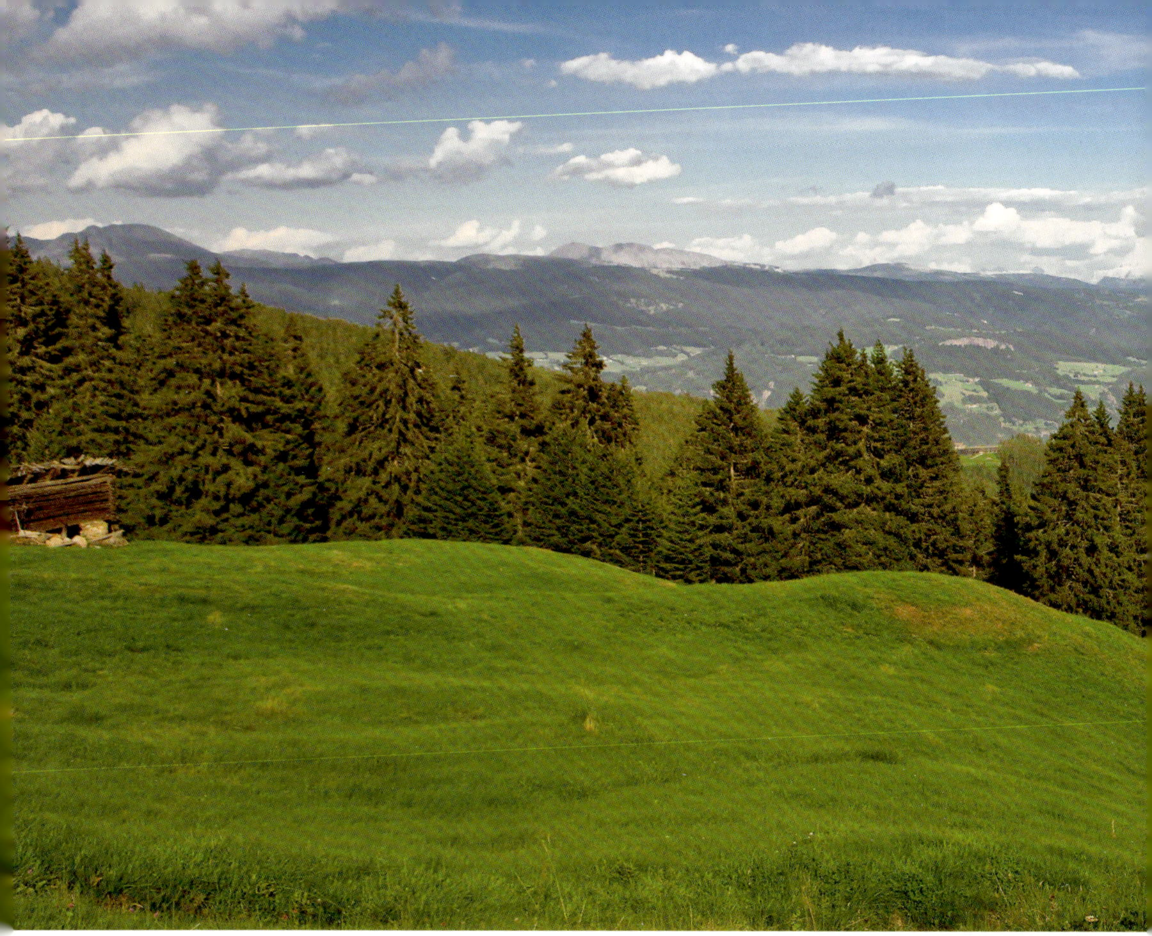

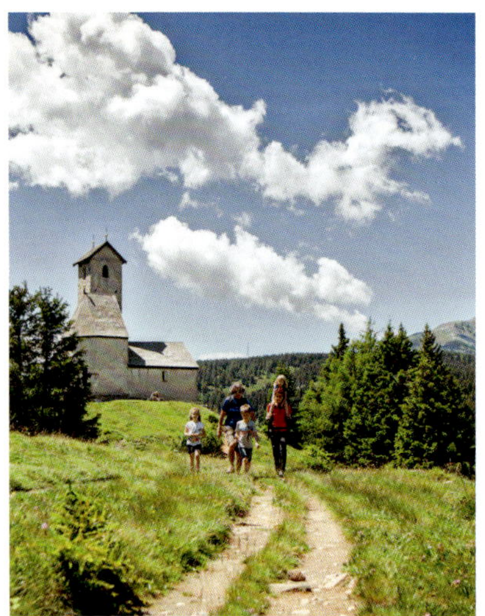

Seilbahn Vigiljoch

Europas zweitälteste Schwebeseilbahn bringt Sie aufs Vigiljoch. 1912 in Pionier-Technik erbaut, wurde sie zu einer landesweiten Attraktion. Betuchte Bürger des Burggrafenamts und Meraner Kurgäste entdeckten mit ihr das Vigiljoch als touristisches Ausflugsziel. 39 Metallpfeiler stützten die damalige Bahn, eine Mittelstation halbierte die Fahrtdauer von insgesamt 20 Minuten. Mit den beiden Weltkriegen kam es zu einer Rezession, die bis in die 50er Jahre anhielt. 1952 wurde die Bahn völlig erneuert, die Mittelstation aufgelassen und die Stützen durch 4 Pfeiler aus Stahlbeton ersetzt. Eine neue Kabine aus Leichtmetall kam zum Einsatz, die Technik wurde kontinuierlich an die strengen Sicherheitsauflagen angepasst. 2006 übernahm der Meraner Unternehmer Ulrich Ladurner als Hauptaktionär die Vigiljocher Seilbahn und initiierte eine Rundum-Modernisierung. Neue Kabinen erlauben heute die Gästebeförderung ohne Kabinenbegleitung, die

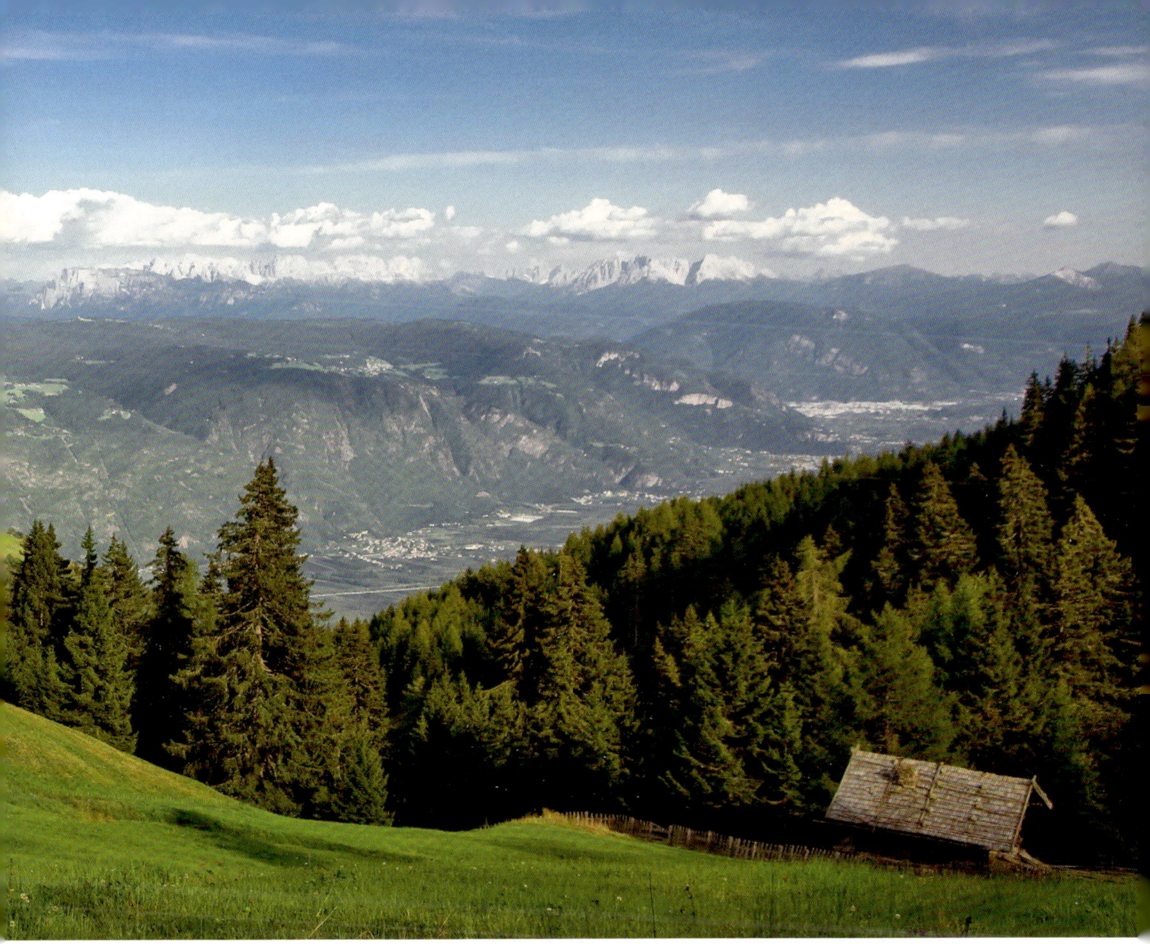

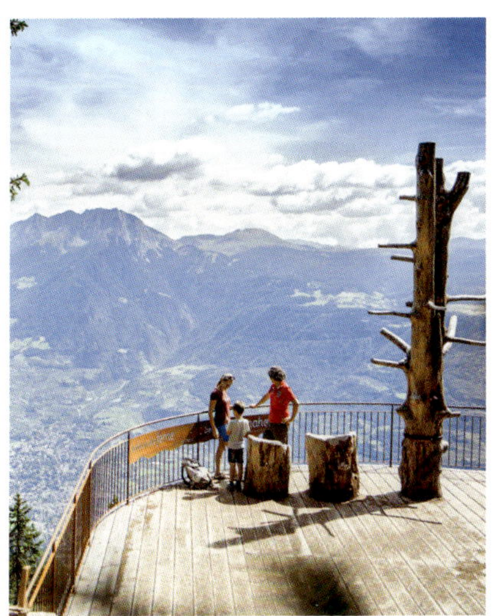

Videoüberwachung sorgt für größtmögliche Sicherheit. Jährlich befördert die Bahn rund 90.000 Gäste aufs Vigiljoch. Die Fahrt von 328 m auf 1486 m dauert 8 Minuten und ist ein herrliches Erlebnis für jedermann. Der neue Besinnungsweg mit Stationen zu Werten und Themen des Lebens lädt ein innezuhalten. Die erste Station in der Nähe der Bergstation des Sesselliftes bietet dank der Aussichtsterrasse eine herrliche Fernsicht und eine genaue Darstellung der sichtbaren Gipfel.

Villenerweg 3
I-39011 Lana
Tel. +39 0473 561333
info@vigilio.com – www.vigilio.com
Ganzjährig geöffnet (Revision März)

› Attraktive Angebote für Familien
› Spielplätze bei allen Gasthäusern

14 GLECK, 2957 m

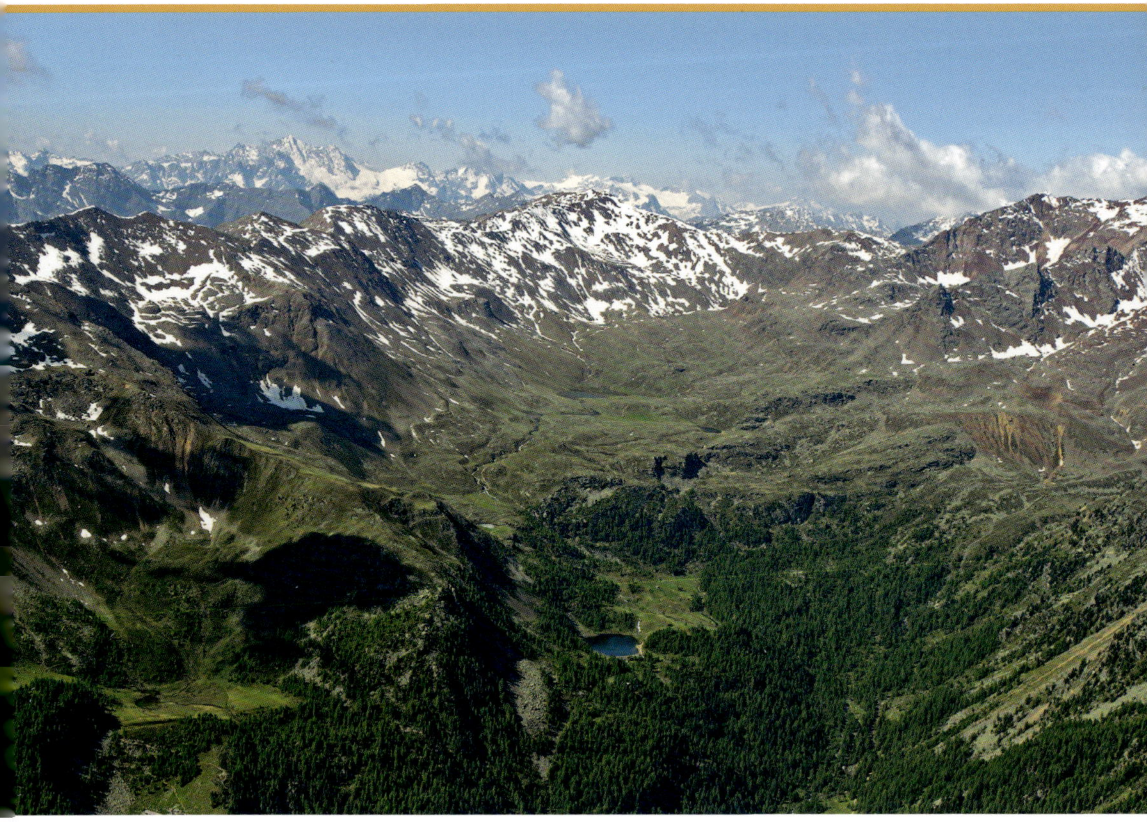

TECHNISCHE DATEN

Gehzeit
6–6½ Stunden

Höhenunterschied
ca. 1050 m im Auf- und Abstieg

Ausgangspunkt
Stausee Weißbrunn im hintersten Ultental

Kartenmaterial
Tabacco 042, Ultental, 1:25.000

Die Wanderung führt im Nationalpark Stilfser Joch durch weitgehend unberührte Natur. Bereits am Fischersee erreicht man freies Gelände und wandert durch die weiten Matten entlang der Seenplatte „Auf die Plöder". Am Gipfel wird man durch den schönen Fernblick belohnt, wobei besonders die südliche Ortlergruppe, im Süden die Presanella- und die Brentagruppe und im Westen die Dolomiten hervorstechen.

Anfahrt: Mit dem Auto von Lana bis St. Gertraud in Ulten, kurz vor dem Kirchdorf rechts abzweigen und auf schmaler Bergstraße bis zum Parkplatz am Stausee fahren. Alternativ von St. Gertraud mit dem Wanderbus (Juni bis Oktober) nach Weißbrunn.

Wegverlauf: Vom Parkplatz folgt man zunächst der Markierung Nr. 140 in Richtung Höchsterhütte, verlässt diese an einer Brücke nach links und steigt auf Markierung Nr. 103 durch lichten Wald auf zu einer Verflachung mit dem Fischersee. Vorbei an einer Almhütte (Mark. Nr. 107) steigt man, jetzt kurz steil, auf zur Oberweißbrunner Alm und setzt gemächlich über die Seenplatte fort. Nach dem Schwärzer Ploder wird es dann richtig steil, in Serpentinen steigt man unschwierig auf zum Schwärzer Joch und setzt oben nach links auf dem breiten Kamm fort zum Vorgipfel mit dem Gipfelkreuz. (Ein Kreuz auf dem Hauptgipfel wäre vom Tal aus nicht sichtbar.) Abstieg wie Aufstieg.

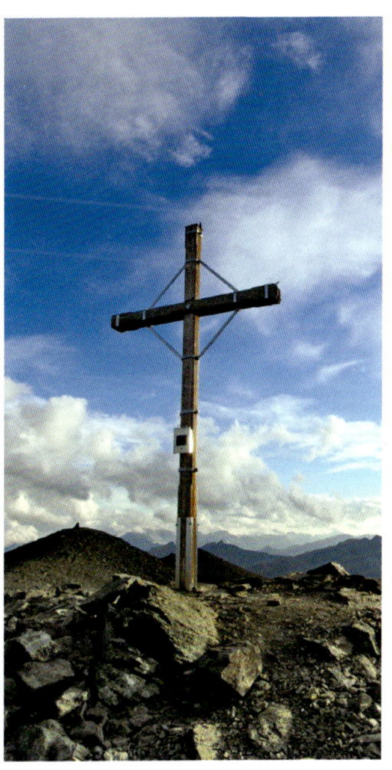

Abstiegsvariante für Konditionsstarke: Oberhalb des Langsees hält man sich an der Wegverzweigung links auf Markierung Nr. 12 und wandert teils durch Blockwerk hinüber zum Schutzhaus Höchsterhütte oberhalb des Grünsees, von wo man relativ steil nach Weißbrunn absteigt. Gehzeit plus 1 Stunde.

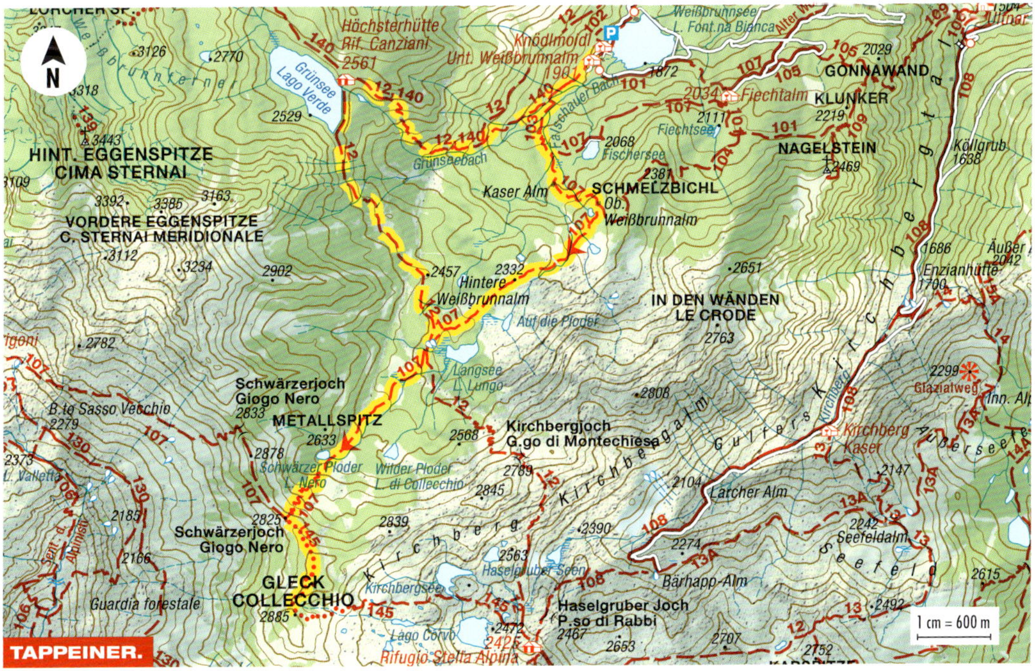

15 GROSSER LAUGEN, 2434 m

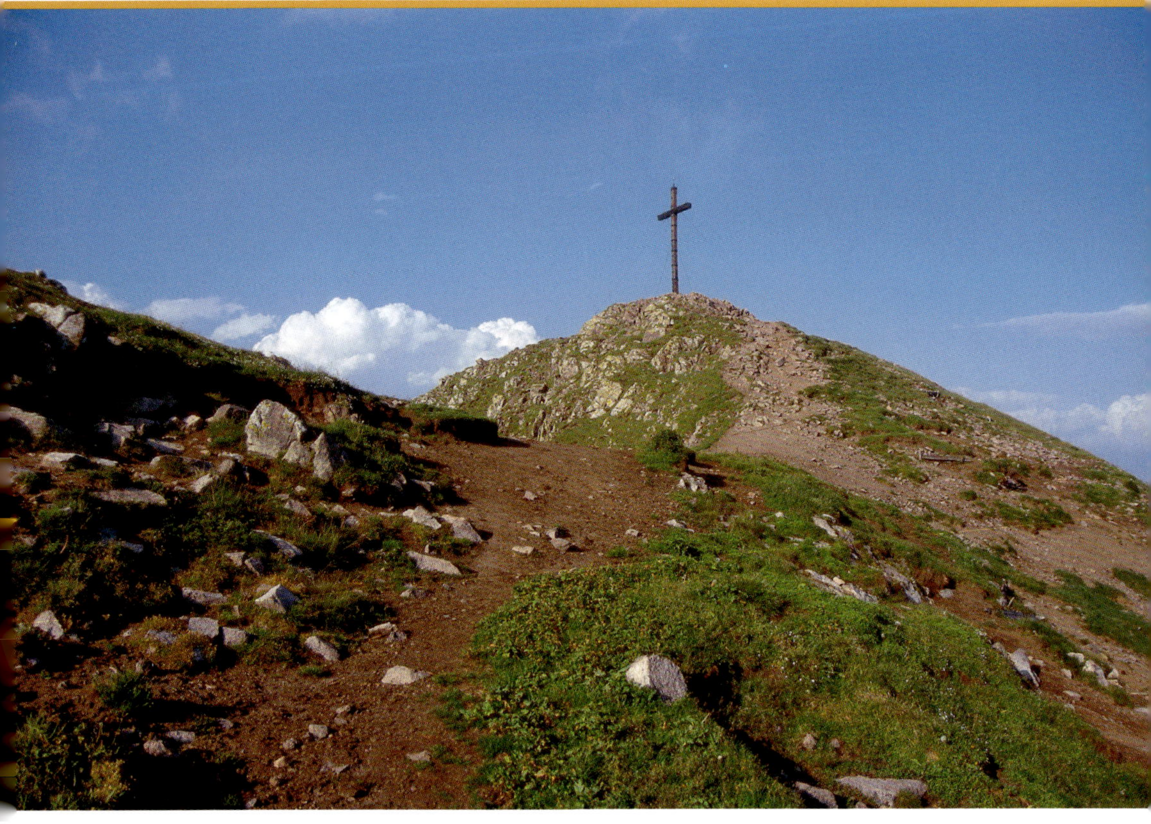

TECHNISCHE DATEN

Gehzeit
ca. 5 Stunden

Höhenunterschied
ca. 920 m im Auf- und Abstieg

Ausgangspunkt
Gampenpass

Kartenmaterial
Tabacco 042, Ultental, 1:25.000

Der Große Laugen ragt als Porphyrgipfel mächtig auf und bietet einen wunderbaren Rundblick. Er wurde übrigens bereits im August 1552 erstmals nachweislich bestiegen und zwar von Regina von Brandis und deren Tochter Katharina Botsch – zugegebenermaßen geführt von einem Mann, nämlich Jakob von Boymont zu Payrsberg. Wegen seiner exponierten Lage ist der Gipfel sehr gewitteranfällig und gilt in der Sage als Sitz der Wetterhexen.

Anfahrt: Mit öffentlichen Verkehrsmitteln oder mit dem Privatauto von Lana auf den Gampenpass. Dort gibt es einen großen, gebührenfreien Parkplatz.

Wegverlauf: Die Tour wird als Überschreitung vorgeschlagen, weil der Abstieg so weniger steil und das Landschaftsbild prächtig ist. Vom Pass folgt man kurz der Straße südwärts, dann zweigt die Markierung Nr. 133 nach rechts ab (Beschilderung Laugensee/Bonacossaweg). Steil und teilweise in Stufen geht es nun hinauf bis zur Waldgrenze, dann ist bald der Laugensee erreicht. Am See hält man sich links und quert hinüber zum Südostgrat, über den es – teils in Stufen – gut ausgebaut und kaum ausgesetzt hinauf geht zum Gipfel. (Der gut sichtbare, aber nicht markierte Anstieg rechts um den See herum und durch die Ostflanke ist teilweise sehr ausgesetzt und rutschig; nicht zu empfehlen!) Vom Gipfel setzt man auf dem Kamm fort und steigt auf Markierung Nr. 10 A ab ins Wiesengelände und erreicht die bewirtschaftete, sehr schön gelegene Laugenalm. Von dort wandert man teils auf dem Forstweg, teils auf Steig zurück zum Gampenpass.

LAUGENALM, 1853 m

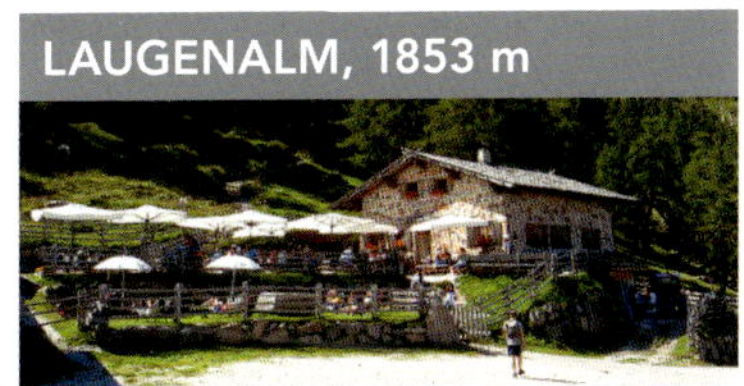

Die traditionellen Gerichte werden nicht nur mit einheimischen Produkten, sondern auch mit selbstgepflückten Kräutern der umliegenden Almwiesen zubereitet. Die Alm ist ein beliebtes Ausflugsziel für Familien, da der Forstweg – vom Pass zur Hütte – auch mit dem Kinderwagen leicht begehbar ist. Eltern können sich auf der großen Terrasse mit Blick auf die Dolomiten oder auf der Liegewiese mit Liegestühlen entspannen, während die Kinder Tiere im Streichelzoo kennenlernen. Für kalte und nasse Tage stehen 50 Plätze in der warmen Stube bereit.

Unsere Liebe Frau im Walde
Mobil +39 340 2582853

Öffnungszeiten Sommer: Mitte Mai bis Anfang November; Winter: Nov. bis Ostern nur an Wochenenden und Feiertagen

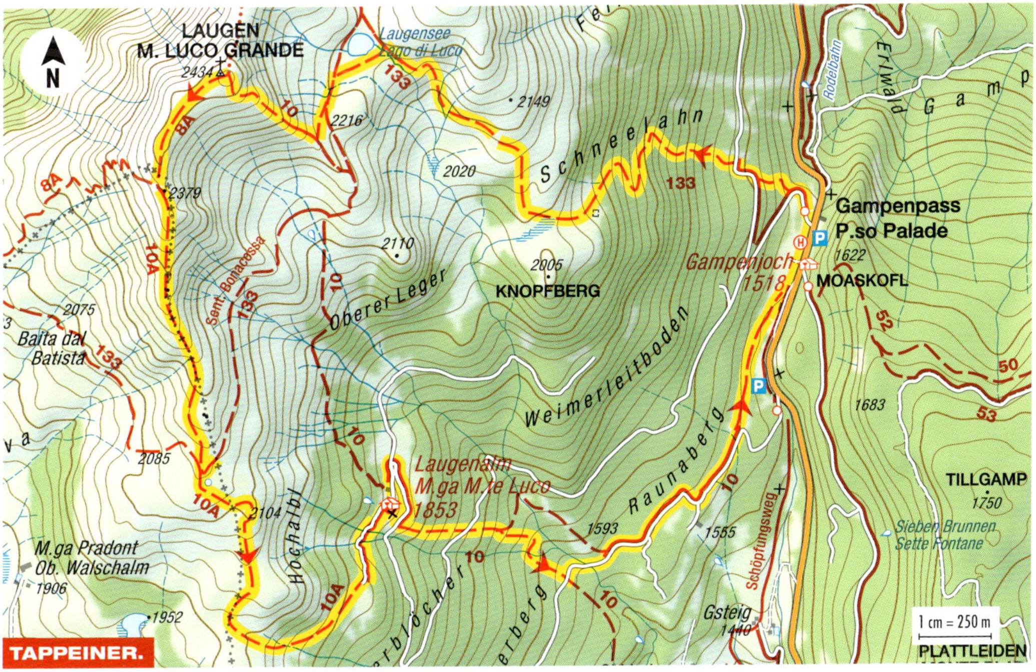

LAUGEN
M. LUCO GRANDE
2434
Laugensee
Lago di Luco
Schneelahn
Gampenpass
P.so Palade
Gampenjoch
1518
1622
MOASKOFL
KNOPFBERG
Oberer Leger
Weimerleitboden
Raunaberg
Laugenalm
M.ga M.te Luco
1853
Baita dal Batista
M.ga Pradont
Ob. Walschalm
1906
TILLGAMP
1750
Sieben Brunnen
Sette Fontane
Gsteig
1410
PLATTLEIDEN
1 cm = 250 m
TAPPEINER.

16 ERLEBNISRUNDWANDERUNG IN PARTSCHINS

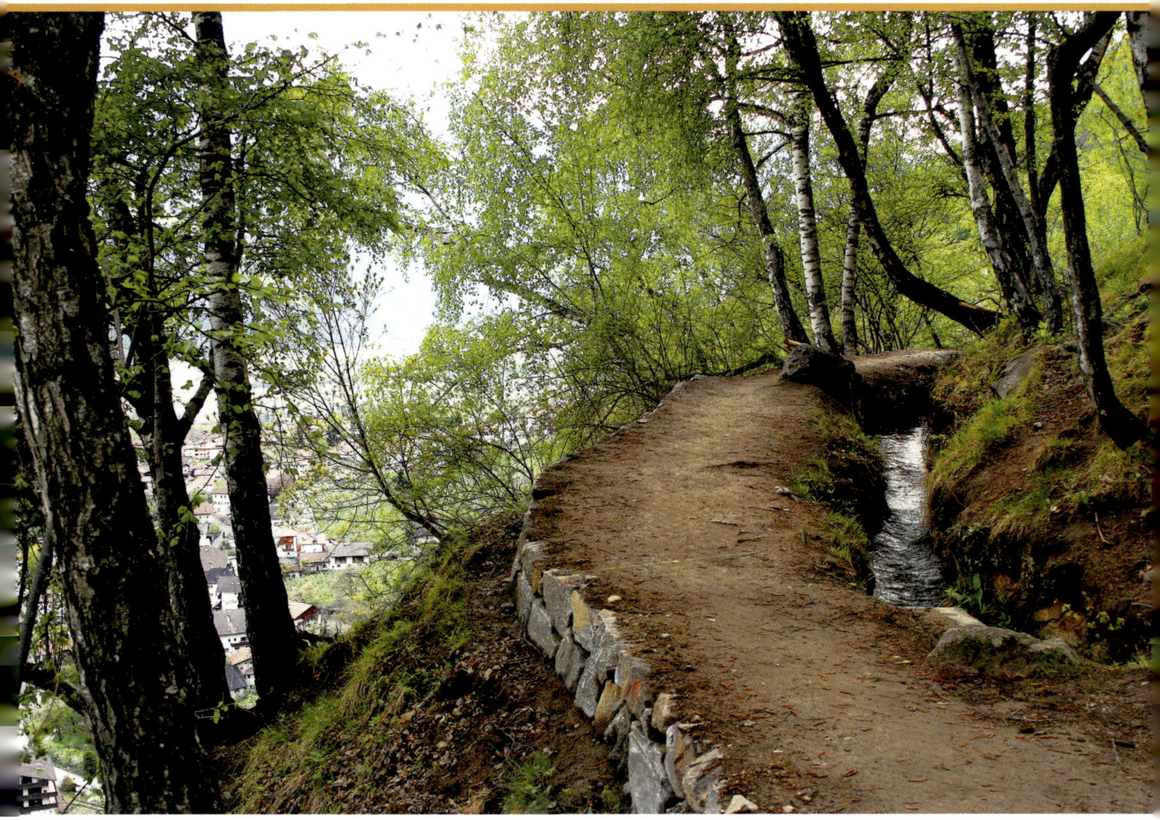

TECHNISCHE DATEN

Gehzeit
ca. 3½ Stunden

Höhenunterschied
ca. 600 m im Auf- und Abstieg

Ausgangspunkt
Partschins, Ortskern

Kartenmaterial
Tappeiner 121, Meran und Umgebung, 1:25.000

Eine abwechslungsreiche Rundwanderung, auf der man den Partschinser Waalweg und den Sagenweg begeht, vorbeikommt an vorgeschichtlichen Siedlungs- und Kultstätten und nicht zuletzt zum bekannten Partschinser Wasserfall gelangt, der insbesondere zur Zeit der Schneeschmelze einen imposanten Anblick bietet.

Anfahrt: Am besten mit dem Bus von Meran nach Partschins, die Parkplätze sind im Zentrum von Partschins eher dünn gesät.

Wegverlauf: Vom Ortskern bzw. der Bushaltestelle folgt man der Markierung Nr. 7 A in Richtung des Weilers Vertigen. Nach kurzer Zeit gelangt man zum Partschinser Waalweg, dem man nach links folgt. Wie bei Waalwegen üblich geht es fast eben weiter, bis die Markierung Nr. 1 nach rechts abzweigt. Und nun wird es recht steil. Man erreicht den Sagenweg, folgt diesem nach rechts und vorbei an vorgeschichtlichen Siedlungs- und Kultstätten geht's weiter aufwärts. Bei der folgenden Wegverzweigung hält man sich rechts, gelangt zum Prünster und erreicht schließlich den Partschinser Höhenweg (Mark. Nr. 23–26). Beim Prünster ist der höchste Punkt der Wanderung erreicht. Der Weg mit der Markierung Nr. 23 führt hinunter zum Gasthof Wasserfall (den kurzen Abstecher zur Aussichtsplattform auf keinen Fall versäumen!), von wo man auch mit dem Bus nach Partschins zurückkehren kann. Auf Weg Nr. 8B gelangt man hinunter zum Gasthof Birkenwald, folgt dort der Markierung Nr. 1 bis zur Jausenstation Winklerhof, biegt dort nach links ab, überquert die Hängebrücke und gelangt zurück in den Ortskern von Partschins.

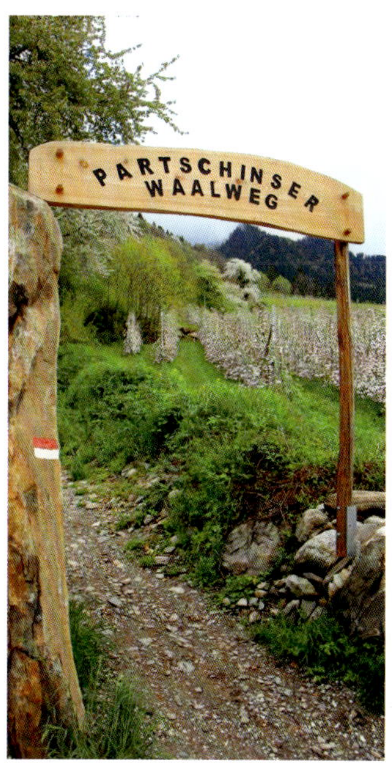

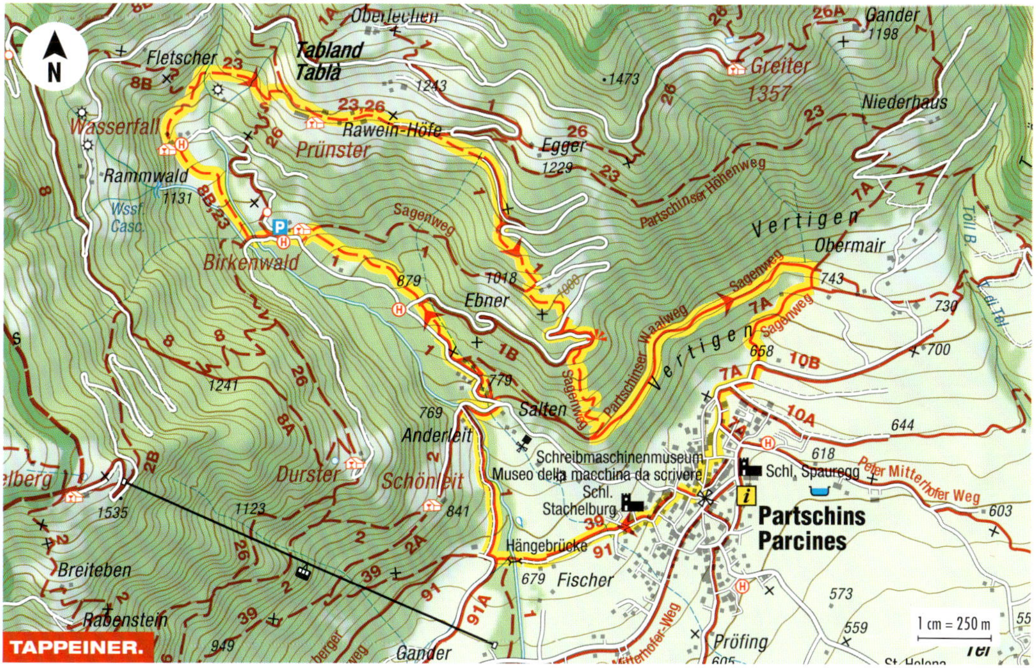

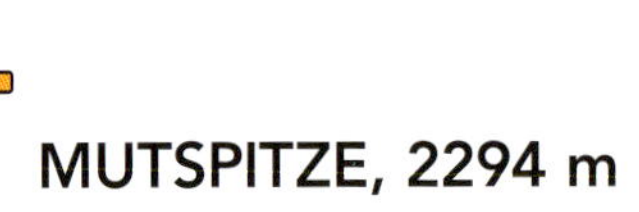

17 MUTSPITZE, 2294 m

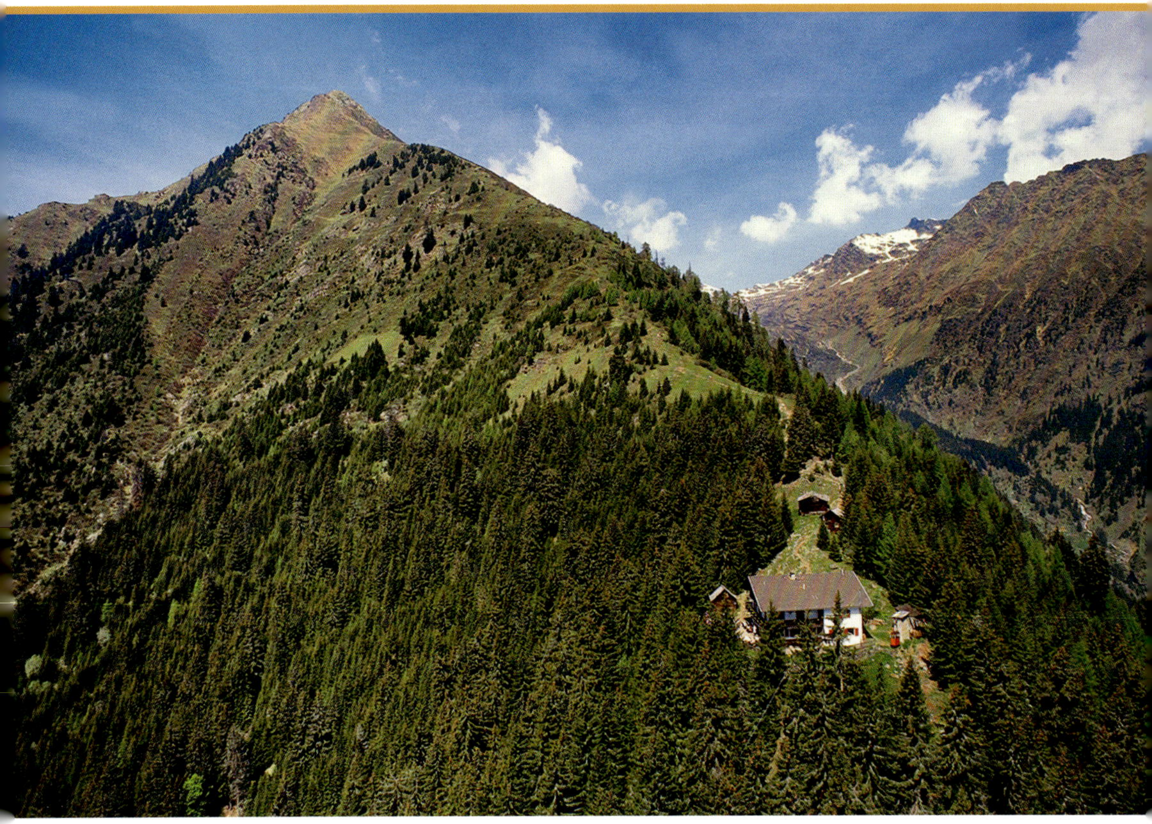

TECHNISCHE DATEN

Gehzeit
4–4½ Stunden

Höhenunterschied
ca. 950 m im Auf- und Abstieg

Ausgangspunkt
Bergstation der Seilbahn Hochmuth

Kartenmaterial
Tappeiner 121, Meran und Umgebung, 1:25.000

Die Mut, wie der Berg allgemein nur genannt wird, ist ein prächtiger Aussichtsberg und wird entsprechend gerne aufgesucht. Auch weil der Aufstieg nicht schwierig und nicht übermäßig lang ist. Bei klarem Himmel reicht der Blick vom Ortler bis in die Dolomiten und das Etschtal liegt einem im wahrsten Sinn des Wortes zu Füßen.

Anfahrt: Mit dem Linienbus oder dem Privatauto über Meran nach Dorf Tirol zur Talstation der Seilbahn.

Wegverlauf: Von der Bergstation der Seilbahn und dem Gasthaus Hochmuth folgt man der Markierung Nr. 22 relativ steil hinauf zum Gasthaus Steinegg, dann geht es ziemlich flach durch den Wald zum Gasthaus Mutkopf. Bald darauf zweigt die Markierung Nr. 23 nach links in Richtung Mut ab. Durch weitgehend freies Wiesengelände steigt man recht steil hinauf. Der Weg ist zum größten Teil mit kleinen Felsbrocken „gepflastert", das erleichtert zwar die Instandhaltung durch Mitarbeiter des Naturparks Texelgruppe, macht das Gehen aber recht mühsam. Die letzten Meter vor dem Gipfel steigt man unschwierig über große Felsplatten. Abstieg wie Aufstieg.

Lohnende Abstiegsvariante für Trittsichere: Vom Gipfel der Mut wandert man auf dem zum Teil etwas ausgesetzten Kamm weiter zur Taufenscharte und steigt von dort nach rechts ab, bis man auf den Jägersteig (Mark. Nr. 22) trifft. Diesem folgt man nach rechts zurück über den Mutkopf zur Bergstation. Gehzeit ca. plus 1½ Stunden.

GASTHAUS MUTKOPF, 1680 m

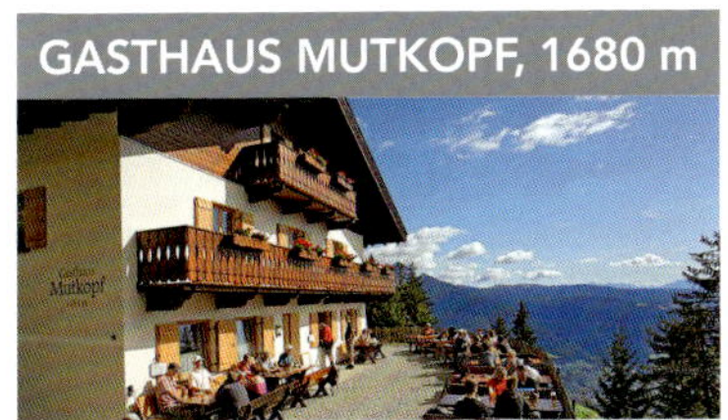

Dieser Gastbetrieb an der Waldgrenze ist die letzte Einkehrmöglichkeit für Wanderer vor dem Aufstieg zur Mutspitze und ideale Zwischenrast auf dem Weg zu den Spronser Seen. Auf der großen Sonnenterrasse genießen Sie schmackhafte Gerichte, kleine Imbisse, Buttermilch, Kaiserschmarrn, Kaffee und Kuchen u.v.m. Das Gasthaus Mutkopf ist ein idyllisches Wanderziel mit traumhaftem Ausblick über das Meraner Etschtal, den Vinschgau hinauf bis zum Ortlermassiv und nach Süden bis zu Dolomiten.

Muthöfeweg 15
I-39019 Dorf Tirol (BZ)
Mobil +39 339 4356257
info@talbauer.it – www.talbauer.it

Geöffnet: Anfang April bis Mitte Nov.

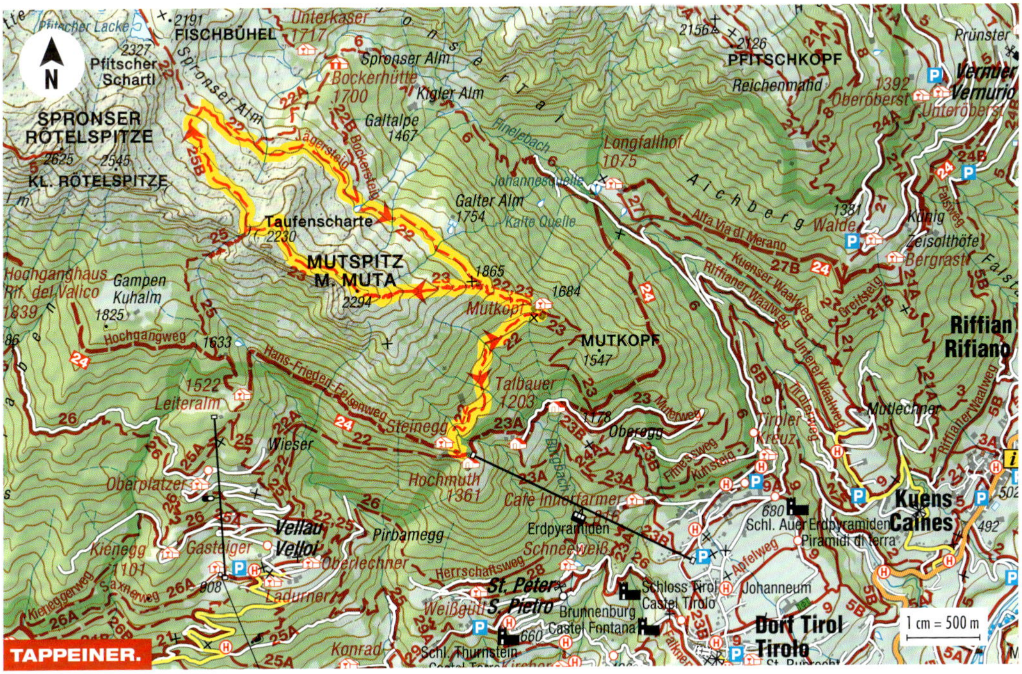

18 RUNDWANDERUNG ZUM GASTHOF TALBAUER AN DER MUT

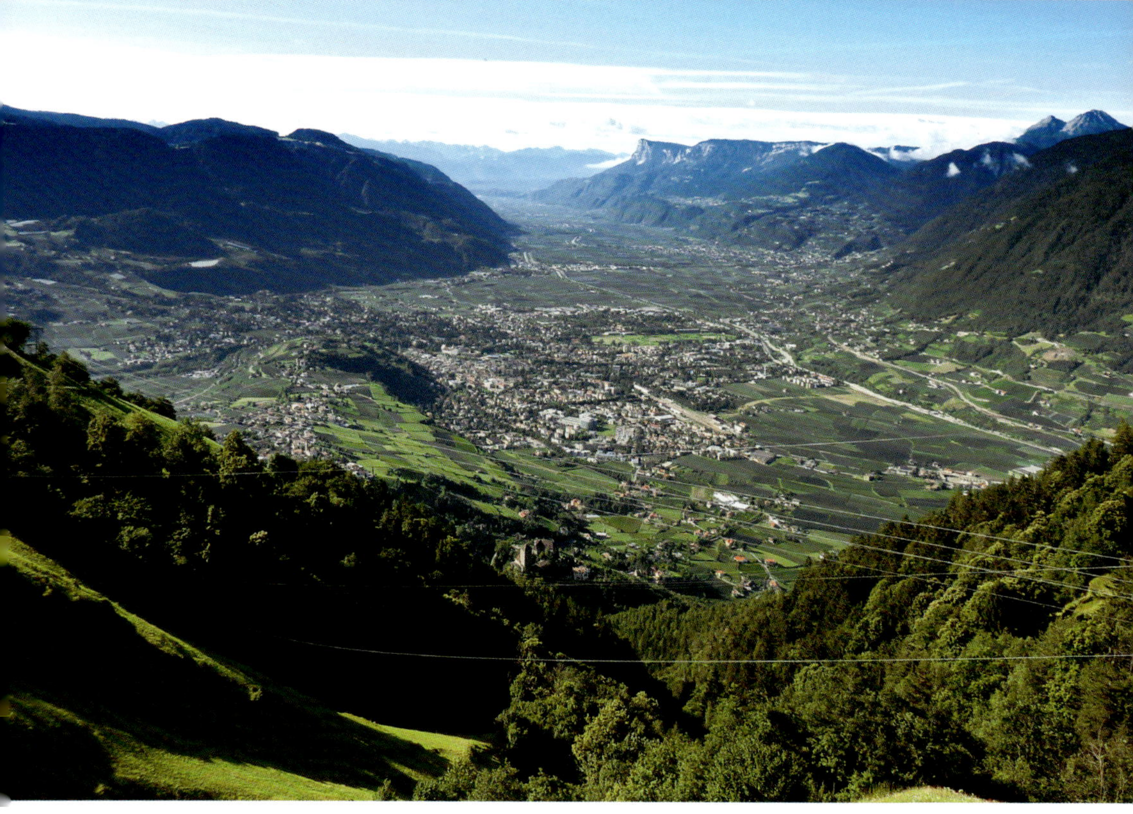

TECHNISCHE DATEN

Gehzeit
ca. 3½ Stunden

Höhenunterschied
ca. 510 m im Auf- und Abstieg

Ausgangspunkt
Gasthof Tiroler Kreuz

Kartenmaterial
Tappeiner 121, Meran und Umgebung, 1:25.000

Der Anstieg ist an manchen Stellen beschwerlich, dafür wird man am Ziel aber mit einem prächtigen Panoramablick belohnt. Mit ein bisschen Pathos: Der Talbauer sitzt wie ein Adlerhorst über der Talweite von Meran und die Welt liegt dem Betrachter tatsächlich zu Füßen. Die Tour führt vorwiegend durch schattigen Wald, bietet sich daher auch für den Hochsommer an.

Anfahrt: Mit dem Linienbus über Meran nach Dorf Tirol zum Gasthof Tiroler Kreuz; bei Anfahrt mit dem Privatauto nur sehr beschränkte Parkmöglichkeit.

Wegverlauf: Vom Gasthof Tiroler Kreuz folgt man der Markierung Nr. 6 auf dem Güterweg hinein in das Fineletal. Kurz vor Longfall trifft man auf den Meraner Höhenweg (Mark. Nr. 24), dem man nach links aufwärts folgt. Hier beginnt der beschwerlichste Teil der Wanderung: Zahlreiche Stufen führen durch den Wald hinauf. Etwas weiter oben ist Trittsicherheit gefragt. Einige ausgesetzte Stellen sind aber bestens mit Stahlseilen und Ketten abgesichert. Bald danach ist der höchste Punkt erreicht und in sanftem Gefälle führt der Steig hinüber ins Wiesengelände und zum „Talbauer". Nach ausgiebiger Rast wandert man ein Stück auf dem Anstiegsweg zurück und biegt auf die Markierung Nr. 23B ab. Beim Hof Oberegg hält man sich besser links und wählt den Abstieg auf Markierung Nr. 23; dieser ist deutlich weniger steil und knieschonender als über 23B und dessen Fortsetzungen. Zudem führt der Weg Nr. 23 ohne weitere Abzweigungen direkt zurück zum Ausgangspunkt.

GASTHAUS TALBAUER, 1200 m

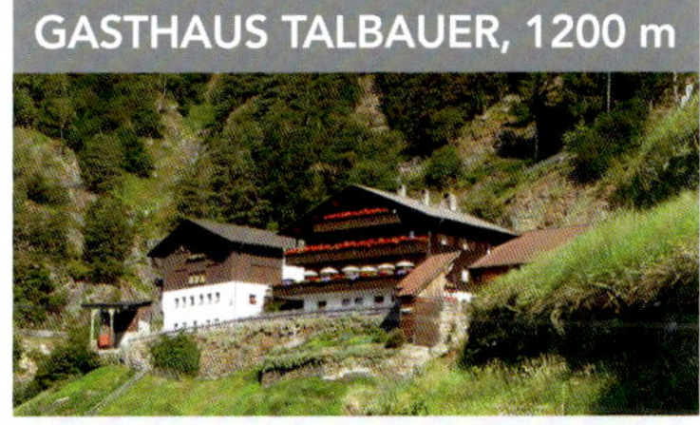

Der Gasthof Talbauer in Dorf Tirol besticht durch seine schöne Panoramalage. Das Berggasthaus mit herzhafter Küche bietet hofeigene Produkte wie Speck, Marmeladen und vieles mehr. Ausgangspunkt für Gipfel- und Hüttenwanderungen am Meraner Höhenweg mit 17 Schlafplätzen in Mehrbettzimmern, 1 Zimmer mit 5 und 1 Zimmer mit 12 Betten, Etagendusche; Bettwäsche und Handtücher sind vorhanden.

Muthöfeweg 3
I-39019 Dorf Tirol (BZ)
Tel. +39 0473 229941
info@talbauer.it – www.talbauer.it

Geöffnet: Mitte März bis Mitte Dezember; Ruhetag Samstag (Aug./Sept./Okt. durchgehend geöffnet)

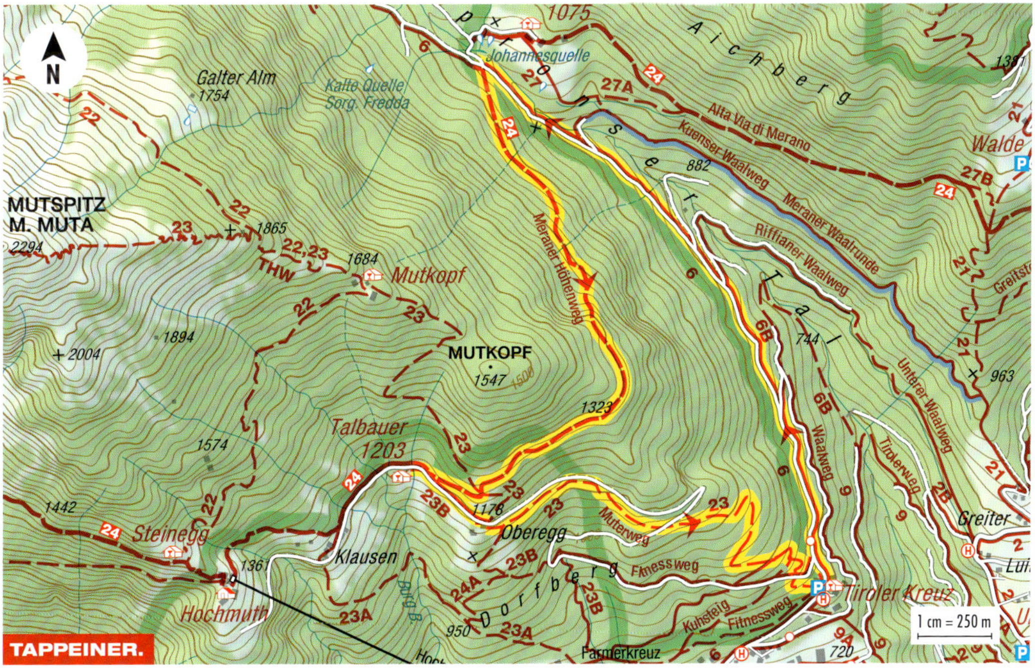

TAPPEINER.

19 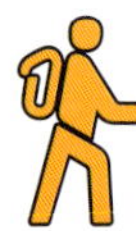 AUF WAALWEGEN VON RIFFIAN NACH DORF TIROL

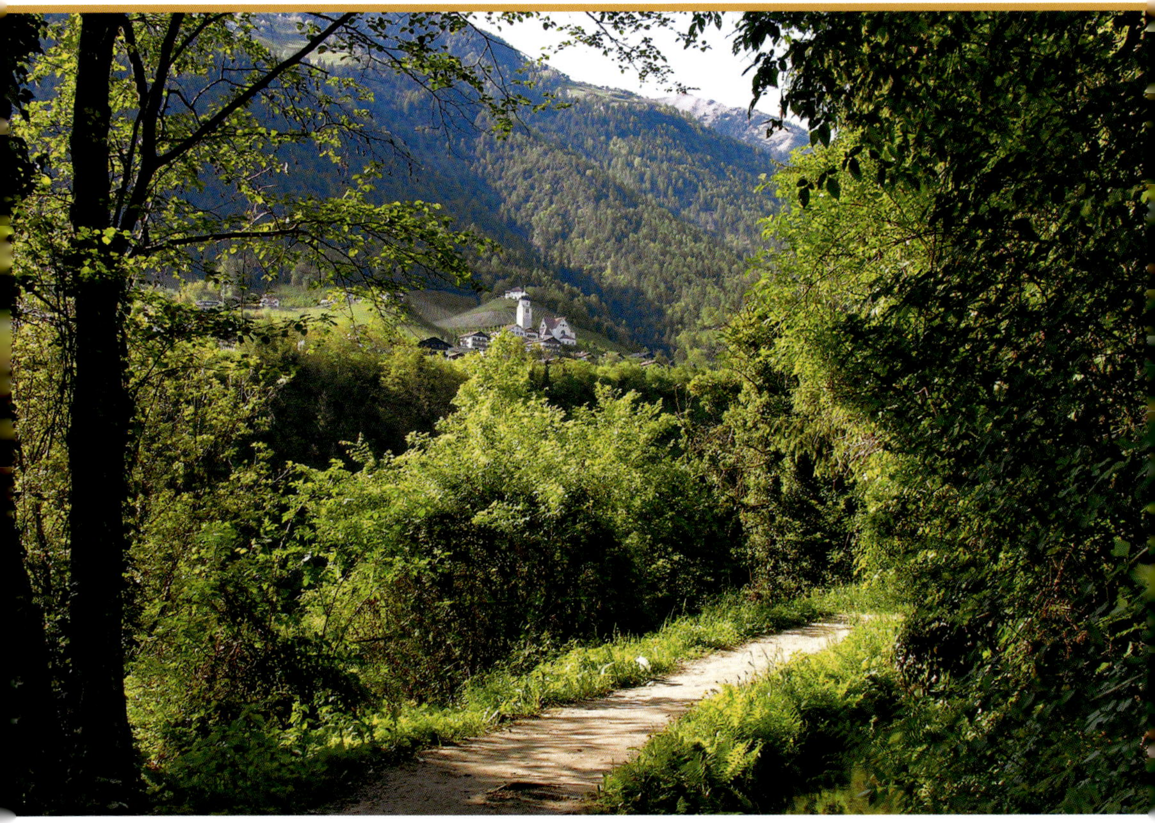

TECHNISCHE DATEN

Gehzeit
3½–4 Stunden

Höhenunterschied
ca. 480 m im Auf- und Abstieg

Ausgangspunkt
Bushaltestelle im Ortskern von Riffian

Kartenmaterial
Tappeiner 121, Meran und Umgebung, 1:25.000

Diese Wanderung folgt zum Teil der Meraner Waalrunde, der Kuenser Waalweg wird aber relativ wenig begangen. Dabei ist das Teilstück vom Mutlechner hinein ins Spronser Tal ausgesprochen schön, nicht verrohrt und an den etwas ausgesetzten Stellen gut abgesichert.

Anfahrt: Am besten mit dem Bus von Meran nach Riffian, da Ausgangs- und Endpunkt nicht übereinstimmen.

Wegverlauf: Von der Bushaltestelle in Riffian wandert man hinauf zur Wallfahrtskirche und setzt auf Markierung Nr. 5 fort hinauf zum Rösslsteig. Diesem folgt man nach links, er geht über in den Riffianer Waalweg, der naturgemäß in sanftem Gefälle talauswärts führt. Oberhalb von Kuens erreicht man in einer Spitzkehre die Straße und biegt nach rechts auf das Steiglein mit der Markierung Nr. 21 ab. Am Försterbach – meist kaum mehr als ein Rinnsal – geht's zwar eher steil hinauf, man meidet aber die langweilige Zufahrtsstraße zu den Höfen. Am Ende der Steigung erreicht man die Höfe Greiter und Mutlechner und damit wieder den Kuenser Waalweg, der hinein ins Spronser Tal führt. Unterhalb der Jausenstation Longfall erreicht man die Zufahrtsstraße, der man talauswärts folgt, bis die Markierung Nr. 6B nach links abzweigt. Dieser folgt man kurz und biegt bei der ersten Verzweigung scharf nach rechts ab. Man folgt dem Steig in sanftem Gefälle hinunter zum Schloss Auer, biegt kurz darunter nach rechts auf den Apfelweg ab und gelangt in den Ortskern von Dorf Tirol. Rückkehr nach Meran mit dem Linienbus.

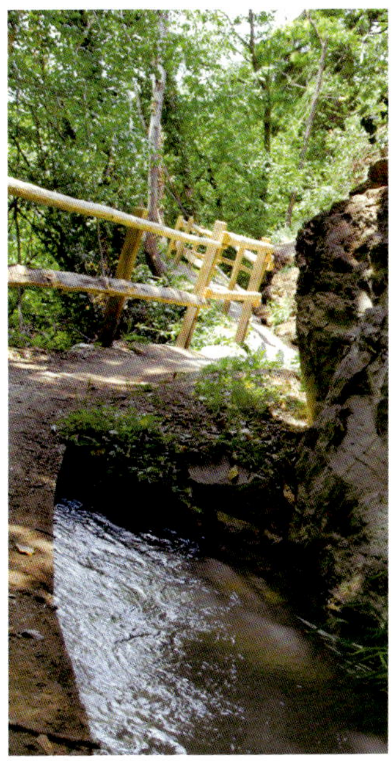

Der Maiser Waal mit der Kirche von Riffian im Hintergrund (links)

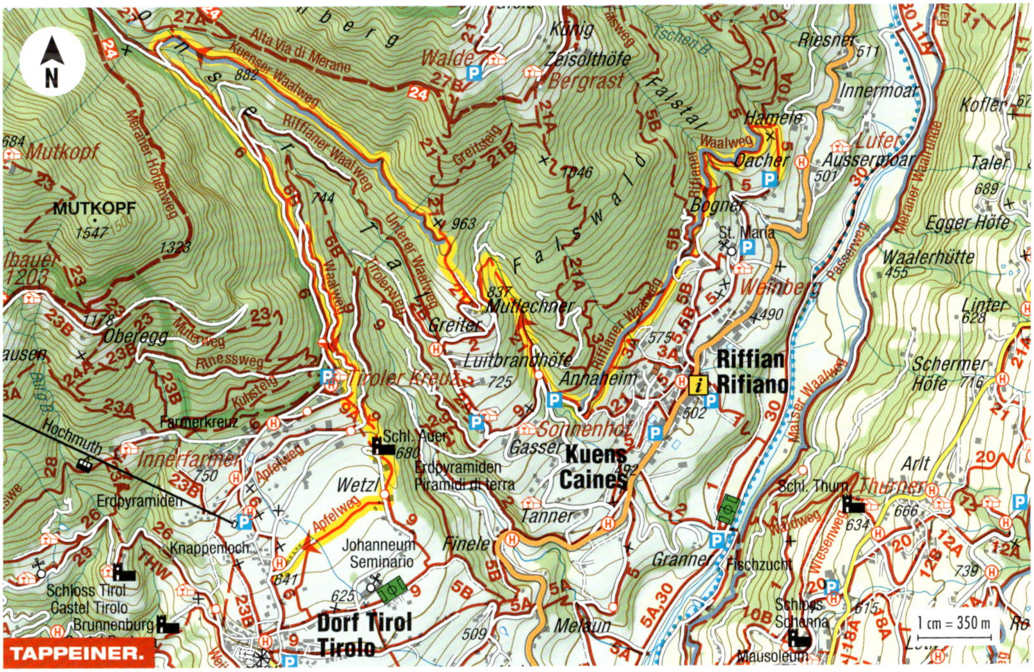

20  WAALWEGE VON MERAN NACH MARLING

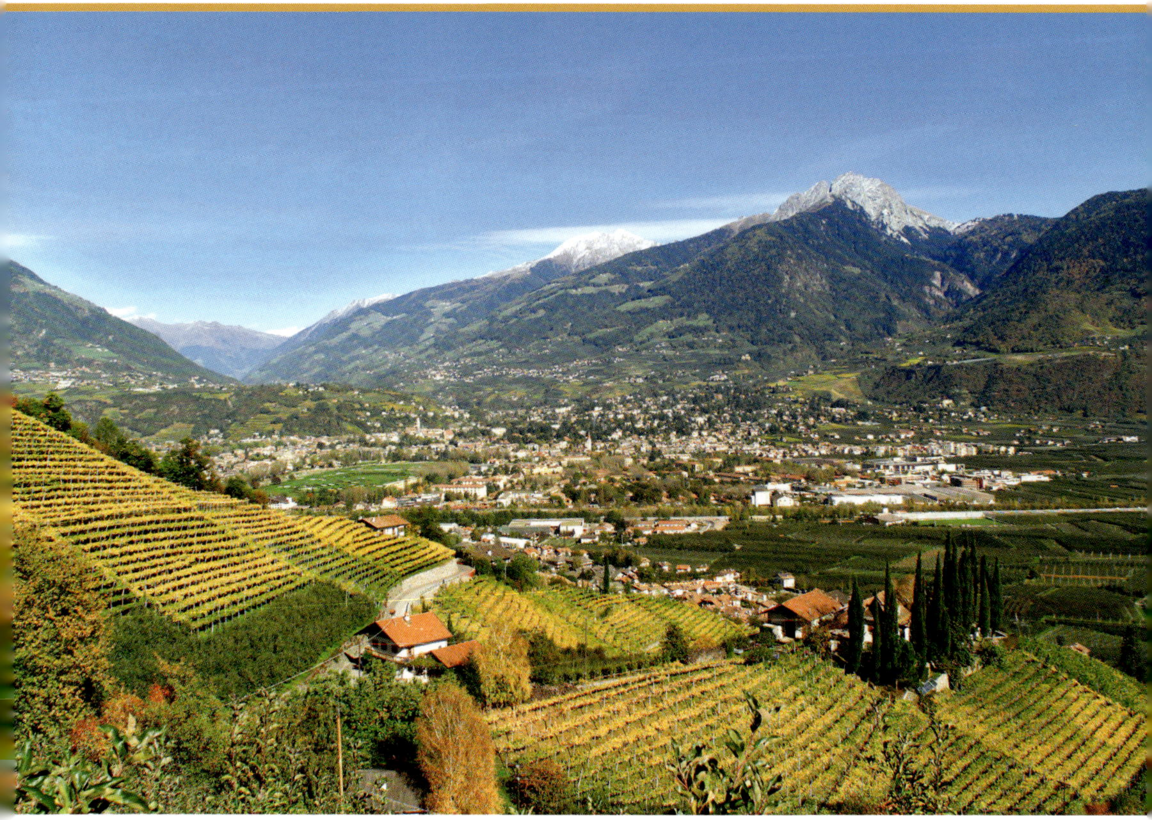

TECHNISCHE DATEN

Gehzeit
ca. 5 Stunden

Höhenunterschied
ca. 200 m im Auf- und Abstieg

Ausgangspunkt
Stadtzentrum Meran

Kartenmaterial
Tappeiner 121, Meran und Umgebung, 1:25.000

Von Meran nach Marling? Gewiss, aber mit einem kleinen „Umweg" über Gratsch und Algund. Und da die Wanderung über den Tappeinerweg und danach über Waalwege führt, ist der Höhenunterschied recht gering, dafür ist die beschriebene Strecke ca. 16 km lang.

Anfahrt: Mit beliebigen Verkehrsmitteln nach Meran.

Wegverlauf: Der Weg beginnt auf der Promenade vor dem Kurhaus. Man wandert über die Winterpromenade bachaufwärts in die Klamm der Gilf und von dort in Serpentinen hinauf, überquert die alte Straße ins Passeier und gelangt zum Beginn des

Tappeinerweges, dieser Prachtpromenade über den Dächern der Stadt. Am Ende des Tappeinerweges folgt man (leider) der geteerten Straße aufwärts, bis eine Hängebrücke nach links auf den Algunder Waalweg führt. Diesem folgt man nun ohne nennenswerten Höhenunterschied, bis man die Brücke des kleinen Stausees an der Töll erreicht. Dort überquert man die Staatsstraße und steigt kurz hinauf zum Beginn des Marlinger Waalweges. Zuerst quert man felsiges Gelände auf dem bestens abgesicherten Steig entlang des Wassers, danach folgen vorwiegend Apfelwiesen und immer wieder hat man einen schönen Blick auf Meran und das Etschtal. Am Gasthaus Waalheim zweigt die Markierung Nr. 33 nach links ab; auf ihr steigt man ab nach Marling und kehrt mit dem Bus oder dem Zug zurück nach Meran.

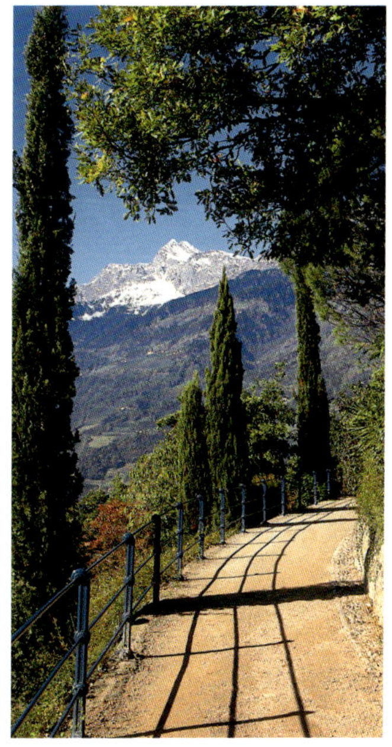

Marling mit Blick auf die Stadt Meran und den Ifinger (links); der Tappeinerweg (rechts)

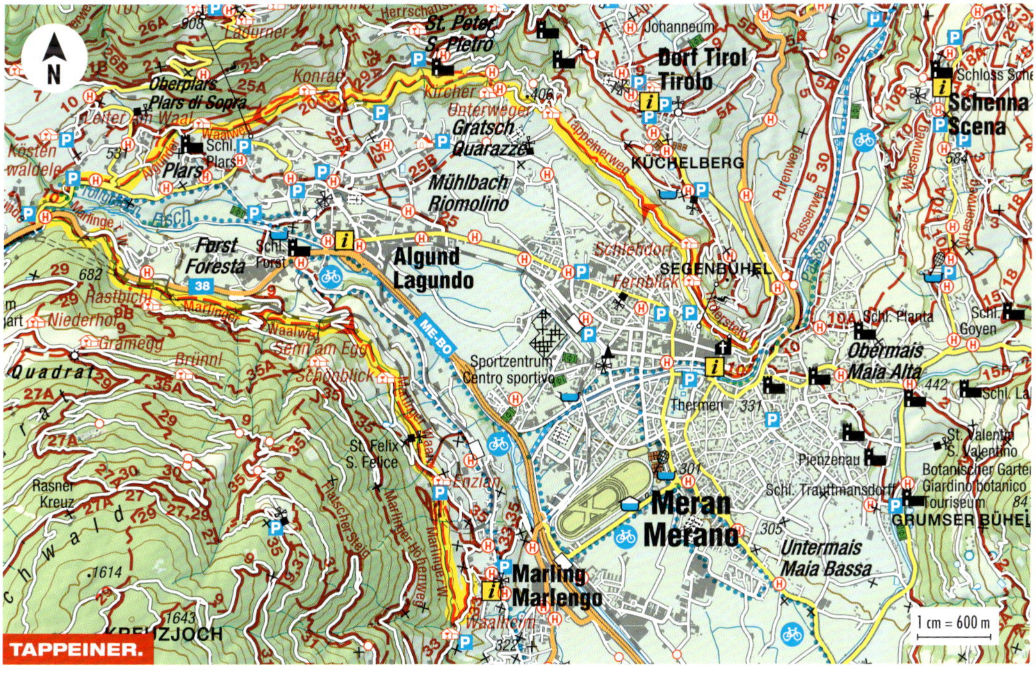

21 DER MAISER WAALWEG

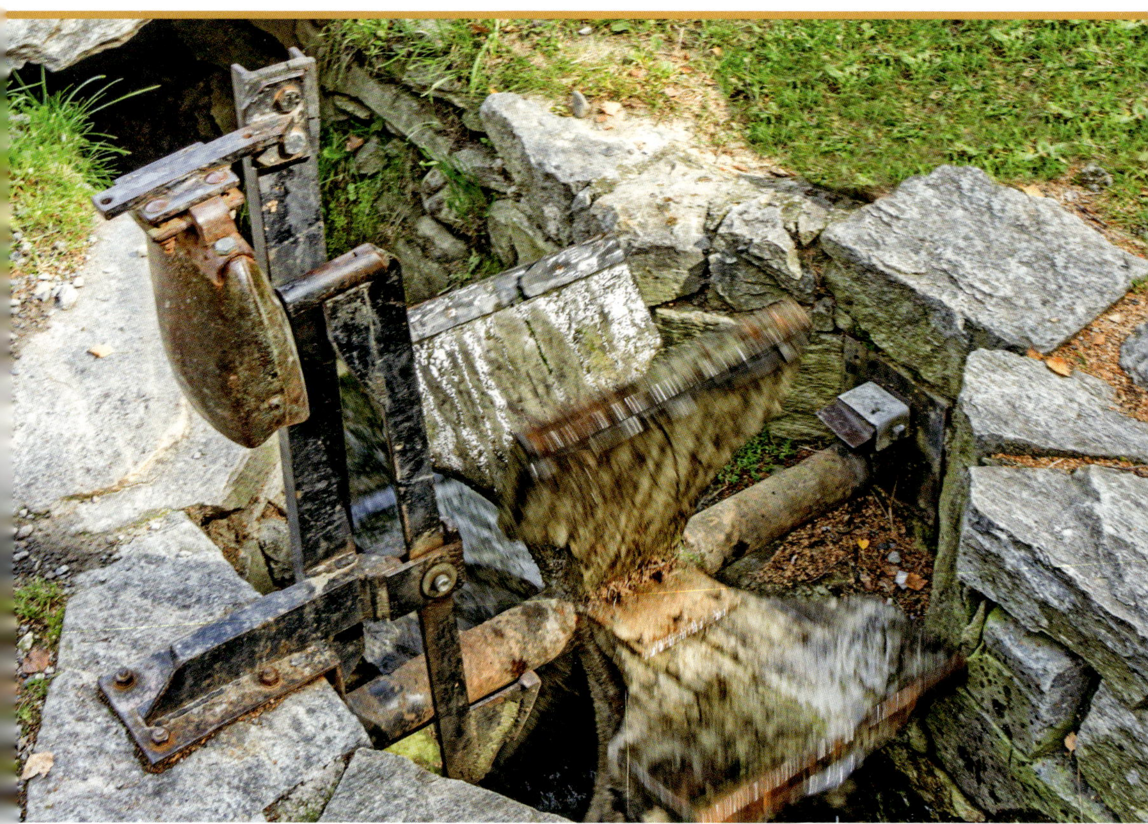

TECHNISCHE DATEN

Gehzeit
3–3½ Stunden

Höhenunterschied
ca. 200 m im Abstieg

Ausgangspunkt
Saltaus

Kartenmaterial
Tappeiner 121, Meran und Umgebung, 1:25.000

Zu den anspruchsvollen Bergtouren in diesem Wanderführer, hier eine gemächliche Wanderung von Saltaus nach Meran. Der fast 600 Jahre alte Maiser Waal ist heute noch zum größten Teil im ursprünglichen Zustand erhalten und liefert Wasser für die Obstgüter in Obermais. Informationstafeln entlang des Weges weisen auf Besonderheiten hin, auch eine Waalerhütte und eine Waalschelle wurden neu errichtet. Die Waalerhütte war die Dienstwohnung des „Waalers", der für den Erhalt des Waals zu sorgen hatte. Die Waalschelle diente als „Alarmsystem": Solange ihr metallisches Klingen zu hören war, floss das Wasser ungehindert; hörte es hingegen auf, gab es irgendwo einen „Fuchs", einen Bruch im Waal, den es schleunigst zu reparieren galt.

Anfahrt: Mit dem öffentlichen Bus von Meran nach Saltaus in Passeier.

Wegverlauf: Von der Bushaltestelle steigt man hinunter zur Passer, überquert sie und folgt nun dem Waalweg talabwärts der Passer entlang. Der Weg führt zum größten Teil durch Obstanlagen und ist immer einfach zu begehen. Eine einzige Stelle in felsigem Gelände ist bestens abgesichert. Unterhalb von Schenna nicht dem Weg Nr. 10 nach rechts folgen, sondern geradeaus weitergehen. Bei Schloss Planta ist der Ortsrand von Obermais erreicht; dort biegt man nach rechts auf Markierung Nr. 10A ab und gelangt hinunter auf den Lazagsteig, der nach links in die Klamm der Gilf und über die Sommerpromenade ins Stadtzentrum führt.

Rastmöglichkeit mit Fernsicht am Waalweg

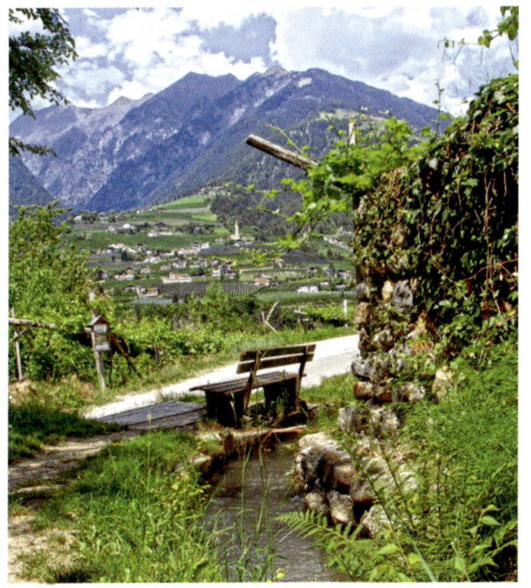

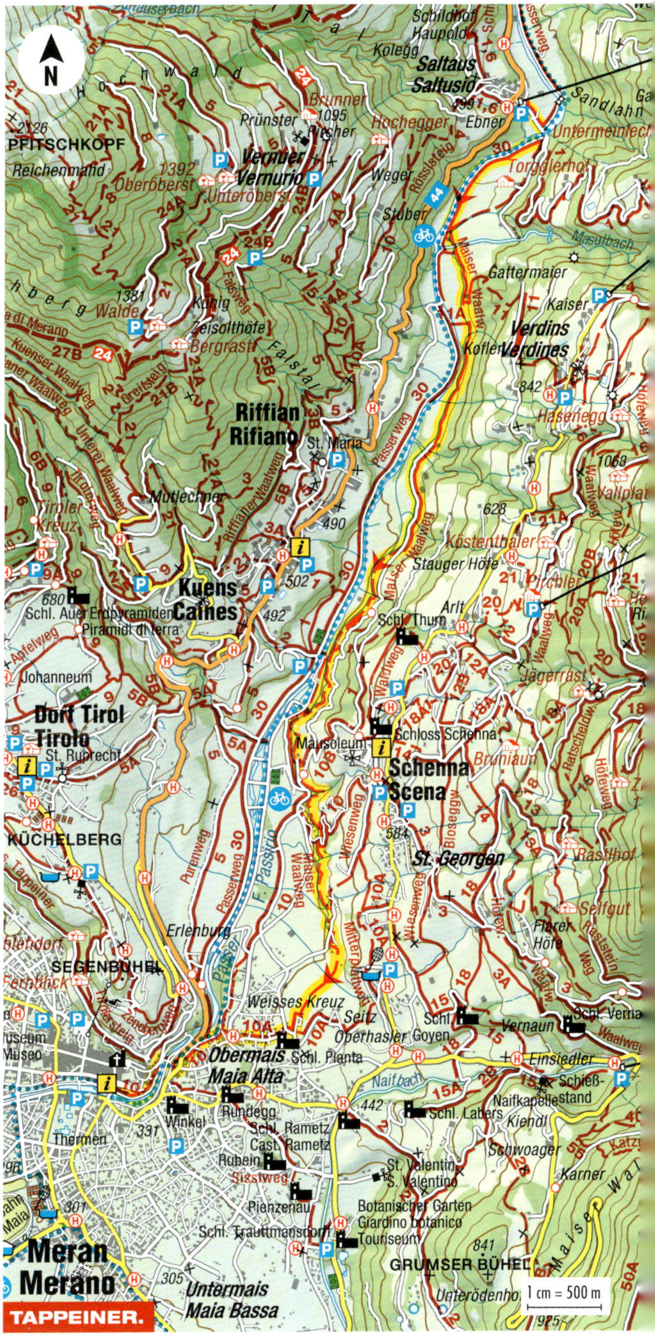

TAPPEINER.

1 cm = 500 m

22 VON PFELDERS NACH MERAN

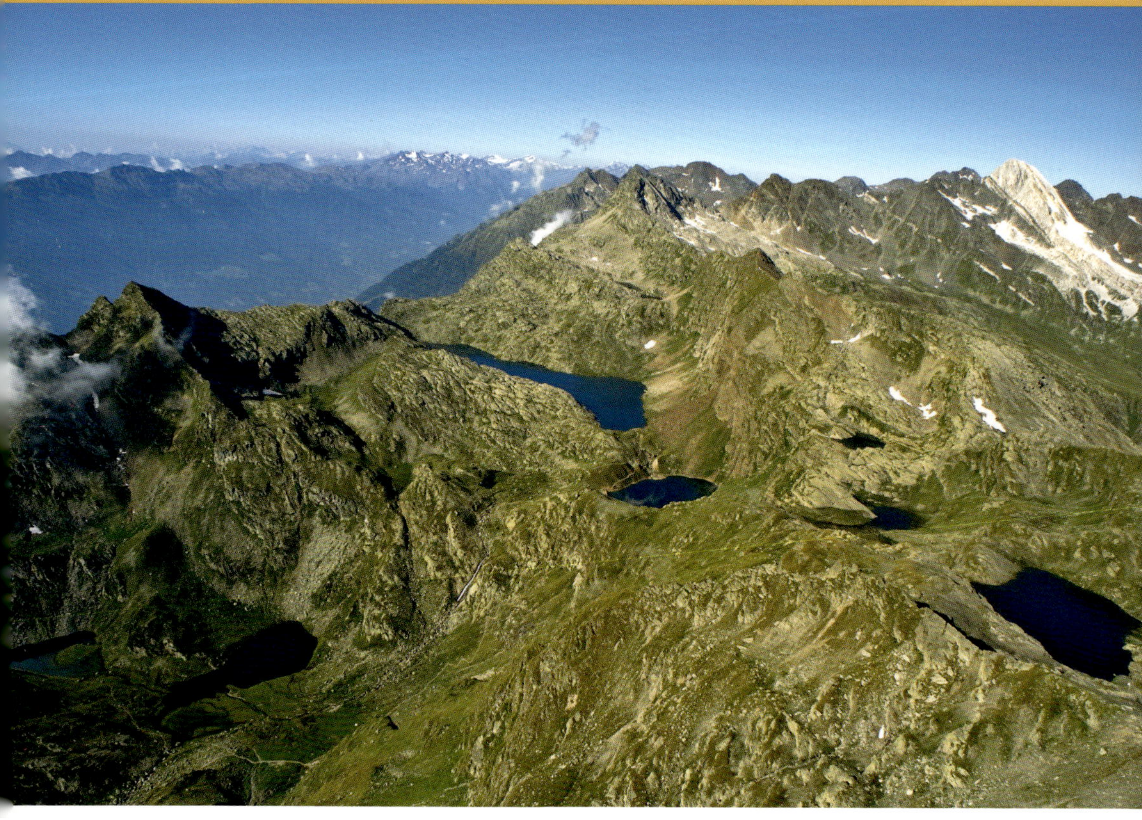

TECHNISCHE DATEN

Gehzeit
7–7½ Stunden

Höhenunterschied
ca. 1230 m im Auf- und Abstieg

Ausgangspunkt
Bushaltestelle in Pfelders

Kartenmaterial
Tappeiner 144, Passeiertal, 1:30.000

Die Spronser Seen mit Langsee, Grünsee, Kasersee und Pfitschsee kennt „man". Aber Kesselsee, Schiefersee und Schwarzsee? Sie liegen nördlich oberhalb des Grünsees in einer „wilden", urigen Landschaft. Das Spronser Joch ist ein uralter Übergang, die Bewohner von Pfelders haben ihn in vergangenen Zeiten wohl auch benützt, wenn sie zu „ihrer" Pfarrkirche St. Peter in Gratsch gehen mussten. Dieser Übergang ist landschaftlich ungemein lohnend, aber lang; er führt zwar auf keinen Gipfel, aber doch immerhin auf über 2500 m.

Anfahrt: Am besten mit dem ersten Bus von Meran nach Pfelders fahren, da man nach Dorf Tirol bzw. Meran zurückkehrt.

Wegverlauf: Von der Bushaltestelle wandert man auf Markierung Nr. 6 links vom Dorf durch Wald mäßig steil hinauf zur Faltschnalalm. Zunächst noch recht flach, setzt man durch das Faltschnaltal fort, dann wird es zunehmend steiler und durch Almwiesen und Geschröf geht es hinauf zum Faltschnaljoch. Dort hat man die Höhe fast geschafft, relativ flach setzt man fort hinüber zum Spronser Joch. Bei klarem Wetter sind der Fernblick und der auf die Seen darunter überwältigend. Relativ steil geht's nun hinunter zum Schiefersee und zum Grünsee und weiter zur Oberkaser. (Bei Zeitnot kann man dort übernachten.) Man setzt auf Weg Nr. 22 fort und gelangt auf dem Jägersteig über den Mutkopf zur Bergstation der Seilbahn Hochmuth. Talfahrt mit der Seilbahn und Rückkehr nach Meran mit dem Bus.

Spronser Seen (links) und Erenseespitze (unten)

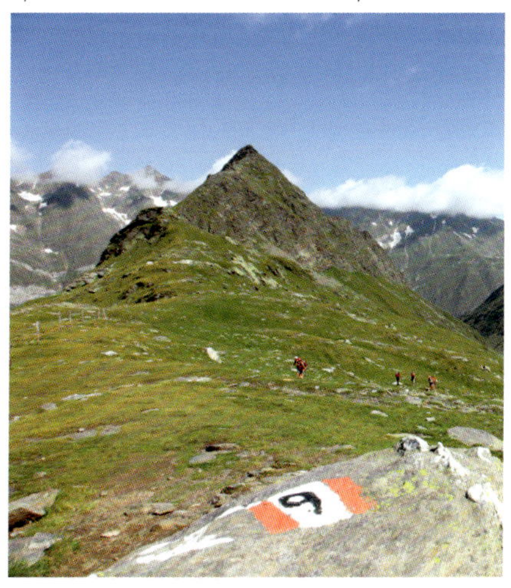

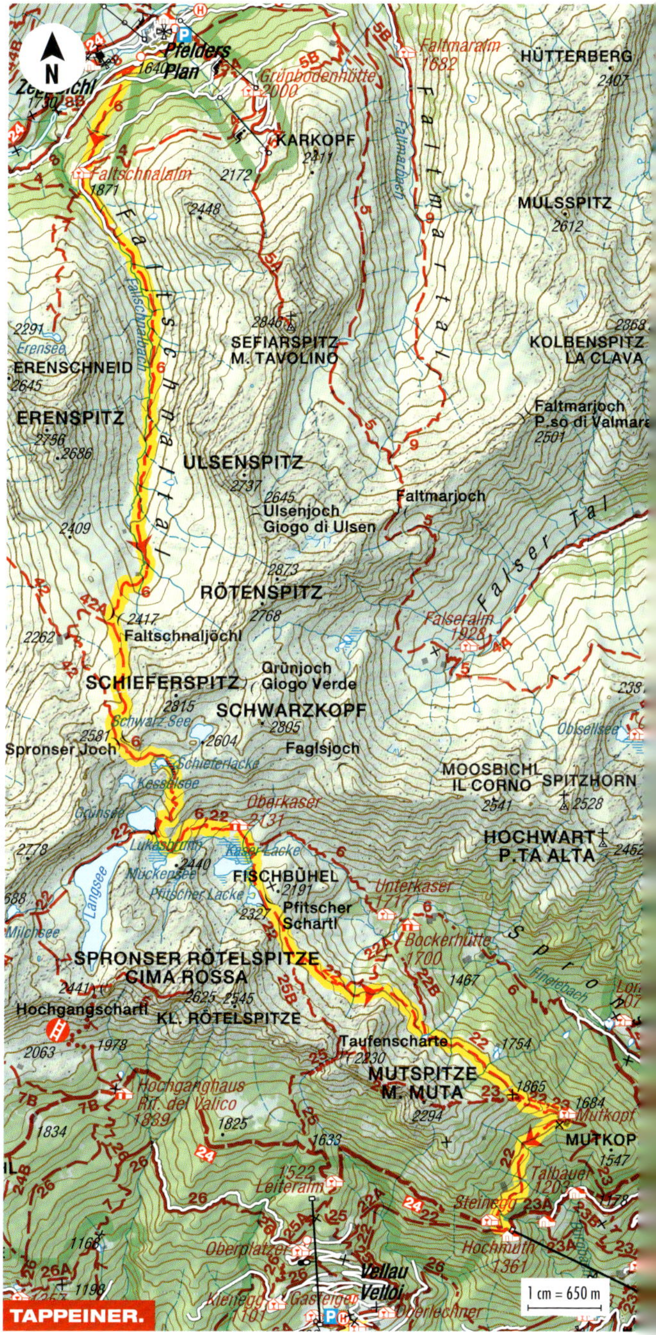

23 DURCH DIE PASSERSCHLUCHT

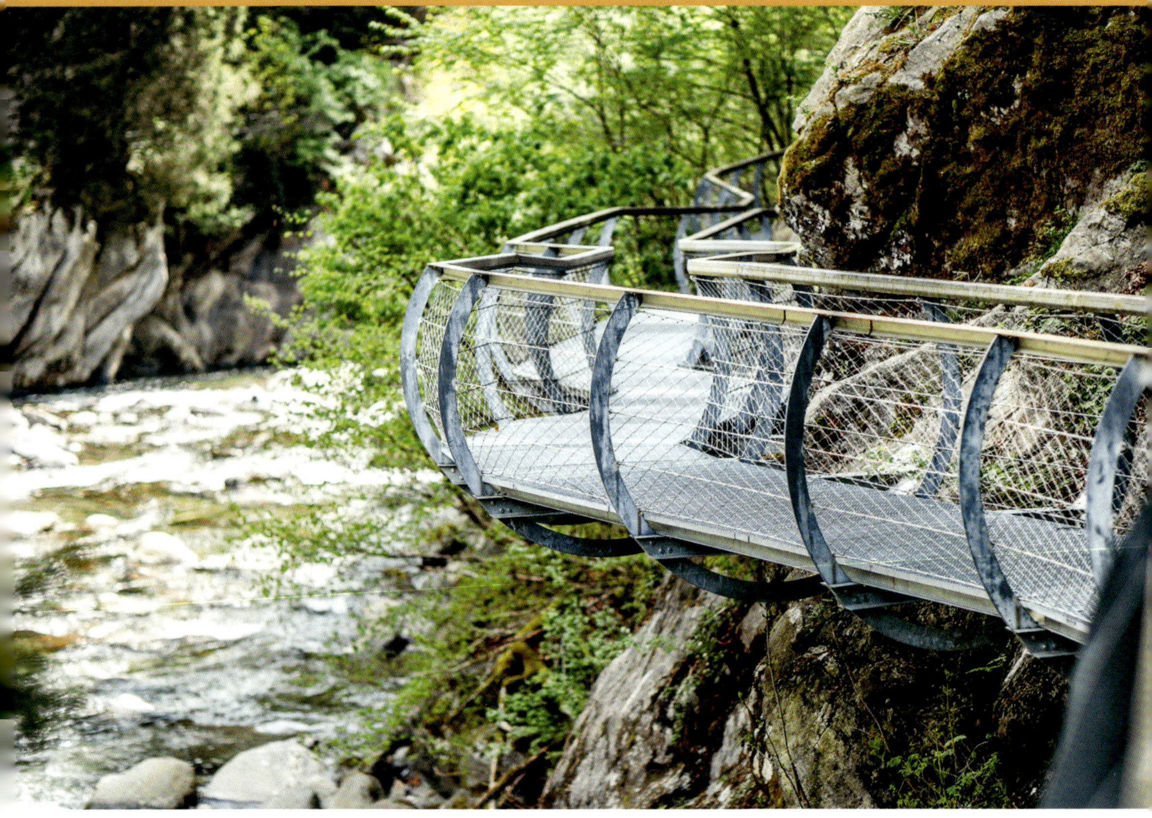

TECHNISCHE DATEN

Gehzeit
2½–3 Stunden

Höhenunterschied
ca. 230 m im Aufstieg

Ausgangspunkt
Bushaltestelle in St. Leonhard bzw. kostenloser Parkplatz am Sportplatz von St. Leonhard

Kartenmaterial
Tappeiner 144, Passeiertal, 1:30.000

Eis und Wasser haben das Passeiertal geprägt. Besonders zwischen St. Leonhard (Gomion) und Moos ist eine mächtige Schlucht entstanden. Entsprechend tief fallen zum Teil Nebenbäche in die Passer. Am imposantesten sind die Wasserfälle von Stuls: Insgesamt 342 m beträgt die Fallhöhe. Im Schluchtenweg hat man „Unmögliches" möglich gemacht! Zum Teil führt der Steig direkt an der Passer entlang, zum Teil geht's in luftigen Höhen auf Brücken und Gitterrosten quer durch die Felswände.

Anfahrt: Am besten mit dem Linienbus von Meran nach St. Leonhard, möglich ist aber auch die Zufahrt mit dem PKW.

Wegverlauf: Von der Bushaltestelle durchquert man am einfachsten das Dorf und steigt an der Brücke über die Passer rechts ab zum Sportplatz. Mit dem PKW bleibt man auf der Umfahrungsstraße und biegt am Kreisverkehr rechts ab zum Sportplatz. Zunächst auf der orografisch linken Seite geht's taleinwärts, eine Brücke führt auf das andere Ufer und man gelangt zum alten Gomioner Kraftwerk. Ab dort wird es „wild"! Der einzige nennenswerte Anstieg führt in Serpentinen etwa 100 Höhenmeter zu einer Aussichtsplattform gegenüber den Stuller Wasserfällen. Über Steig und Gitterroste geht es weiter durch die Schlucht bis zur Sperre von Moos. An der Gabelung nach rechts gelangt man direkt ins Dorf. Hält man sich links, führt der Weg hinauf zum Bergdorf Platt (Weg 1 B) und dann weiter zur beeindruckenden Gletschermühle. Eine weitere Alternative führt zum beeindruckenden Stieber Wasserfall (Weg 1 A) und dann weiter nach Moos. Rückfahrt nach St. Leonhard mit dem Bus.

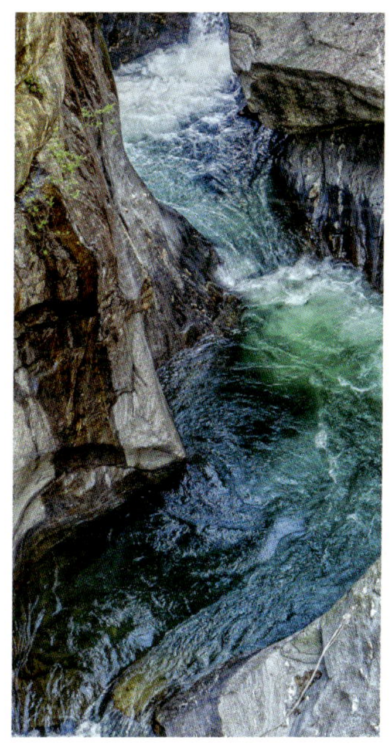

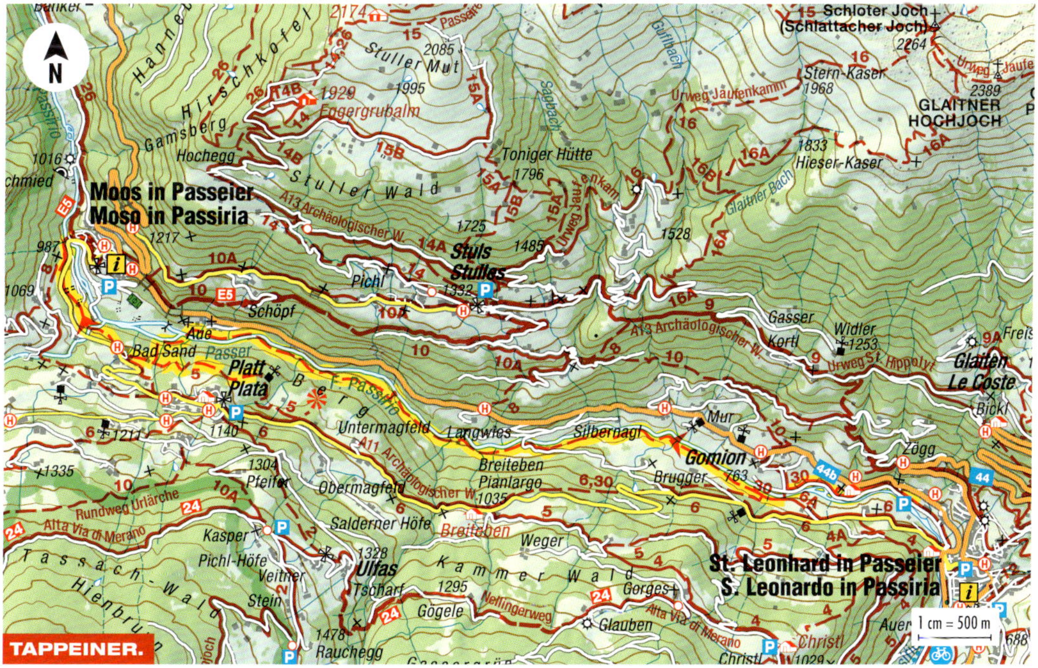

24 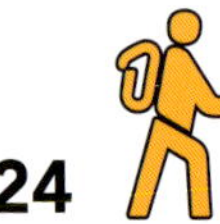 DER KUMMERSEE-RUNDWEG IN RABENSTEIN

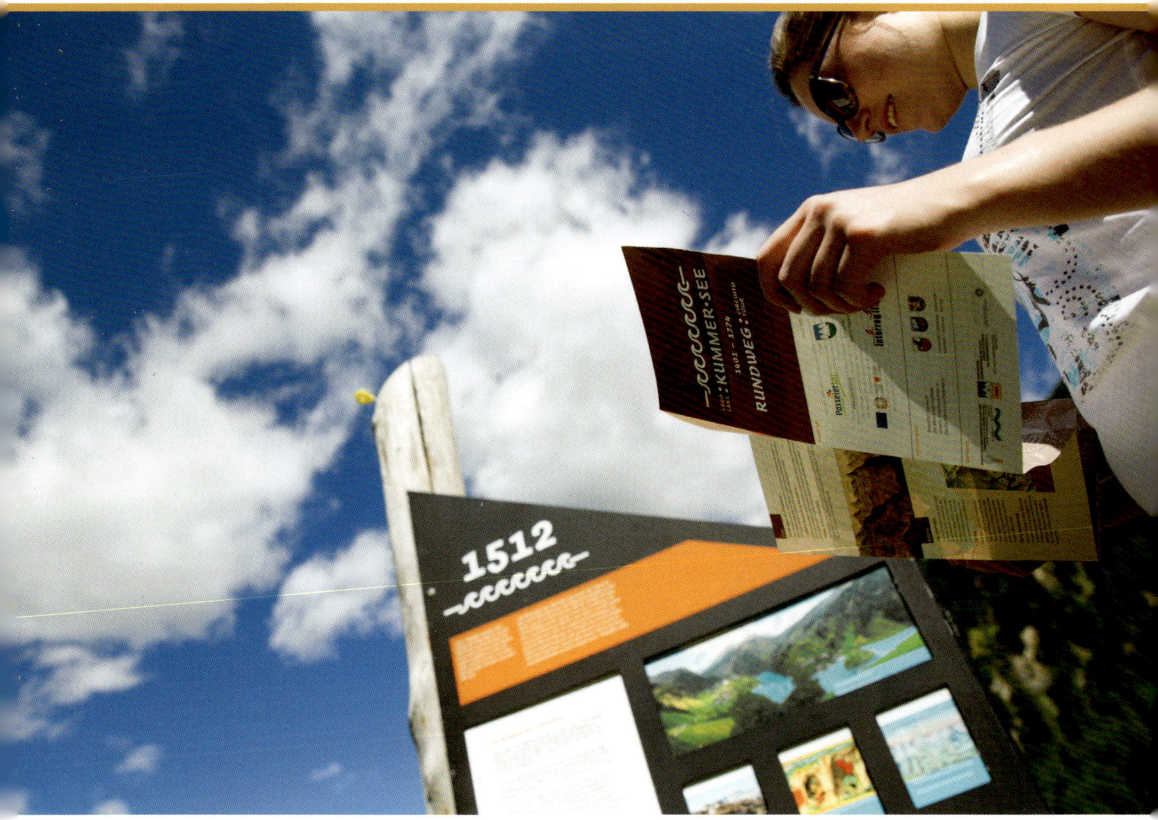

TECHNISCHE DATEN

Gehzeit
3½–4 Stunden

Höhenunterschied
ca. 440 m im Auf- und Abstieg

Ausgangspunkt
Bushaltestelle/Parkplatz im Ortskern von Moos in Passeier

Kartenmaterial
Tappeiner 144, Passeiertal, 1:30.000

Der ehemalige „Passeirer Wildsee“ bildete sich im Jahr 1401, als ein Bergsturz vom Gspellerberg die Passer südlich von Rabenstein verlegte und staute. Es entstand ein See, 2 km lang, 300 m breit und knapp 40 m tief. Durch seine acht verheerenden Ausbrüche, dessen Zerstörungen nicht nur das Passeiertal, sondern auch die Stadt Meran in Mitleidenschaft zog, wurde er zum sogenannten „Kummersee.“ In den Jahren seiner Ausbrüche zwischen 1419–1774 wurde der Kummersee Lebensgrundlage und Schreckgespenst zugleich. Nach dem letzten Seeausbruch 1774, ausgelöst durch eine Unachtsamkeit bei Dammsicherungsarbeiten, lief er aus und bildete sich nicht wieder neu. Heute bildet das ehemalige Seebecken die einzigen ebenen Wiesen in Rabenstein.

Anfahrt: Am besten mit dem Linienbus von Meran nach Moos in Passeier, möglich ist aber auch die Zufahrt mit dem PKW.

Wegverlauf: Vom Bunker Mooseum folgt man der Passer auf dem Europäischen Fernwanderweg E5 Richtung Rabenstein. Sobald man den eigentlichen Rundweg erreicht hat, hält man sich links und macht einen kurzen Abstecher zum verfallenen Seehof. Von dort zurück zum Ausgangspunkt und weiter taleinwärts bis zur nächsten Brücke. Orografisch rechts der Passer einfach dem Wegverlauf nach Rabenstein folgen und den Rundweg erwandern. Die acht Rast- und Informationsstationen bieten viel Interessantes und Informatives rund um den ehemaligen Kummersee und seiner Umgebung.

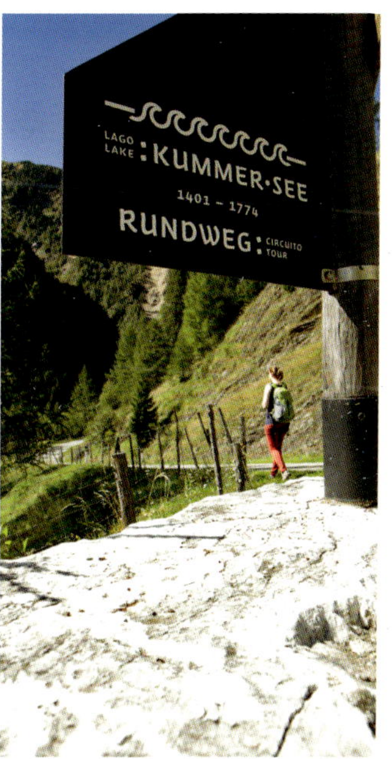

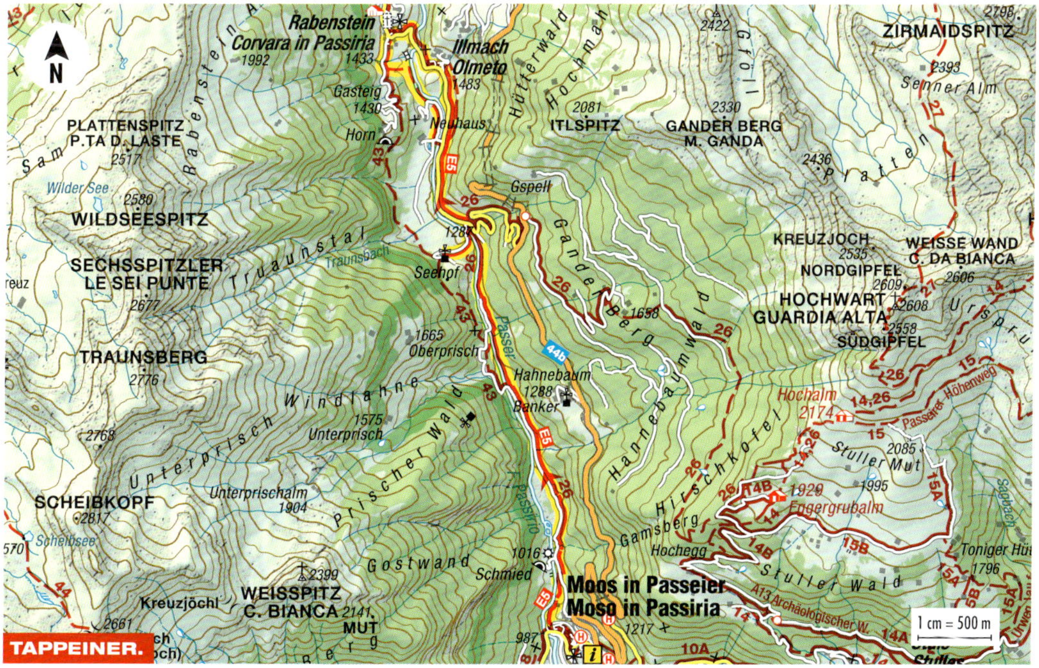

25 DIE DREI MUSEEN IM HINTERPASSEIER

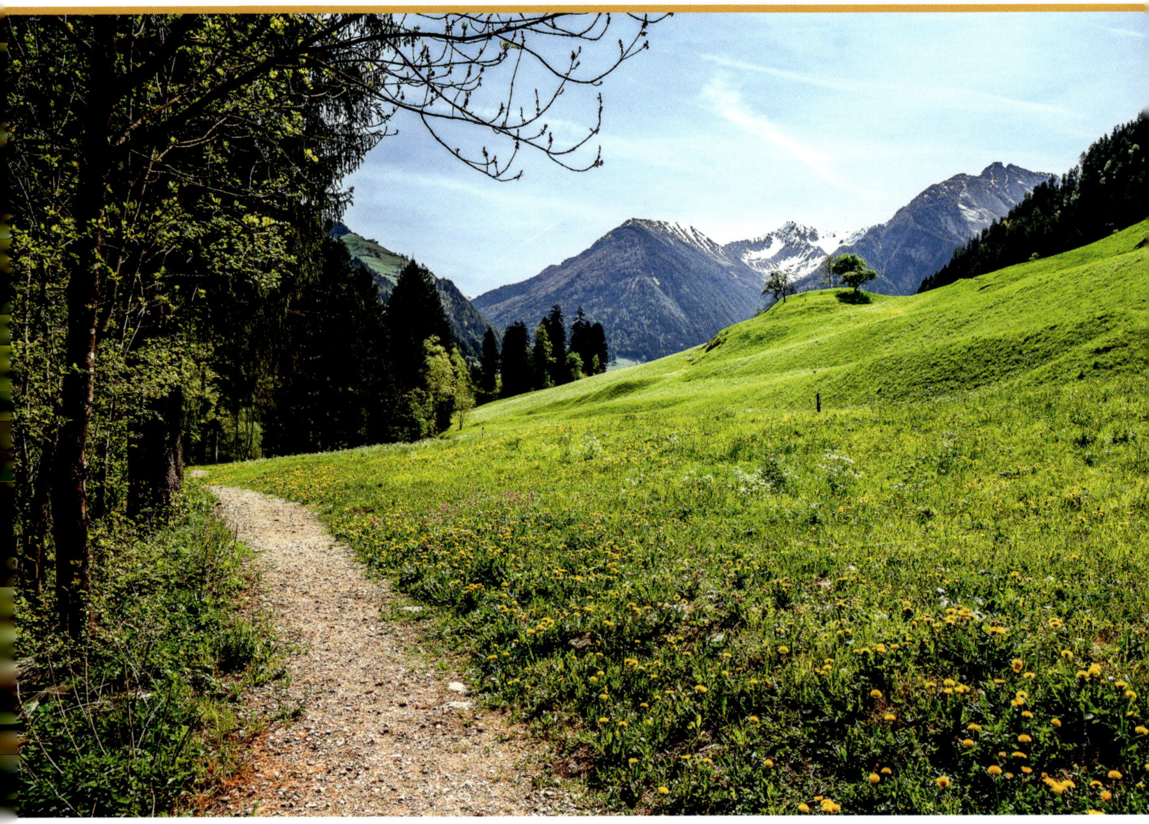

TECHNISCHE DATEN

Gehzeit
ca. 2½ Stunden

Höhenunterschied
ca. 720 m im Aufstieg

Ausgangspunkt
Parkplatz/Bushaltestelle an der Timmelsbrücke

Kartenmaterial
Tappeiner 144, Passeiertal, 1:30.000

Das Hinterpasseier bietet mit seinen musealen Strukturen auch sehenswerte kulturelle Ausflugsziele. Das Bunker Mooseum in Moos gibt es seit 2009. Das Stiëber Mooseum sowie das Timmel-Transit Mooseum öffnen ihre Tore 2018. In einem Bunkerrohbau aus den 1940er Jahren (als Teil des faschistischen Alpenwalles) wird die (10.000-jährige) Besiedelungsgeschichte des Hinterpasseiertales anhand archäologischer Funde präsentiert. Spannendes zum Naturpark Texelgruppe, zur Zeitgeschichte, zum ehemaligen Bergwerk am Schneeberg sowie das Bunkererlebnis selbst vervollständigen die Ausstellung. Als Highlight warten die Steinböcke im Außenbereich. Das selbstbegehbare Stiëber Mooseum – im alten Wasserkraftwerk – verbindet Natur, Technik und Geschichte und wartet auch mit interaktiven Stationen und

Experimentiermöglichkeiten. Und schließlich soll das Timmel-Transit Mooseum die Geschichte des Baus der Timmelsjochstraße veranschaulichen. Bis dato unveröffentlichte Fotos, Straßenbaupläne und Zeitzeugeninterviews geben Einblick in dieses Kapitel Nord- und Südtiroler Zeitgeschichte.

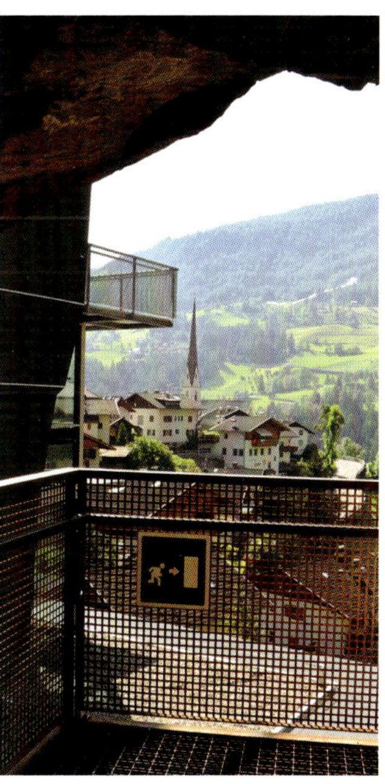

Anfahrt: Am besten mit dem Bus von Meran nach Moos in Passeier und von dort mit dem „Timmelsbus" bis zur Haltestelle Timmelsbrücke.

Wegverlauf: Während sich die ersten beiden der Museen in Moos bzw. knapp darunter an der Passer befinden, kann man den Besuch des Timmel-Transit Mooseums mit einer hübschen Wanderung verbinden. Von der Timmelsbrücke wandert man den Steig links aufwärts durch das Timmelstal und trifft weiter oben auf den Europäischen Fernwanderweg E5, der direkt auf das Joch führt. Vom Joch Rückfahrt mit dem „Timmelsbus" nach Moos.

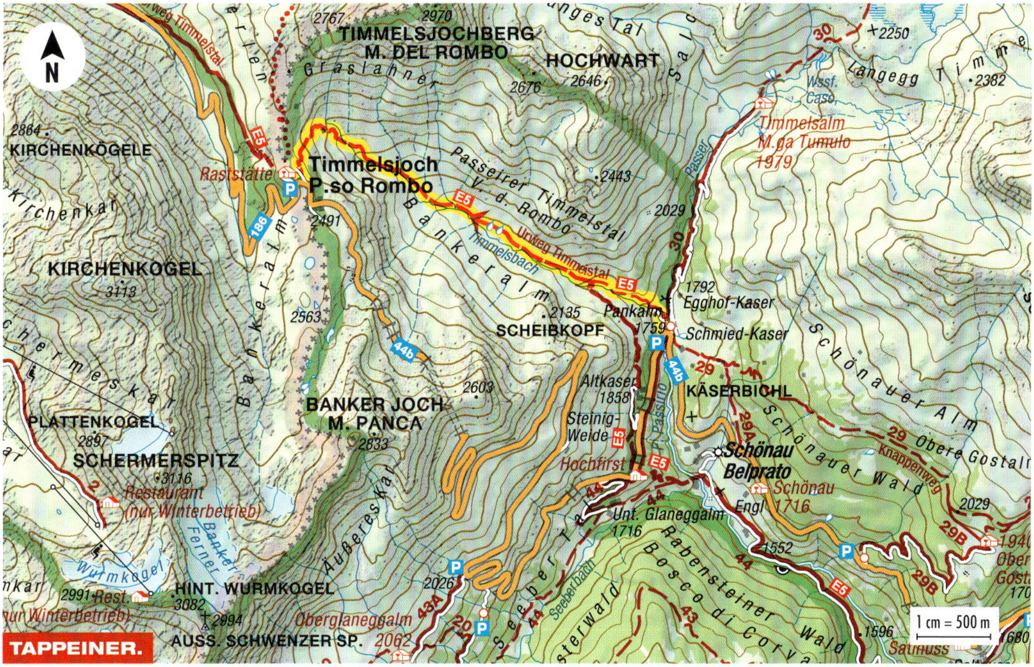

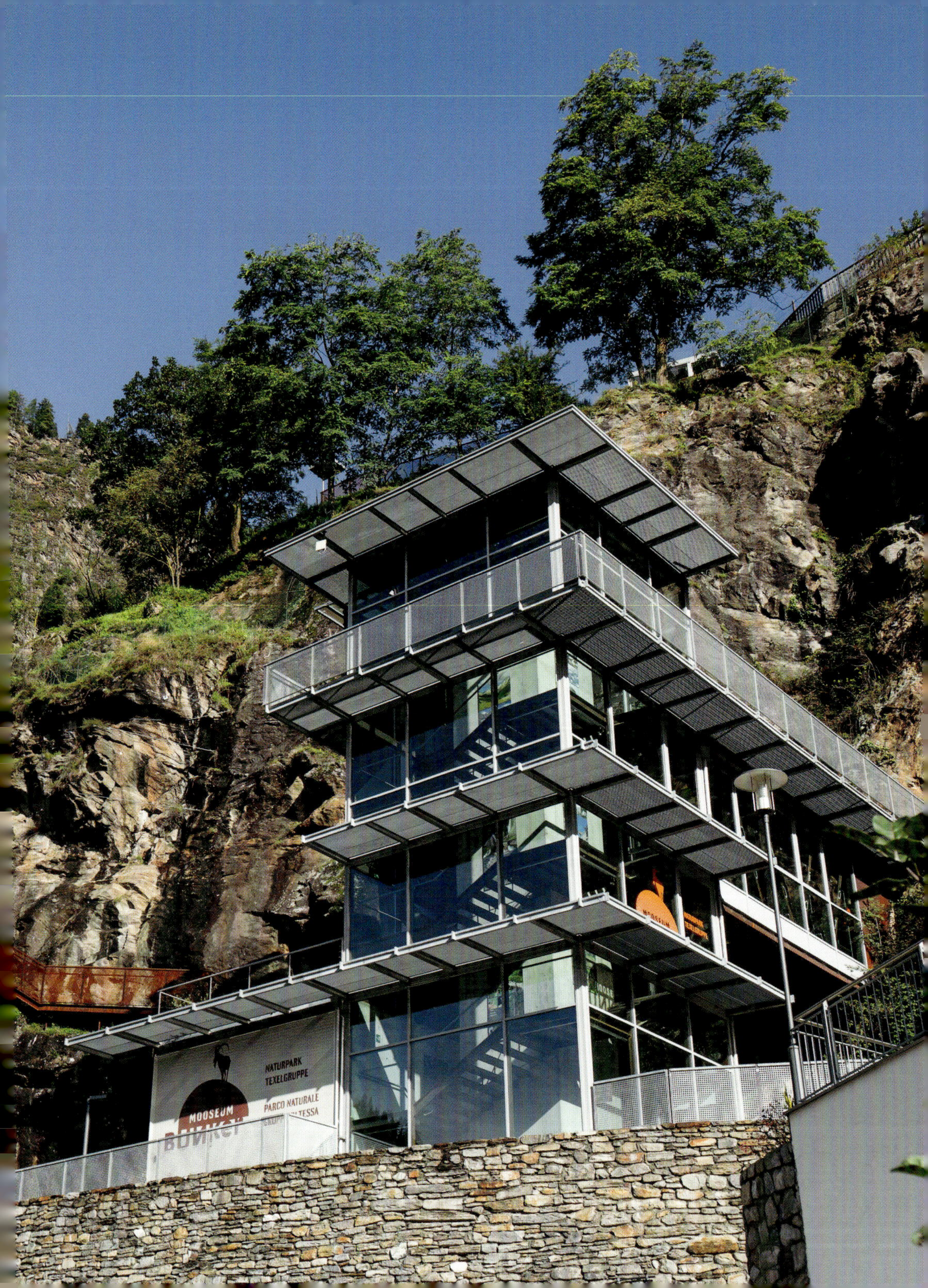
MOOSEUM
NATURPARK
TEXELGRUPPE
PARCO NATURALE

Bunker Mooseum – Stiëber Mooseum – Timmel-Transit Mooseum

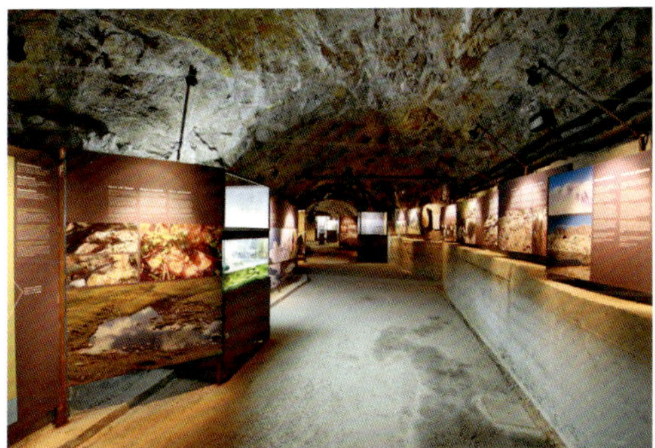

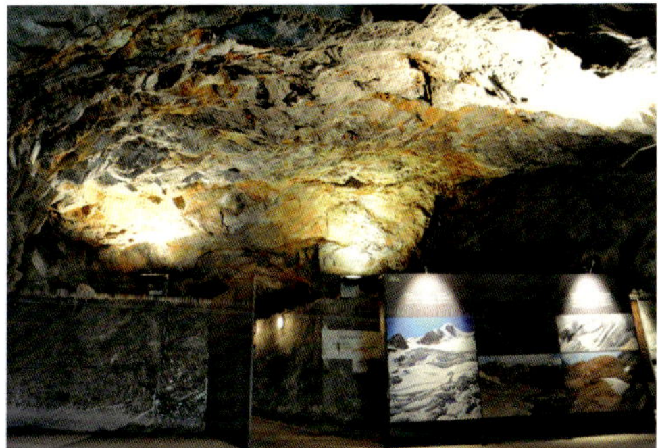

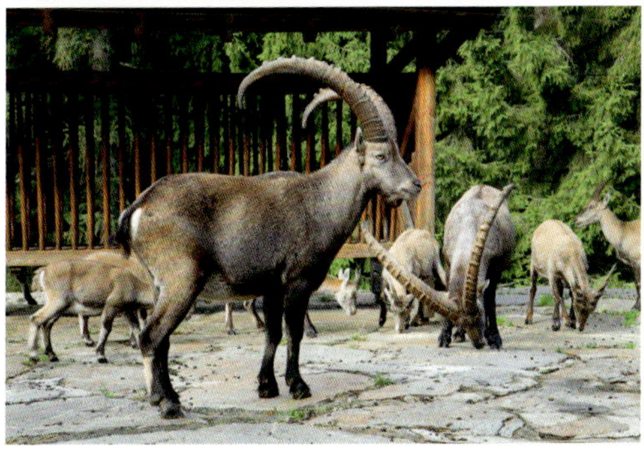

Dorf 29a
I-39013 Moos in Passeier
Tel. +39 0473 648529
info@museum.hinterpasseier.it
www.museum.hinterpasseier.it

Öffnungszeiten: April bis Oktober

› Bunker Mooseum

Ein Bunker-Rohbau aus den 1940er Jahren beherbergt diese museale Einrichtung in Moos in Passeier. Regional dominierte Themenbereiche zeigen Besonderheiten aus Natur und Geschichte des Hinterpasseiers. Das Bunker Mooseum ist gleichzeitig eine Info-Stelle des Naturparks Texelgruppe. In einem Rundgang werden für die ganze Familie spannende Wissensgebiete in einzigartiger Umgebung vermittelt und laden zu weiteren Erkundungen der Region ein. Der besondere Erlebnischarakter des Bunker Mooseums wird durch eine Abfolge mehrerer Höhepunkte im Ausstellungs- und Außenbereich unterstrichen. Somit bietet das „Bunker-Mooseum" eine ganze Fülle unvergesslicher Eindrücke und Erlebnisse, spannende Geschichte und Wissenschaft, beeindruckende Natur und Landschaft …

› Das Stiëber Mooseum

Das alte Mooser Wasserkraftwerk wurde zu einem neuen Museum mit folgenden vier Themenbereichen ausgebaut:

1. WasserKraft: Historische Wassernutzung und Verweise; interaktive Installation mit sieben Rädern bzw. Turbinen
2. TechnikGeschichte: Der Eintritt ins Museum erfolgt durch eine Schleuse und mündet in einen dunklen Raum, der die beeindruckende Produktionseinheit im Werk inszeniert
3. Strom verstehen: Über das neu anzulegende Stiegenhaus erreicht man den Experimentierraum der Einrichtung
4. Hinterpasseier: Gesichter und Geschichten sowie Daten und Fakten

› Die Timmelsjoch-Erfahrung

Entlang der Timmelsjoch-Hochalpenstraße wurden zwischen Moos in Passeier und Obergurgl sechs kleine museale Einrichtungen realisiert. Sie bieten für Architektur-Interessierte besondere Highlights. Die von Architekt Werner Tscholl geschaffenen Baulichkeiten führen in die gemeinsame Geschichte des Passeiertales und des Ötztales ein und greifen dabei Themen architektonisch auf. Der Zutritt zu allen Einrichtungen ist kostenlos. Im Timmel-Transit Mooseum findet der Besucher z. B. detaillierte Informationen zum Straßenbau der Timmelsjochstraße.

26 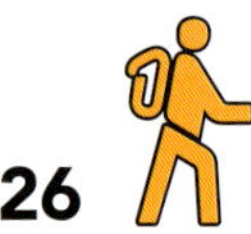 RUNDWANDERUNG NACH ST. MARTIN AM SCHNEEBERG

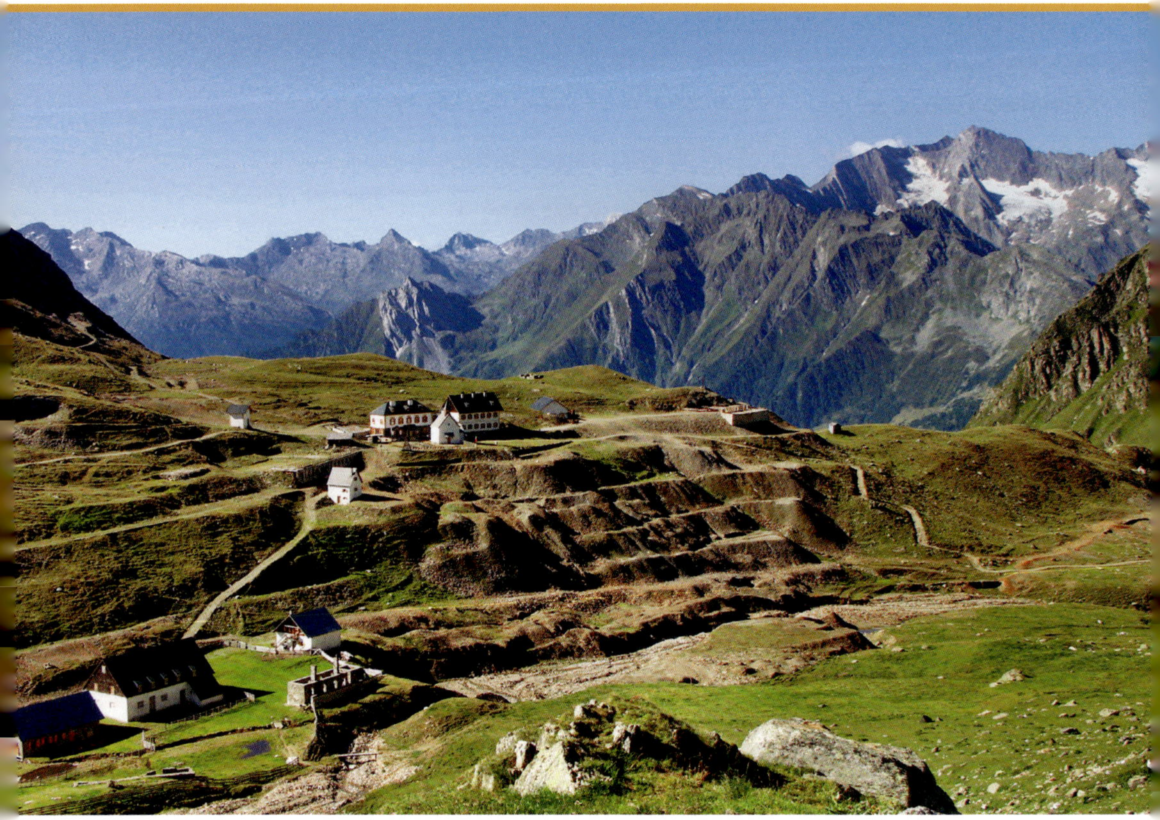

TECHNISCHE DATEN

Gehzeit
7½–8 Stunden

Höhenunterschied
ca. 1000 m im Auf- und Abstieg

Ausgangspunkt
Parkplatz/Bushaltestelle an der Timmelsbrücke

Kartenmaterial
Tappeiner 144, Passeiertal, 1:30.000

Eine sehr schöne, wenn auch eher lange Rundwanderung, die zwar auf keinen Gipfel führt, aber in der Karlscharte doch fast 2700 m Höhe erreicht. Landschaftlich großartig, fast zur Gänze oberhalb der Waldgrenze und mit den geologischen und historischen Besonderheiten von St. Martin am Schneeberg, dem uralten Bergwerk. Dort gibt es so viel zu entdecken und zu erleben, dass es einfach schade wäre, nur kurz im Schutzhaus einzukehren. Man plane eine Übernachtung ein, es lohnt sich allemal.

Anfahrt: Am besten mit dem Bus von Meran nach Moos in Passeier und von dort mit der Busverbindung „Timmelsbus" (Mitte Juni bis Mitte September) bis zur Haltestelle Timmelsbrücke.

Wahlweise mit dem PKW ins Passeiertal bis Moos und weiter in Richtung Timmelsjoch bis zum Parkplatz Timmelsbrücke.

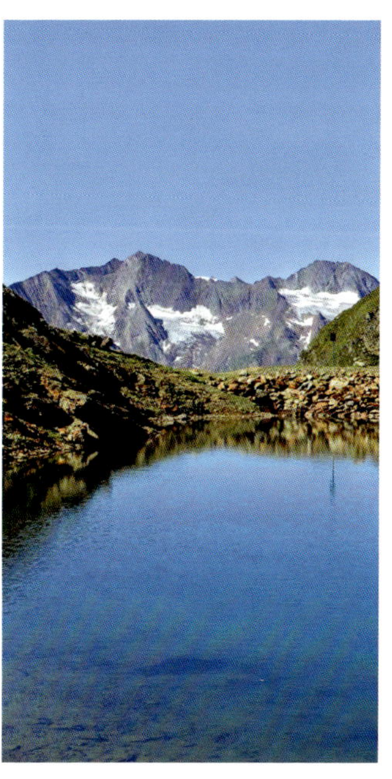

Wegverlauf: Vom Parkplatz folgt man der Markierung Nr. 30 zunächst auf dem Güterweg am Bach aufwärts bis zur Timmelsalm. Oberhalb der Alm wird es steiler, vorbei an einem rauschenden Wasserfall erreicht man eine Verflachung und schließlich den letzten Steilaufschwung vor dem Timmels-Schwarzsee. Hier hält man sich rechts auf Markierung Nr. 29, überquert den Ausfluss des Sees und quert relativ flach den weiten Kessel. Nun folgt der eher steile Aufstieg zur Karlscharte zwischen Gürtelspitze und Schneeberger Weißen (Dolomite, Marmor des Schneebergzuges!). Aus der Scharte geht es steil aber problemlos hinunter zum Schutzhaus. Wahlweise eher steil auf Markierung Nr. 27 oder flacher auf Markierung Nr. 29 steigt man ab in die moorige Senke von Seemoos und folgt dem Weg Nr. 29 in mäßigem Gefälle zurück zum Ausgangspunkt.

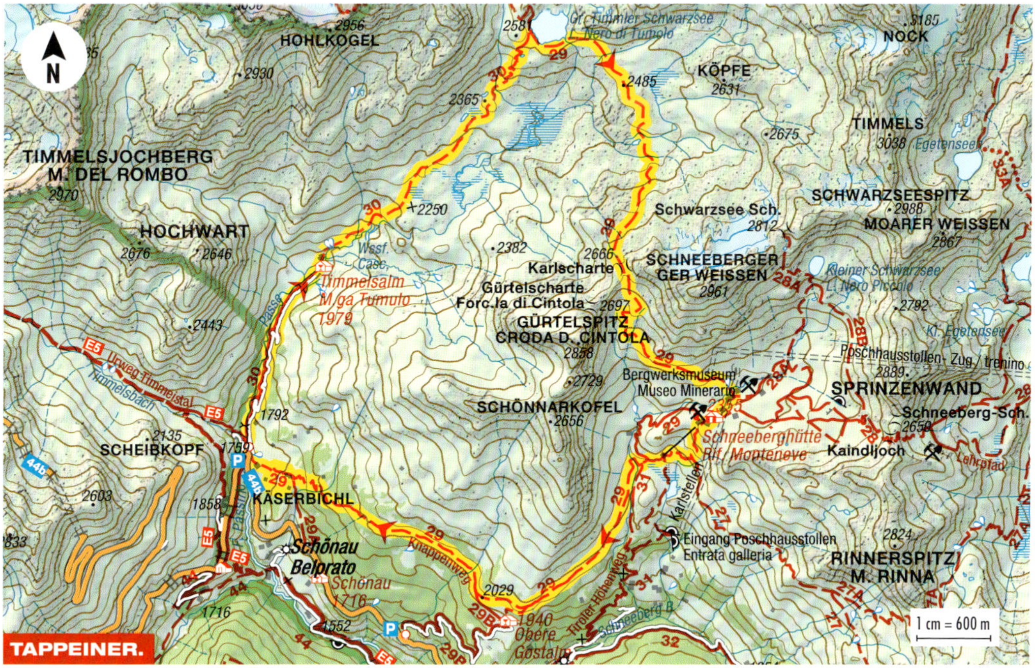

27 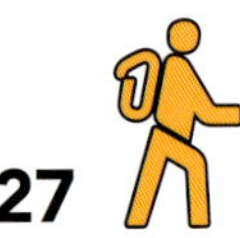 VON ST. MARTIN AM SCHNEEBERG NACH MAIERN IN RIDNAUN

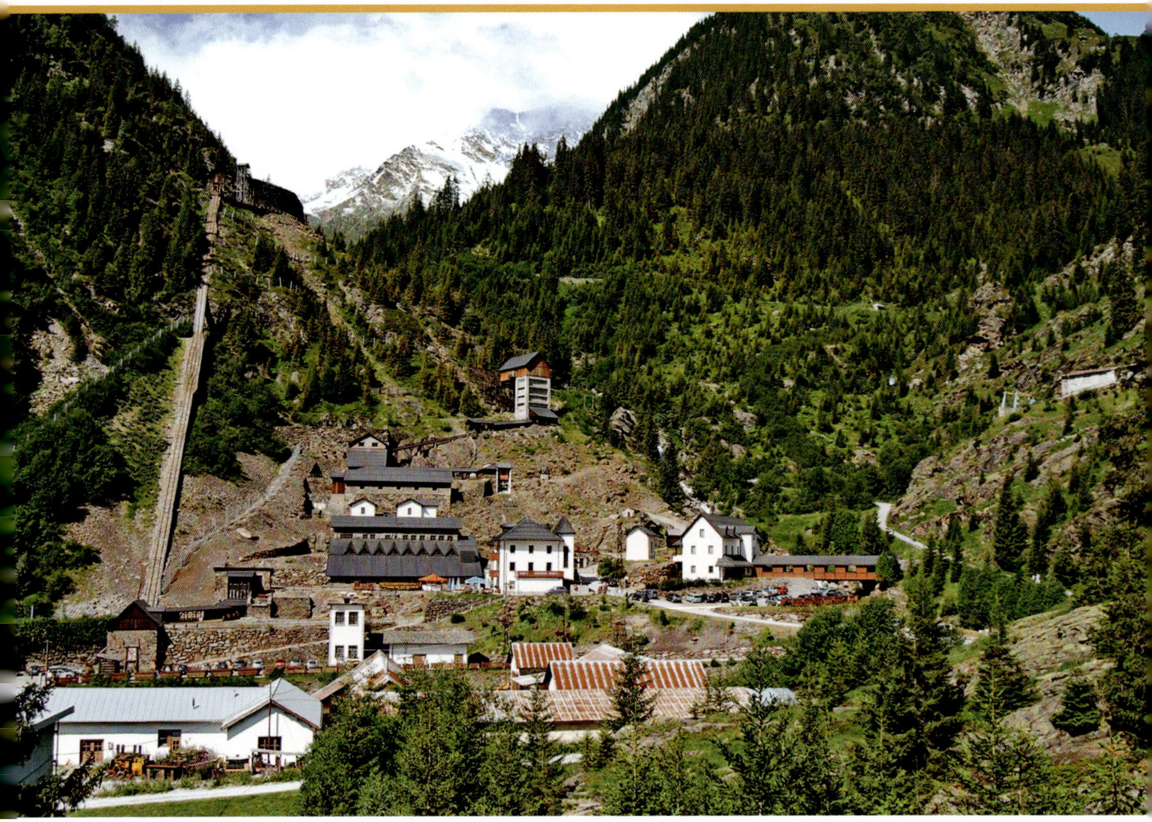

TECHNISCHE DATEN

Gehzeit
ca. 7½ Stunden

Höhenunterschied
ca. 1000 m im Aufstieg
ca. 1270 m im Abstieg

Ausgangspunkt
Bushaltestelle „Schneeberger Brücke" in Saltnuss

Kartenmaterial
Tappeiner 144, Passeiertal, 1:30.000

Auch diese Überquerung führt auf keinen Gipfel, aber in der Schneebergscharte (auch Kaindljoch) erreicht man doch fast 2700 m Höhe. Und auch bei dieser Tour empfiehlt sich eine Übernachtung in der Schutzhütte Schneeberg, weil es auf der gesamten Tour so viel zu sehen und zu entdecken gibt. Vielleicht will man auch in den alten Abraumhalden ein bisschen herumwühlen: „Etwas" findet man immer – und was der Profi wegwirft, kann für den Laien immer noch interessant sein.

Anfahrt: Am besten mit dem Bus von Meran nach Moos in Passeier und von dort mit der Busverbindung „Timmelsbus" (etwa Mitte Juni bis Mitte September) bis zur Haltestelle „Schneeberger Brücke". Wahlweise mit dem PKW ins Passeiertal bis Moos und weiter in Richtung Timmelsjoch zu den Parkplätzen vor und nach der Schneeberger Brücke. Achtung: Ausgangs- und Endpunkt stimmen nicht überein!

Wegverlauf: Von der Haltestelle (vom Parkplatz) folgt man der Markierung Nr. 31 dem Bach am orografisch rechten Ufer durch Wald und über Almgelände meist nur mäßig steil aufwärts zum Seemoos, wo das eigentliche Bergwerksgelände (Karlstollen) beginnt. Nun wahlweise weniger steil weiter auf Weg Nr. 31 oder bei der Wegverzweigung nach rechts über den Lehrpfad Knappensteig hinauf zur Schutzhütte. Es folgt der Aufstieg über das ehemalige Bergwerksgelände (Erzhalden, verfallene Stollenmundlöcher, vorbei am geschlossenen Kaindlstollen) bis auf das Kaindljoch (Schneebergscharte). Vom Joch folgt man dem Lehrpfad (durchgehend mit den Bergmannswerkzeugen, Hammer und Schlägel markiert; zahlreiche Erklärungstafeln) abwärts ins Lazzachertal und gelangt entlang der ehemaligen Erzförderanlage auf Schienen (ebene Pferdebahnstrecken und steile Bremsberge) zum Mundloch des Poschhausstollens auf ca. 2000 m. Vom Stolleneingang wandert man weiter talauswärts, hält sich bei der folgenden Wegverzweigung rechts und folgt wieder dem Lehrpfad, um den wenig attraktiven Zufahrtsweg zu meiden. Flache Wegpassagen wechseln mit zwei steilen Abstiegen, dann ist das Landesmuseum Bergbau in Maiern erreicht.

Eine höchst interessante Variante sei an dieser Stelle noch vorgestellt, die allerdings nichts ist für all jene, die an Platzangst (Klaustrophobie) leiden: die Große Bergwerksführung zum Schneeberg, organisiert vom Landesmuseum Bergbau. Betonung: Die Tour ist nur geführt und mit Voranmeldung machbar (Infos, Preise und Vormerkung unter www.bergbaumuseum.it).

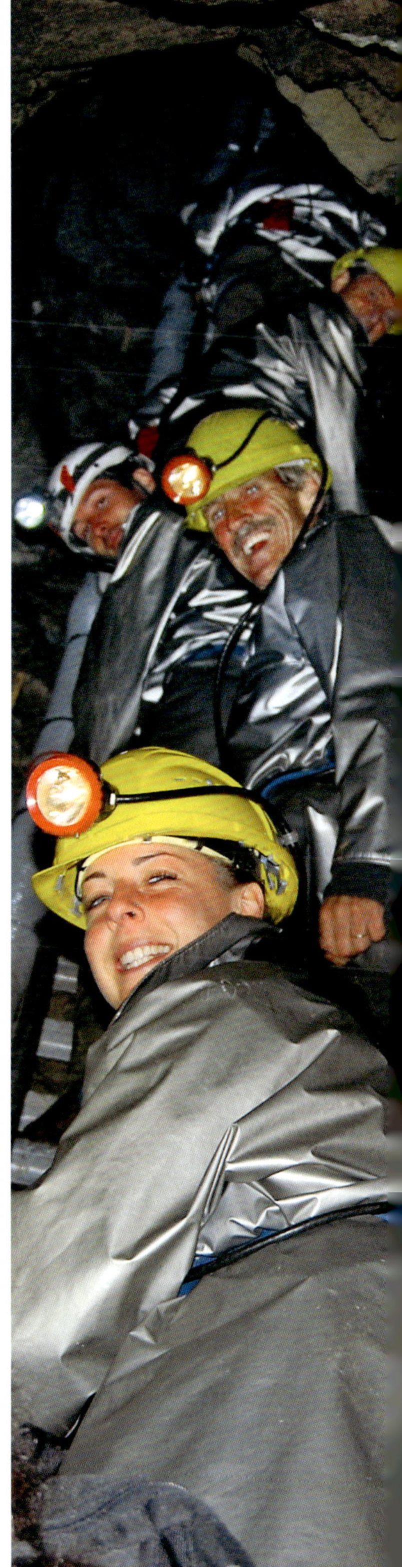

Bergwerksanlagen in Maiern in Ridnaun

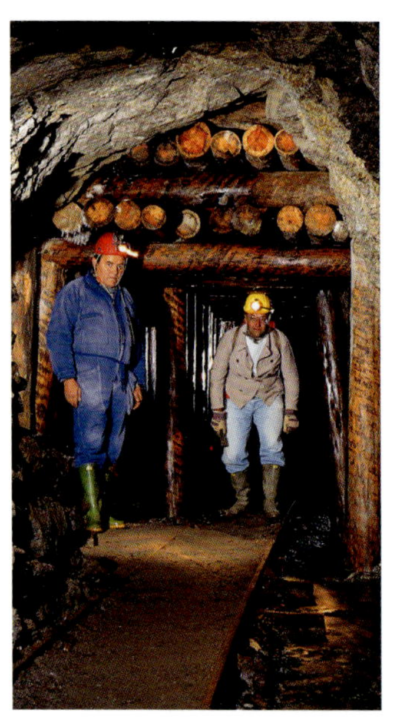

Ausgangs- und Endpunkt ist der oben erwähnte Parkplatz, die Busbenützung empfiehlt sich aus Zeitgründen nicht. Aufstieg zur ehemaligen Knappensiedlung wie oben beschrieben, nach Besuch des Schauraumes und Mittagspause geht es weiter über das Kaindljoch bis zum Mundloch des Poschhausstollens. Dort wird die zur Verfügung gestellte Stollenausrüstung (Helm mit Stirnlampe, Stiefel, Jacke) angezogen und es folgt die Einfahrt mit der originalen Grubenbahn (3,5 km) bis ins Erzlager, ca. 450 m tief unter der Erde. Zu Fuß geht es durch die weiten und hohen Stollen der 60er und 70er Jahre, aber dann auch durch den engen und niedrigen Karlstollen aus der Zeit um 1680 zurück ans Tageslicht auf der Passeirer Seite nahe Seemoos. Abstieg bis zum Parkplatz bei der Schneeberger Brücke. Ein richtiges Abenteuer, vor allem auch für einigermaßen gehtüchtige Kinder. Die Tour kann übrigens auch in umgekehrter Richtung von Maiern aus unternommen werden.

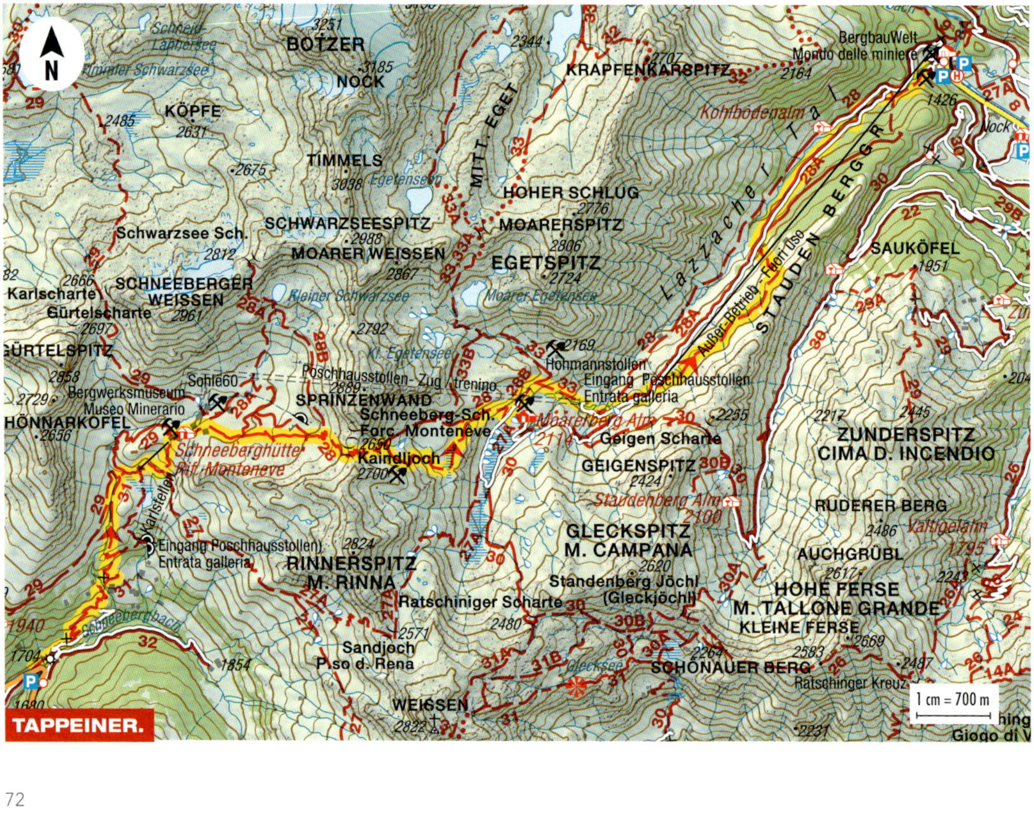

1 cm = 700 m

TAPPEINER.

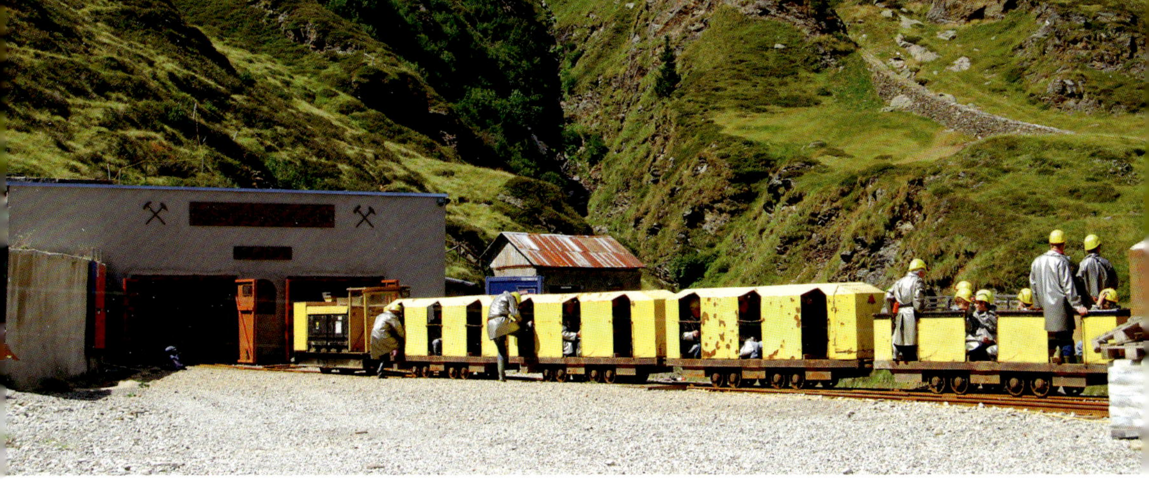

LANDESMUSEUM BERGBAU

4 Standorte für ein Museum

- Der Standort in **Ridnaun** ist ein wahres Industriedenkmal. In Maiern ist die komplette Erzaufbereitungsanlage noch funktionstüchtig erhalten. Daneben gibt es noch eine Vielzahl von Resten der Transportanlagen und Bergbaumaschinen zu bestaunen.
- Herzstück des Standortes **Schneeberg** ist die ehemalige Knappensiedlung St. Martin auf 2355 m, die bis 1967 noch ganzjährig von durchschnittlich 300 bis 350 Personen bewohnt war. Hier zeigt sich wie der Bergbau die Landschaft nachhaltig verändert. Der Schneeberg mit seinen ehemaligen Erzhalden, Gebäuden und Strukturen erzählt die 800-jährige Geschichte
- Eine Besonderheit des Landesmuseums Bergbau bildet der **Klimastollen Prettau**. Mit der Grubenbahn fährt man in das Prettauer Bergwerk ein und gelangt dort in den Klimastollen. Man findet dort ideale lufthygienische Bedingungen, die zu einer Linderung von allergischen und anderen Atemwegsproblemen führen können. Die Gäste schätzen die Höhlentherapie, weil die Kräfte der Natur ohne Nebenwirkungen genutzt werden können. Der Klimastollen sowie die Höhlentherapie werden zu einem Ort der Entschleunigung und Entspannung.
- Besonderheit des Standortes **Prettau** ist die Grubenbahn, die Besucher 1 km weit in den St.-Ignaz-Stollen bringt. Neben der Untertagetour, die ungefähr 1 Stunde dauert, kann man aber auch über den Knappensteig bis zur Rötalm hochwandern, wo man entlang des Weges auf Stolleneingänge, Erzhalden, Reste von Kramstuben und anderen Bergbaurelikten stößt.
- Die markanten roten Gebäude im Zentrum **Steinhaus** erinnern an die Blütezeit des Prettauer Kupferbergbaus. Der Kornkasten war damals Lebensmittelspeicher für die Bergleute, und ist heute mit seinen Ausstellungsobjekten Teil des Landesmuseums Bergbau.

Standort Ridnaun
Maiern 48
I-39040 Ratschings
Tel. +39 0472 656364
ridnaun@landesmuseen.it

Standort Prettau mit Klimastollen
Hörmanngasse 38a
I 39030 Prettau
Tel. + 39 0474 654298
prettau@landesmuseen.it

Standort Steinhaus
Klausbergstraße 103
I-39030 Ahrntal
Tel. + 39 0474 651043
steinhaus@landesmuseen.it

www.bergbaumuseum.it

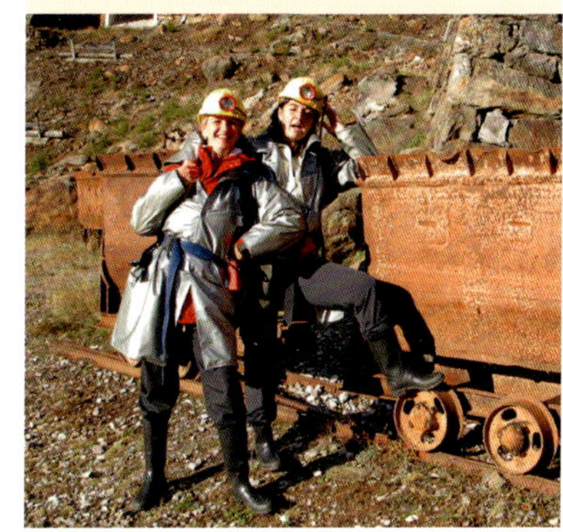

28 UNTERWEGS AM JAUFENKAMM

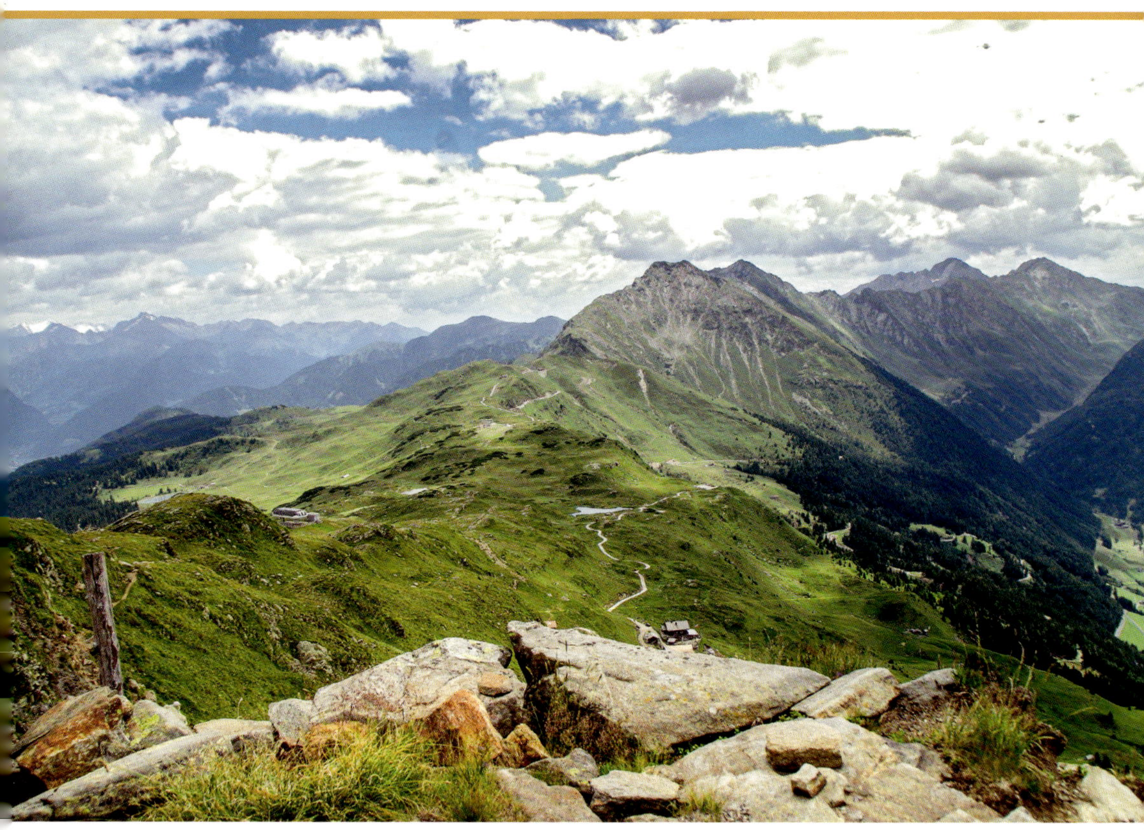

TECHNISCHE DATEN

Gehzeit
ca. 4 Stunden

Höhenunterschied
ca. 540 m im Auf- und Abstieg

Ausgangspunkt
Parkplatz an der sogenannten Römerkehre

Kartenmaterial
Tappeiner 144, Passeiertal, 1:30.000

Eine schöne und aussichtsreiche Rundwanderung zu beiden Seiten des Jaufenkammes, wobei man auf dem Hinweg den Blick auf das obere Eisacktal, die Stubaier und die Ötztaler Alpen, auf dem Rückweg auf das Passeiertal bis hinaus nach Meran, die Texelgruppe und die Bergwelt des Vinschgaus genießt. Besonders beeindruckend ist der plötzlich frei werdende Blick auf den mächtig aufragenden Tribulaun, sobald man von der Flecknerhütte den Kamm erreicht.

Der Urweg Jaufenkamm ist mit Sicherheit bereits in prähistorischer Zeit begangen worden, als die Menschen die tief eingeschnittenen und zerklüfteten Flusstäler mieden und oberhalb der Baumgrenze auch große Entfernungen zurücklegten. Bei der Flecknerhütte gibt es entsprechende archäologische Funde.

Anfahrt: Mit dem Linienbus von St. Leonhard in Passeier bis zur Haltestelle Römerkehre unterhalb des Jaufenpasses oder mit dem PKW über Meran und St. Leonhard bzw. von Sterzing über den Jaufen zur Römerkehre (gebührenfreier Parkplatz).

Wegverlauf: Vom Parkplatz wandert man fast eben hinüber zur Flecknerhütte und hält sich dort rechts auf Markierung Nr. 12B, die auf den Kamm hinaufführt. Mäßig steil steigt man auf zum Gipfel des Fleckner (2338 m) und setzt fort bis zum Saxner (2358 m). Nach einem kurzen Abstieg ist das Glaitner Joch und der Urweg Jaufenkamm erreicht, wo man sich für die Fortsetzung bis zum höchsten Punkt der vorgeschlagenen Tour, dem Glaitner Hochjoch (2389 m), entscheidet oder aber wo man abbricht und nun auf der Südseite des Jaufenkammes zurückwandert (Zeitersparnis etwa 1 Stunde).

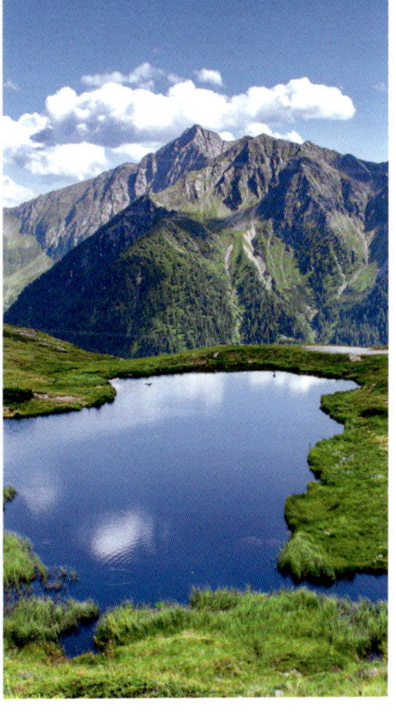

Blick vom Fleckner nach Nordosten zur Jaufenspitze (links); Lebensraum für Amphibien, im Hintergrund die Hochwart (rechts)

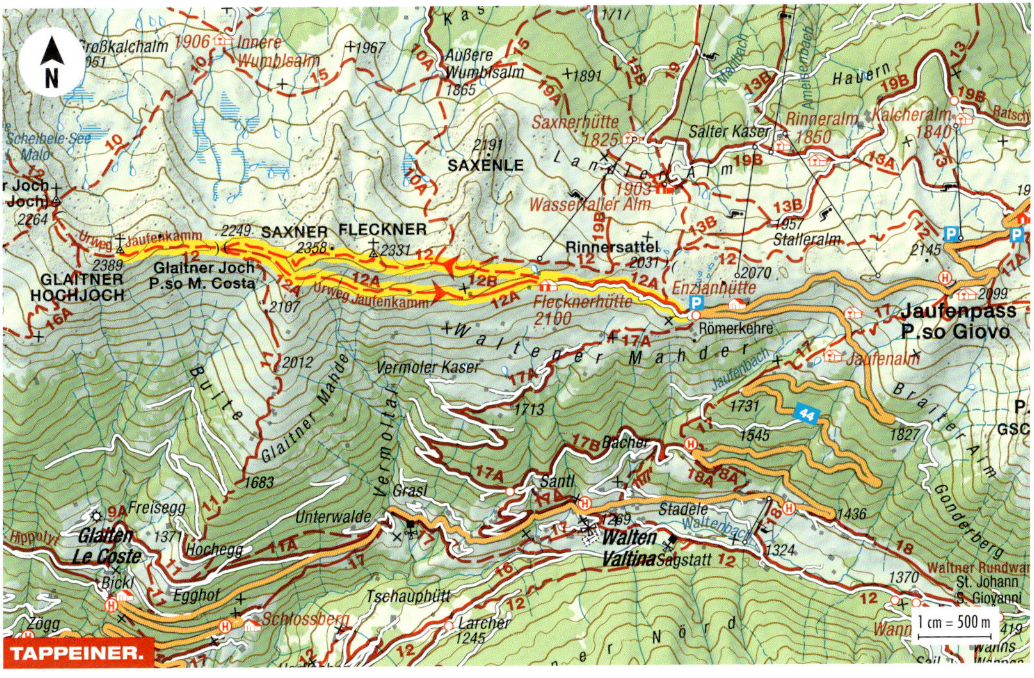

29 AUF DIE MATATZSPITZE, 2179 m

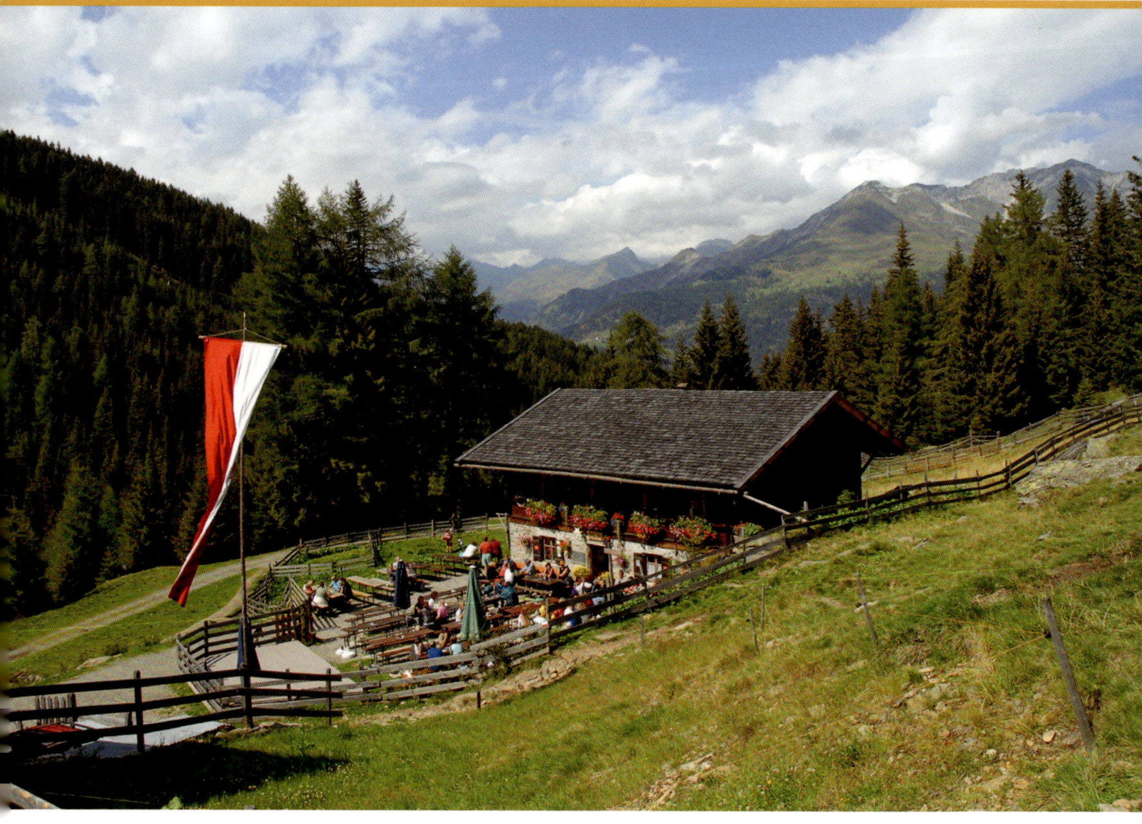

TECHNISCHE DATEN

Gehzeit
5½–6 Stunden

Höhenunterschied
ca. 1050 m im Auf- und Abstieg

Ausgangspunkt
Weiler Christl oberhalb St. Leonhard

Kartenmaterial
Tappeiner 144, Passeiertal, 1:30.000

Schaut man von Meran ins Passeiertal, fällt zur Linken eine markante „Pyramide" auf: die Matatzspitze. Obwohl nicht besonders hoch, bietet sie ob ihrer freien Lage doch einen prächtigen Rundumblick: im Norden Ötztaler, Stubaier und Zillertaler Alpen, im Südosten die Sarntaler Alpen, im Südwesten die Trentiner Berge, der Mendelkamm, die Brentagruppe, die Laugenspitzen und die Ortlergruppe.

Anfahrt: Mit dem PKW nach St. Leonhard und am Kreisverkehr nach links über die Brücke. Auf schmaler Bergstraße zum Weiler Breiteben, dort in einer Spitzkehre nach links und weiter bis Christl. Beschränkte Parkmöglichkeiten.

Wegverlauf: Von der kleinen Höfegruppe Christl (Gasthaus) steigt man auf Markierung Nr. 3 großteils durch Wald hinauf zur Waalerhütte „Pfarrer“ am Matatzwaal (Ausschank, oft erst am Nachmittag). Immer mäßig steil geht es weiter zu einer Verflachung (Hitzenbichl), einem begrasten Rücken. Bei der Weggabelung hält man sich links bzw. geradeaus auf Markierung Nr. 7 A und erreicht eine weitere Kuppe, den Hahnl. Nach einem kurzen Zwischenabstieg gelangt man zum felsigen Nordgrat, biegt an der Wegverzweigung nicht nach rechts ab, sondern steigt problemlos auf zum Gipfel. Abstieg wie Aufstieg. Viel lohnender aber ist der Abstieg vom Beginn des Nordgrates nach links zur Ulfaser Alm, Markierung Nr. 2 B und 2 A. Von dort folgt man dem Waalweg in ganz sanftem Gefälle bis zum „Pfarrer“ und steigt auf dem Anstiegsweg ab nach Christl.

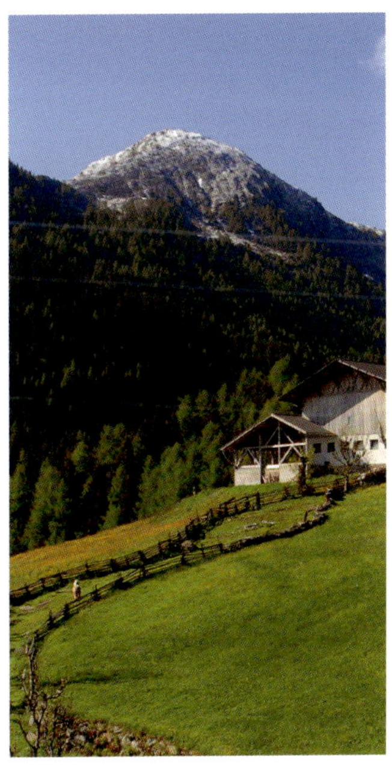

Die Ulfaser Alm (links) und die Matatzspitze (rechts)

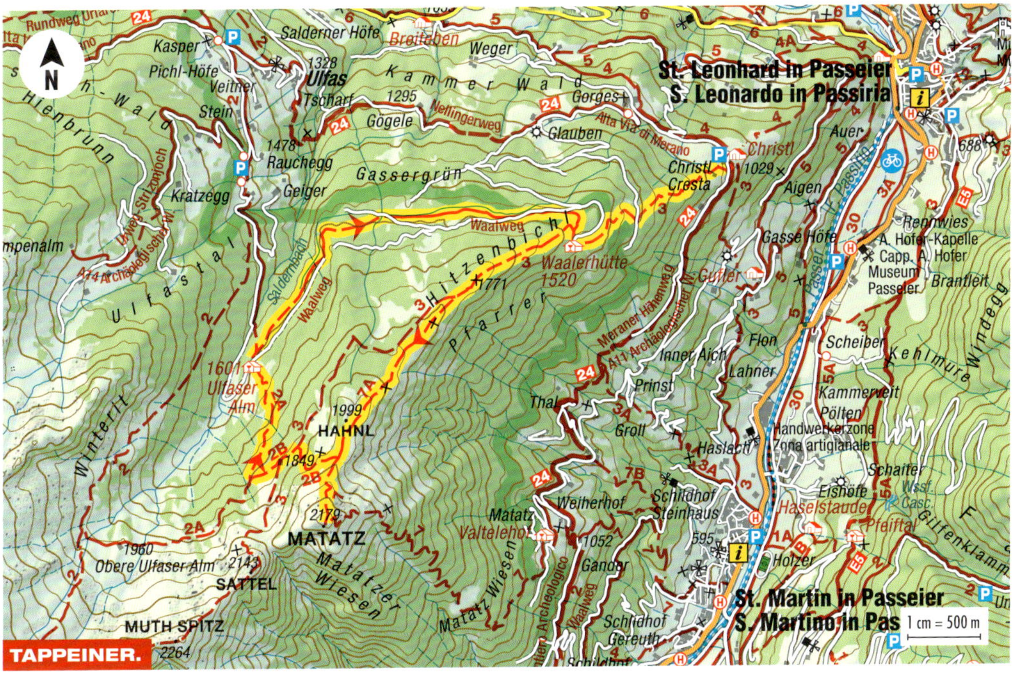

30 ALMENRUNDE IM FALSER TAL

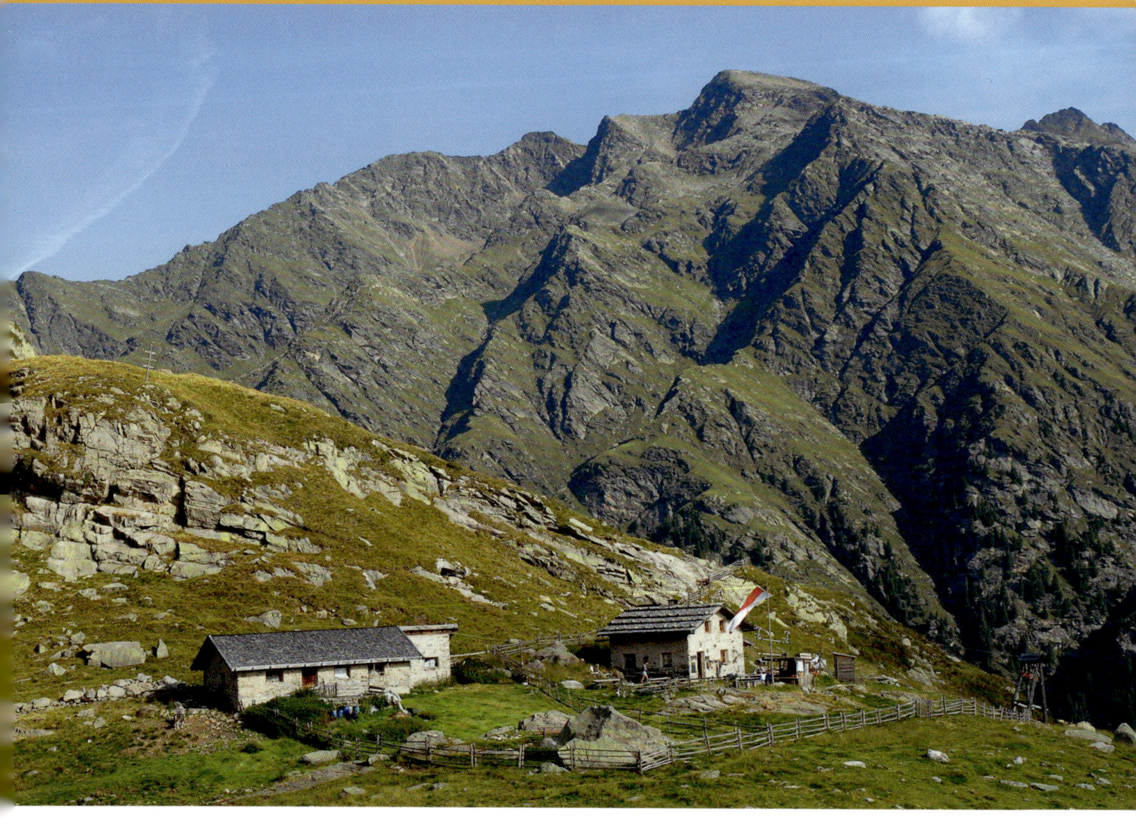

TECHNISCHE DATEN

Gehzeit
6–6½ Stunden

Höhenunterschied
ca. 950 m im Auf- und Abstieg

Ausgangspunkt
Rappenhöfe oberhalb von Magdfeld

Kartenmaterial
Tappeiner 144, Passeiertal, 1:30.000

Der untere Teil dieses Tälchens wird Kalmtal genannt, oben spricht man vom Falser Tal. Dort befinden sich zwei Almen, die Falser Alm und die Faglsalm, beide bewirtschaftet und „urig". Der Rundweg führt auch am Faglssee vorbei, einem unheimlichen „Wettersee"; die alten Hirten behaupten, er kündige mit seinem „Luurln" (Brüllen) einen Wetterumschwung innerhalb von drei Tagen an. Aber statt sich zu fürchten, genieße man lieber die Ruhe und das herrliche Panorama.

Anfahrt: Mit dem PKW von Meran ins Passeiertal bis Neuhaus (hinter Quellenhof), dort in einer Spitzkehre nach links und auf schmaler Bergstraße hinauf nach Kalmtal/Magdfeld und zu den Parkmöglichkeiten vor den Rappenhöfen.

Wegverlauf: Vom Parkplatz folgt man der Markierung Nr. 4 A zumeist auf dem Almweg taleinwärts. Gleichmäßig, aber nur mäßig steil steigt man hinauf zur Waldgrenze und gelangt schließlich zur Falser Alm. Nach der Alm setzt man auf Markierung Nr. 5 geradeaus fort, überquert den Kalmbach und wandert weiterhin nur mäßig steil talauswärts. An der Abzweigung zum Saltauser Joch ist der höchste Punkt der Wanderung fast erreicht, danach geht's abwärts, zuerst zum schön gelegenen Faglssee, dann in einer knappen Viertelstunde zur Faglsalm. Die Markierung Nr. 4 führt von dort hinunter zum Ausgangspunkt.

Variante: Man setzt von der Alm auf Markierung Nr. 6 und danach 6 A fort, steigt auf zum Fiechtjöchl und wandert von dort hinunter zur schön gelegenen Jausenstation Naserhof (Gehzeit plus 30 Minuten, plus ca. 50 Höhenmeter). Rückkehr zum Auto in wenigen Minuten auf der Zufahrtsstraße.

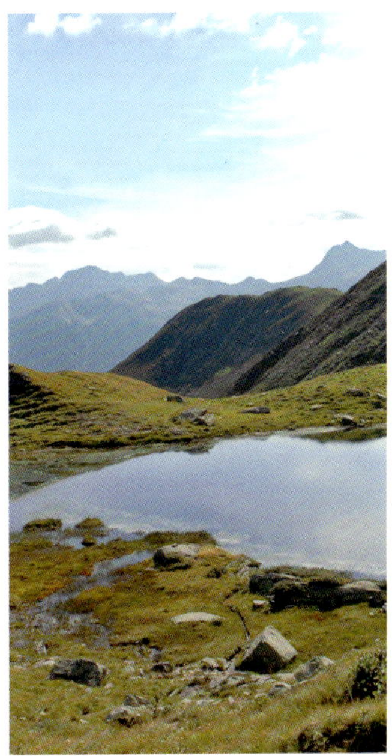

Die Faglsalm (links) und der Faglssee (rechts)

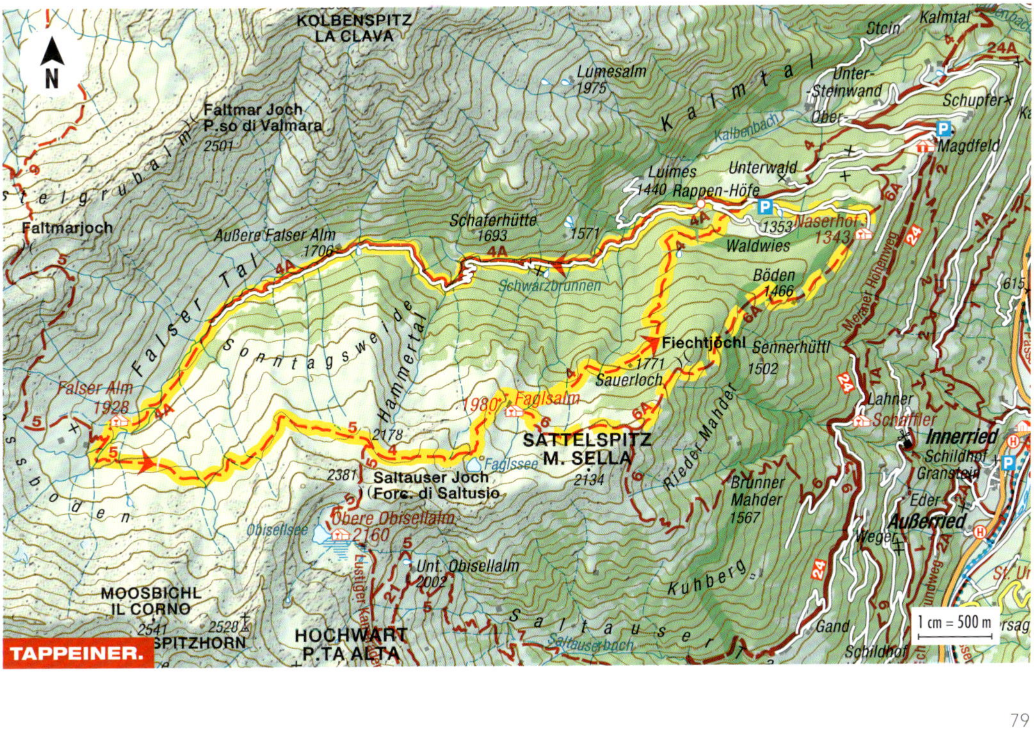

31 HIRZER, 2781 m

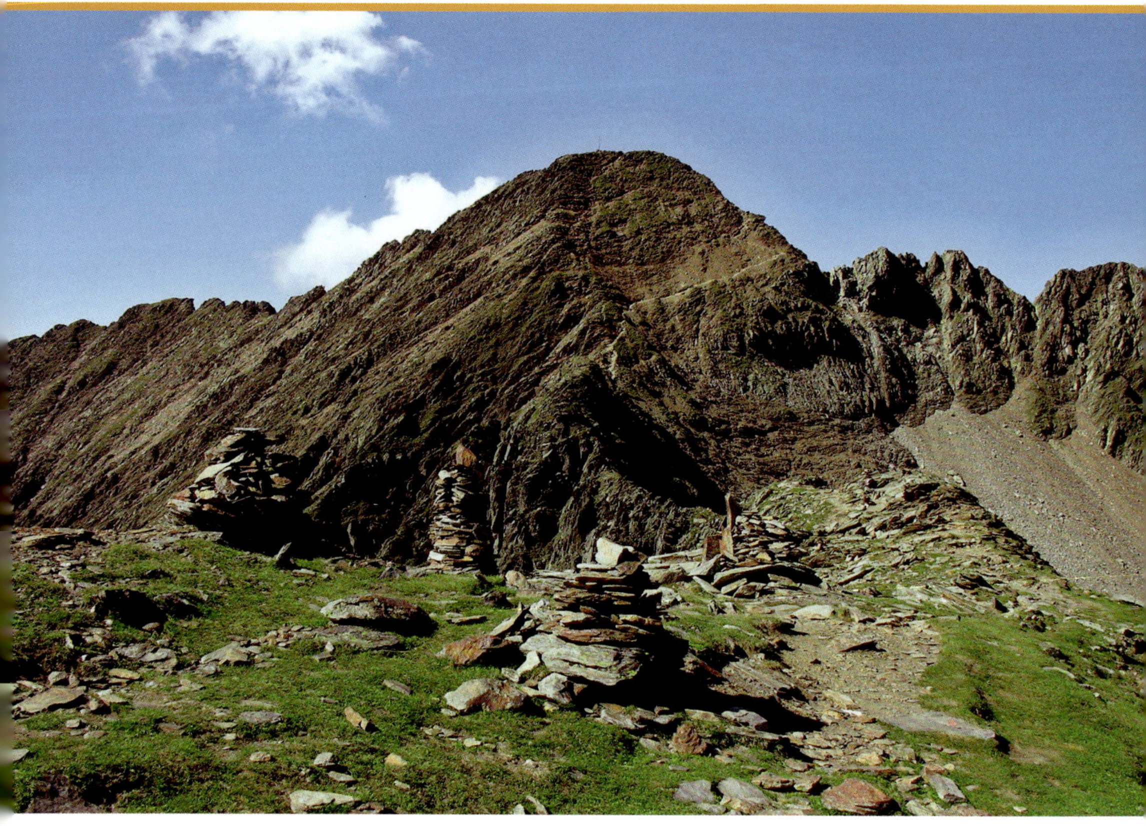

TECHNISCHE DATEN

Gehzeit
4½–5 Stunden

Höhenunterschied
ca. 900 m im Auf- und Abstieg

Ausgangspunkt
Klammeben, Bergstation der Hirzer-Seilbahn

Kartenmaterial
Tappeiner 144, Passeiertal, 1:30.000

Der Hirzer ist ein prächtiger Aussichtsberg in den Sarntaler Alpen. Diese sowie das Passeiertal, der Meraner Talkessel, die Texelgruppe, der Vinschgau, das Ultental sowie das Südtiroler Unterland und die Dolomiten liegen dem Betrachter zu Füßen.

Anfahrt: Mit öffentlichen Verkehrsmitteln oder mit dem Privatauto nach Meran und weiter ins Passeiertal bis zur Talstation der Hirzer-Seilbahn in Saltaus. Dort gibt es einen großen, gebührenfreien Parkplatz.

Wegverlauf: Man kann den Hirzer auf einer Rundwanderung besteigen und dabei auch einen weiteren Gipfel, den Hönig,

2695 m, „mitnehmen". Dies empfiehlt sich im Aufstieg, weil der Höniggrat etwas beschwerlich ist. Von der Bergstation Klammeben der Seilbahn wandert man fast eben auf der Markierung Nr. 40 durch Wiesengelände nach Süden in Richtung Stafell. Dort steigt man am Grat (Mark. Nr. 7), mit der Zeit etwas mühsam und etwas ausgesetzt, zum Gipfel des Hönig auf und setzt nach links auf dem breiten Rücken fort zur Oberen Scharte. Von dort geht es geradeaus und man wandert – nun auf der Sarntaler Seite – unterhalb des Grats bis zum eigentlichen Gipfelaufbau. Noch einige Kehren in felsigem Gelände und der Gipfel ist erreicht. Der Abstieg erfolgt bis zur Oberen Scharte wie der Aufstieg, wobei man unbedingt auf dem markierten Steig bleibt und Trittspuren, die einen Abschneider „versprechen", meidet. Man gelangt ansonsten unweigerlich in unwegsames Gelände und riskiert Leib und Leben. An der Scharte biegt man rechts ab und steigt durch am Anfang schrofiges Gelände ab zur Tallner Alm und zurück zur Bergstation.

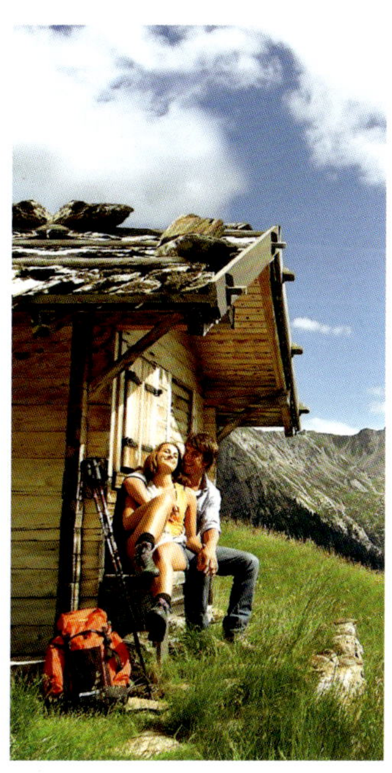

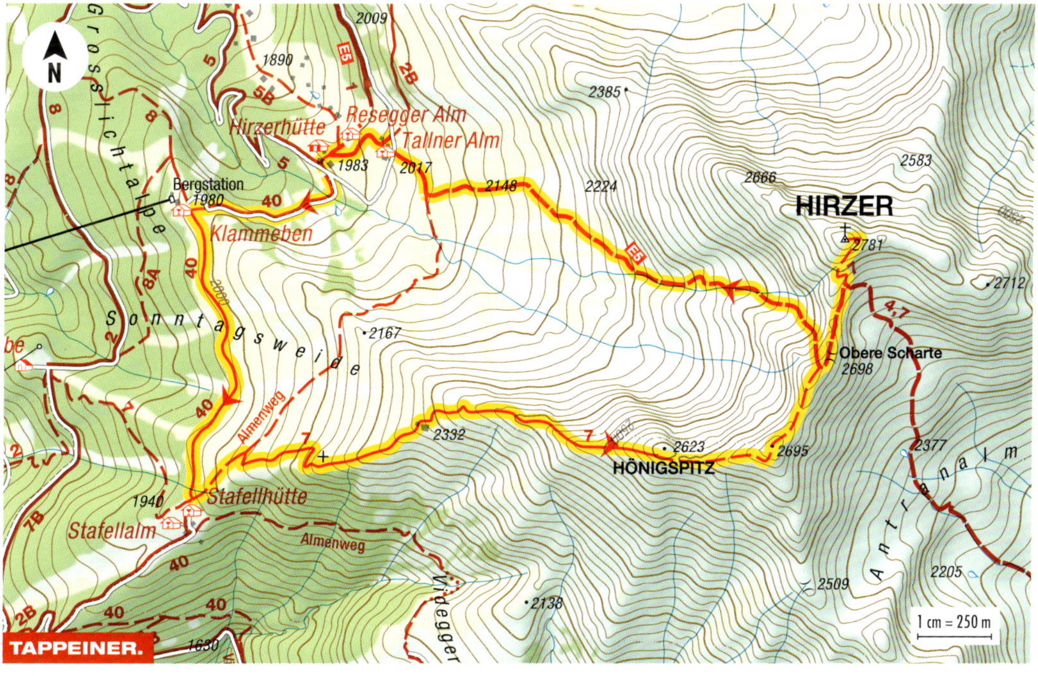

32  ALMENWANDERUNG UNTERM HIRZER

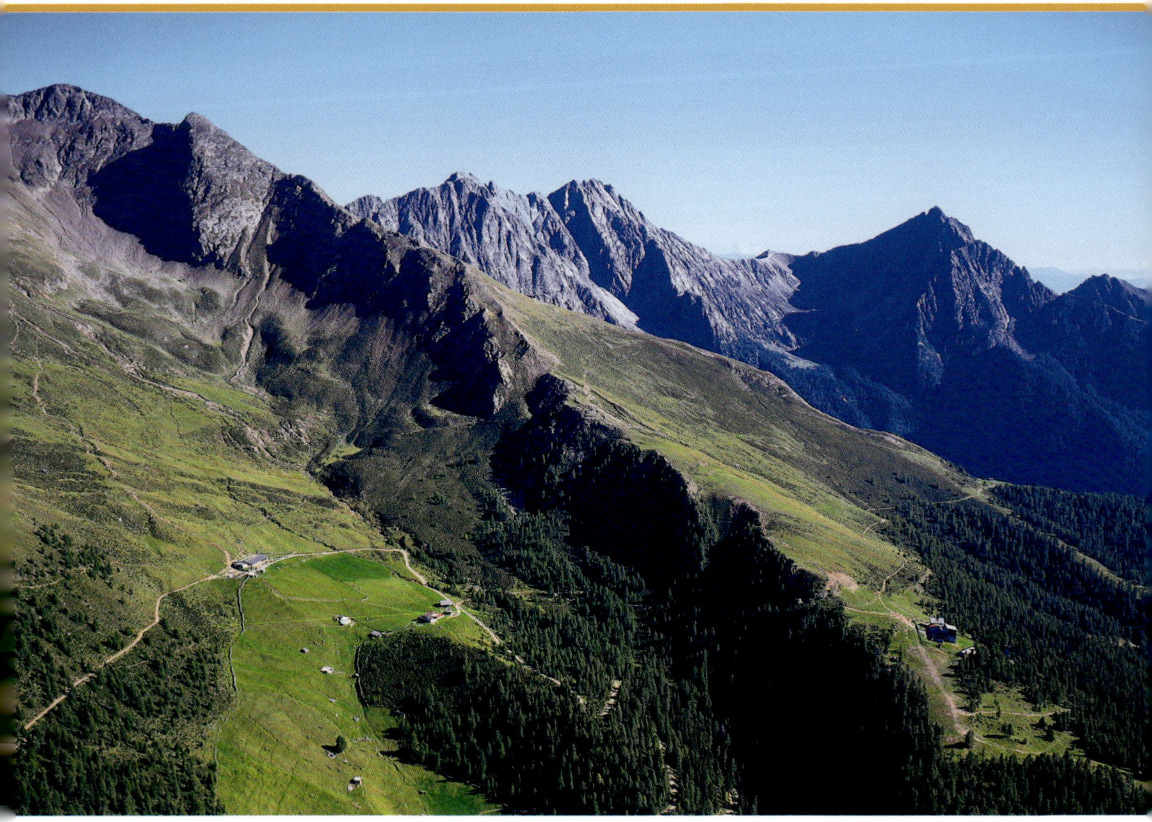

TECHNISCHE DATEN

Gehzeit
3–3½ Stunden

Höhenunterschied
ca. 420 m im Auf- und Abstieg

Ausgangspunkt
Klammeben, Bergstation der Hirzer-Seilbahn

Kartenmaterial
Tappeiner 121, Meran und Umgebung, 1:25.000

Eine schöne Rundwanderung, die besonders zur Zeit der Alpenrosenblüte sehr lohnend ist. Am schönsten blüht es im Bereich Rotmoos, einer moorigen Senke zwischen Hirzer und Pfandlspitze. Zudem wird man mit einer wunderbarren Aussicht von den Ausläufern der Stubaier Gletscher über die Texelgruppe und die Ötztaler Alpen bis zur Ortlergruppe belohnt.

Anfahrt: Mit öffentlichen Verkehrsmitteln oder mit dem Privatauto von Meran nach Saltaus zur Talstation der Hirzer-Seilbahn.

Wegverlauf: Von der Bergstation Klammeben folgt man fast eben der Beschilderung zur Tallner Alm (Mark. Nr. 40). Von dort folgen wir nicht dem hässlichen (und oft schlammigen) Almenweg, sondern halten uns rechts auf Markierung Nr. 2B, die in mäßiger Steigung hinaufführt in die Senke von Rotmoos. Man setzt weiter fort, beachtet die Abzweigungen nach rechts und links nicht und gelangt in weitem Bogen und in sanftem Gefälle hinunter zur Mahdalm. Nun steigt man teilweise etwas steiler auf Markierung Nr. 4 ab zur Gompm-Alm. Von dort folgt man der Markierung Nr. 5B hinauf zur Hirzerhütte und setzt nach rechts fort zum Ausgangspunkt.

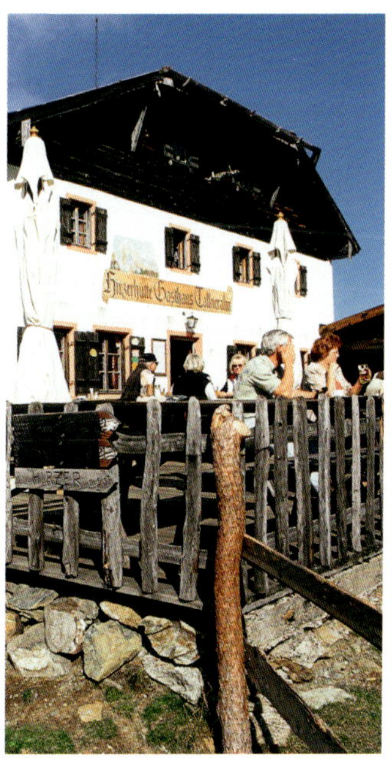

Schöne Variante im Abstieg: Von der Gompm-Alm setzt man auf Markierung Nr. 4 nach unten auf der Forststraße fort; zahlreiche Abschneider sind klar erkennbar und gut zu begehen. Unterhalb von Hochwies (herrliche Aussicht) bleibt man aber auf der Straße (die scheinbaren Abschneider führen „in die Pampa") und gelangt zur Mittelstation der Seilbahn. Gehzeit plus ½ Stunde, Höhenunterschied plus 400 m im Abstieg.

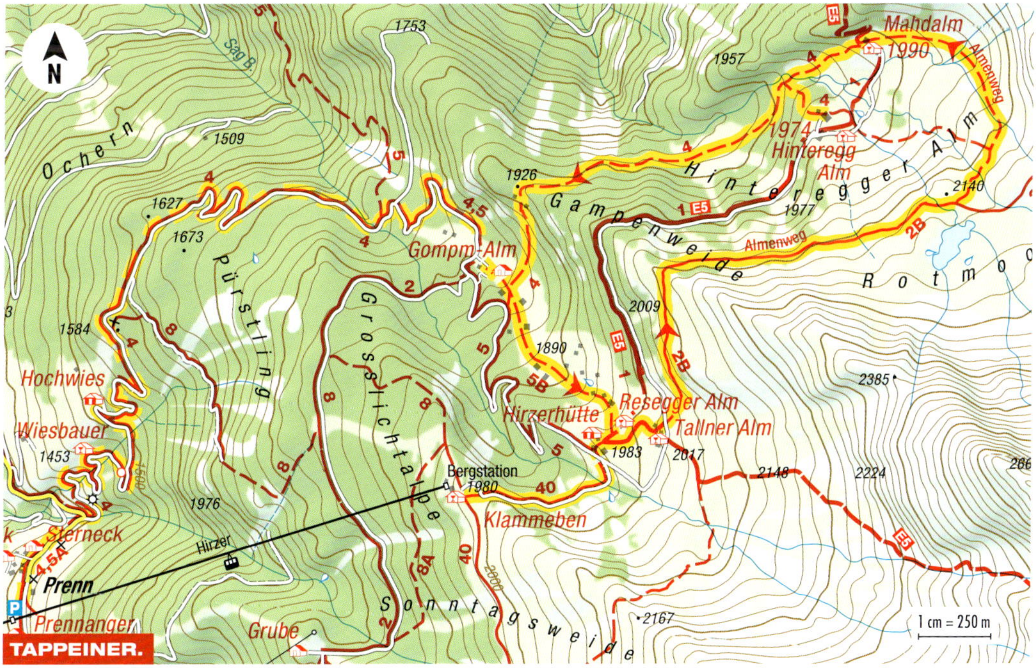

33 VON KLAMMEBEN NACH VIDEGG UND PRENN

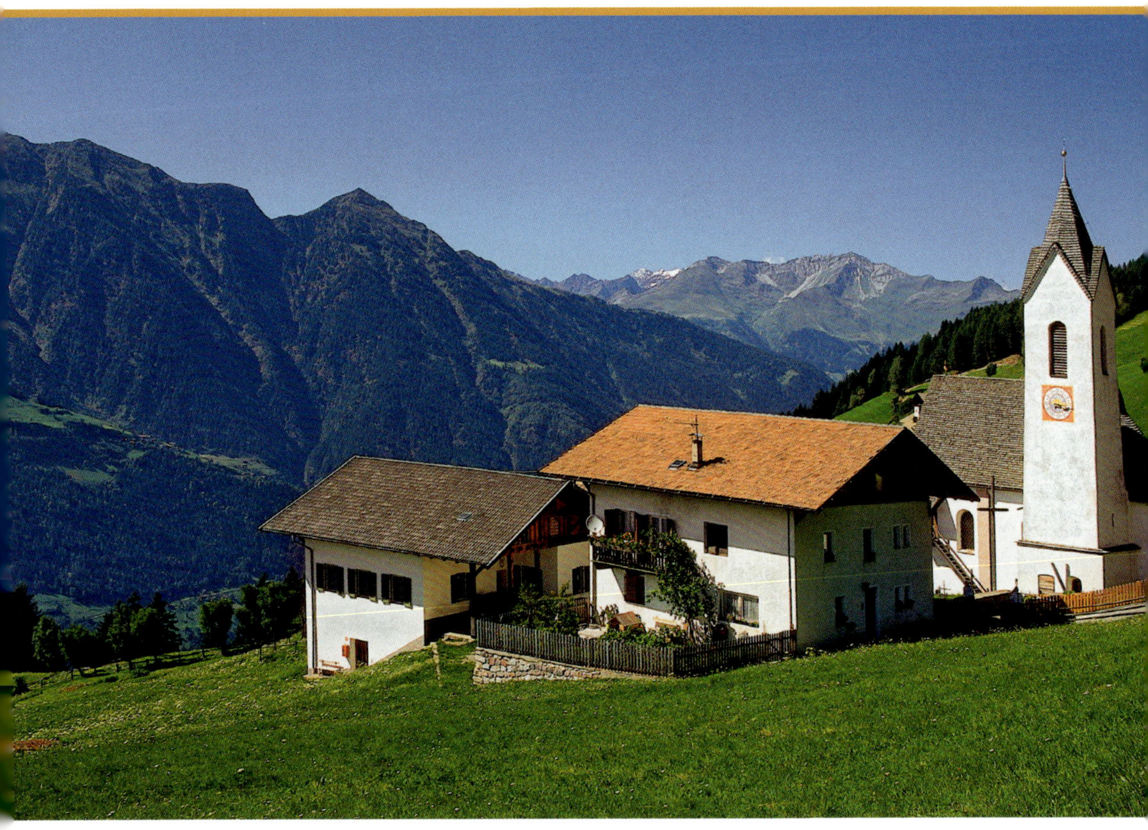

TECHNISCHE DATEN

Gehzeit
2½–3 Stunden

Höhenunterschied
ca. 150 m im Aufstieg
ca. 700 m im Abstieg

Ausgangspunkt
Klammeben, Bergstation der Hirzer-Seilbahn

Kartenmaterial
Tappeiner 121, Meran und Umgebung, 1:25.000

Man bedenke: Die angegebene Gehzeit ist wirklich reine Gehzeit. Mit der Stafellalm, mit der Videgger Assenhütte und mit Videgg gelangt man aber an so schöne Plätzchen, dass man einfach verweilen, staunen und genießen „muss". Die Videgger Assen gelten als eine der höchsten Heumahden Südtirols. Eingebettet zwischen Hönig, den Plattenspitzen und dem Ifinger sind diese Almen ein wahres Blumenparadies und die Aussicht auf Meran, den Vinschgau und die Texelgruppe ist immer prächtig. Ein kleiner Wermutstropfen: Ab Videgg führt der Rückweg vorwiegend über die Zufahrtsstraße, Abschneider sind nicht wirklich möglich.

Anfahrt: Mit öffentlichen Verkehrsmitteln oder mit dem Privatauto von Meran nach Saltaus zur Talstation der Hirzer-Seilbahn.

Wegverlauf: Von der Bergstation der Seilbahn auf Klammeben wandert man auf Markierung Nr. 40 fast eben nach Süden zur Stafellalm. Kurz danach hält man sich auf dem Almenweg links und gelangt in sanfter Steigung zu den Videgger Assen, wo man den höchsten Punkt der Wanderung bereits überschritten hat. In einigen weiten Serpentinen führt der Almenweg hinunter, bis man wieder auf die Markierung Nr. 40 trifft, die nach links nach Videgg führt. Von dort folgt man der Markierung Nr. 40 über Oberkirn nach Prenn und zur Mittelstation der Hirzer-Seilbahn.

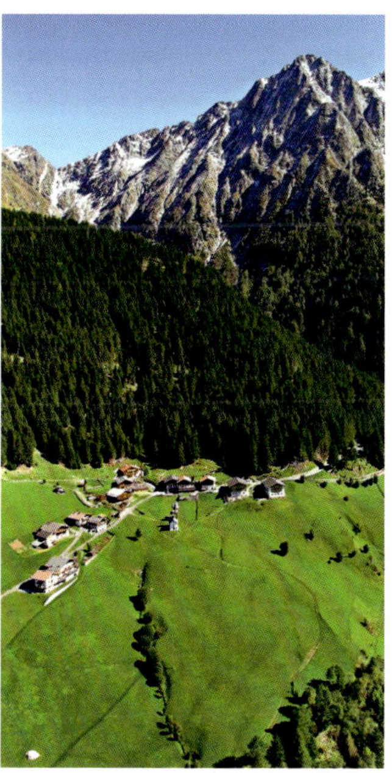

Tall (links) und der Bergweiler Videgg (rechts)

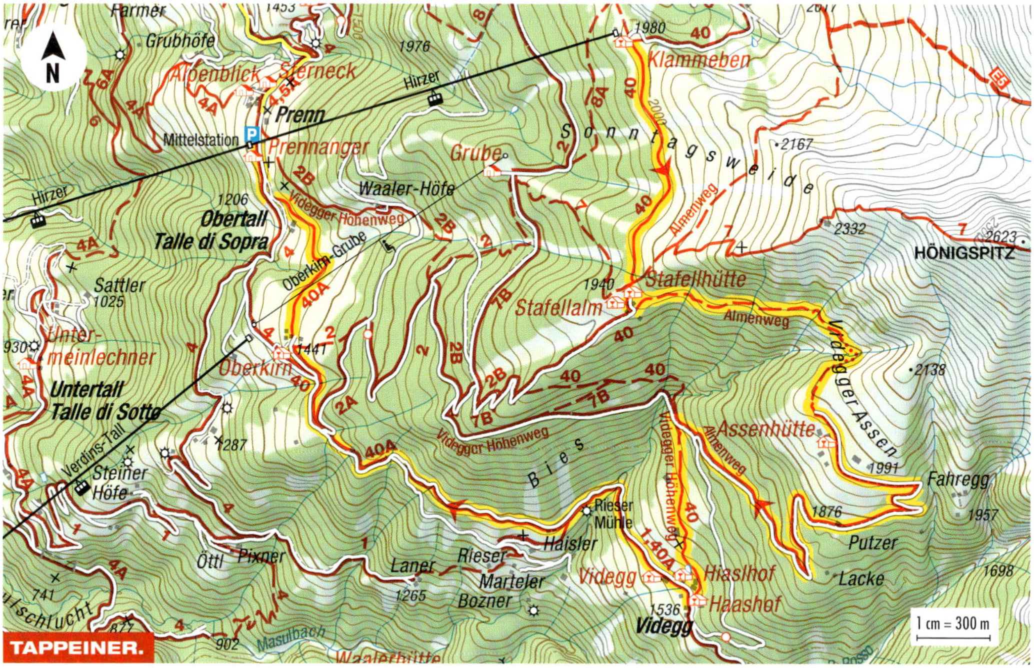

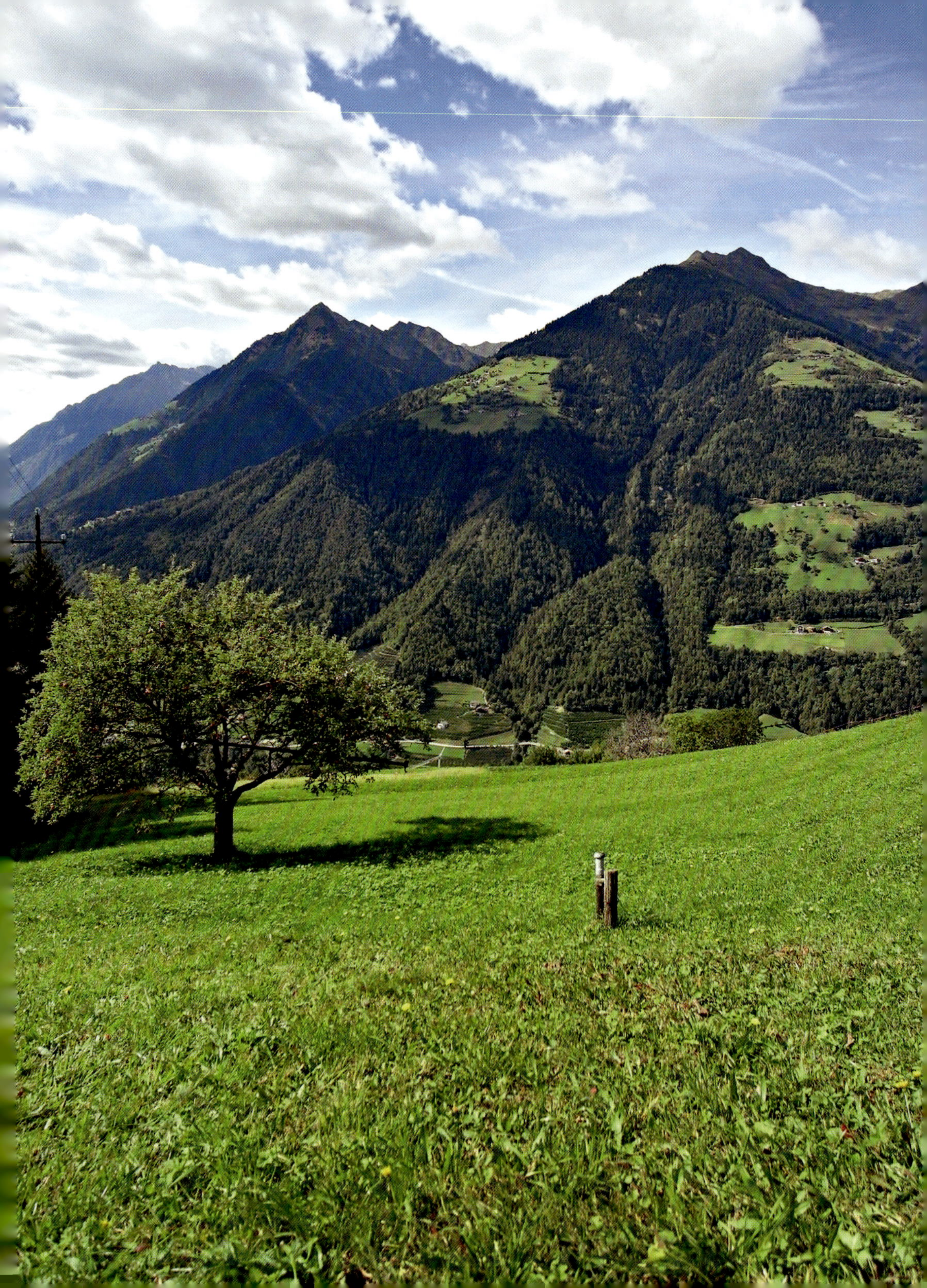

Seilbahn Hirzer

› **Die Talstation**
Die Talstation der Hirzer Seilbahn liegt auf 490 m. Der Parkplatz verteilt sich auf mehrere große Parkflächen. In unmittelbarer Nähe zur Seilbahn befindet sich auch eine Haltestelle der Buslinie Meran–Passeiertal.

› **Mittelstation Prenn**
Die Mittelstation Prenn liegt auf 1404 m. Prenn eignet sich als Ausgangs- und Endpunkt für zahlreiche Wanderungen. Die Umgebung bietet mehrere Einkehrmöglichkeiten.

› **Die Bergstation Klammeben**
Die Bergstation Klammeben auf 1980 m ist das Tor zum Hirzer-Wanderparadies. Wer von hier loszieht, kann neben herrlichen Wanderungen auch die typische Flora und Fauna erleben. Das Gebiet bietet zahlreiche Wanderwege unterschiedlicher Schwierigkeitsgrade und ist für Familien ebenso geeignet wie für passionierte Alpinisten.

› **Der Tallner Sunntig**
In der Zeit von Mai bis Oktober gibt es jeden ersten Sonntag im Monat den sogenannten „Tallner Sunntig": Während der Wanderung gibt es die Gelegenheit, mit der Südtiroler Kultur und Tradition auf Tuchfühlung zu gehen. Die Gasthöfe des Hirzergebietes stellen dabei ein buntes Programm aus Stimmungsmusik, Spielen, Verlosungen u. v. m. zusammen.

Passeirerstraße 2
I-39010 Saltaus
Tel. +39 0473 645498
seilbahn.hirzer@rolmail.net
www.hirzer.it

Öffnungszeiten: Von Ostern bis Allerheiligen

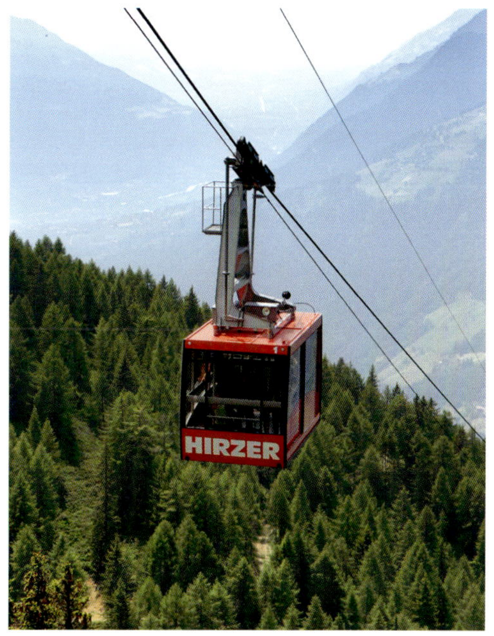

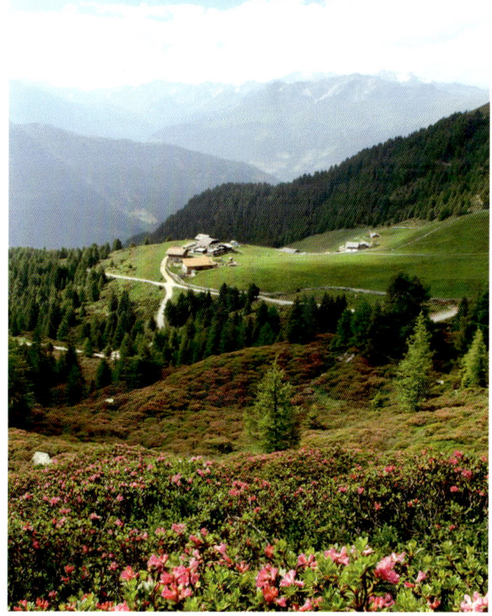

34 VOM TASER AUF DIE LAWAND

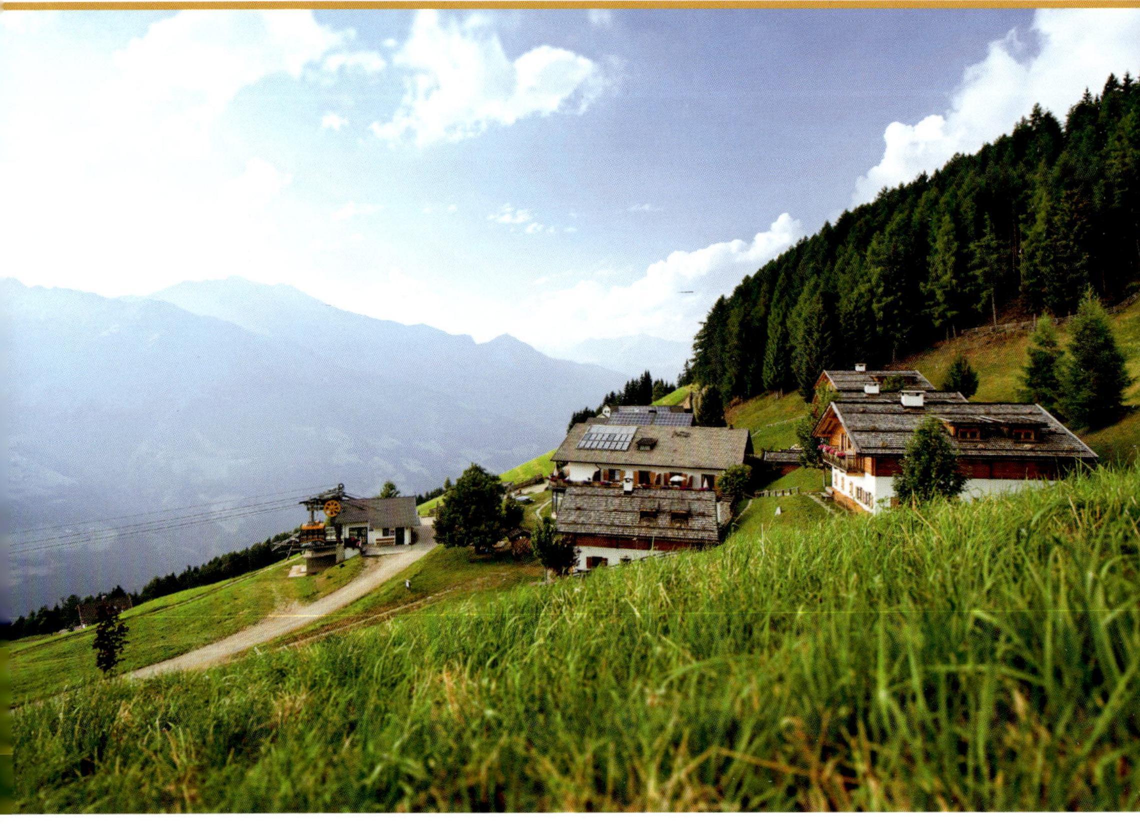

TECHNISCHE DATEN

Gehzeit
4½–5 Stunden

Höhenunterschied
ca. 800 m im Auf- und Abstieg

Ausgangspunkt
Bergstation der Taser-Seilbahn

Kartenmaterial
Tappeiner 121, Meran und Umgebung, 1:25.000

Die Sicht von der Lawand (auch Lauwand oder Lawandspitz) ist atemberaubend. Sie reicht von Ulten über den Vinschgau (mit der Ortlergruppe), die Stubaier (mit dem Tribulaun) und Ötztaler Alpen bis hin zu den Dolomiten und zum Adamello. Und natürlich ist da noch der mächtig aufragende Ifinger, in dessen Schatten die Lawand steht und deswegen auch recht wenig besucht wird.

Anfahrt: Mit öffentlichen Verkehrsmitteln oder mit dem Privatauto nach Meran und weiter nach Schenna und in Richtung Seilbahn Taser bis zum Parkplatz der Talstation.

Wegverlauf: Nach der Bergfahrt mit der Seilbahn zur Taseralm folgt man der Markierung Nr. 18 A vorwiegend durch Wald in Richtung der sehr schön gelegenen Ifingerhütte. Der Steig ist mäßig steil, nur kurz vor dem Graben des Schnuggerbaches geht es einmal recht „knackig" hinauf. Unterhalb der Ifingerhütte hält man sich rechts auf Markierung Nr. 24 A und gelangt fast eben zur Lichtung von Lenzeben, von wo man über den Kamm – vorbei an zwei Wetterkreuzen – hinaufsteigt zum Gipfel. Die letzten Meter (180-Grad-Kehre) sind felsiges Gelände, Trittsicherheit ist gefordert. Eventuell kann man die letzten Meter des Steiges meiden und weglos hinauf kraxeln zum Gipfel. Abstieg wie Aufstieg.

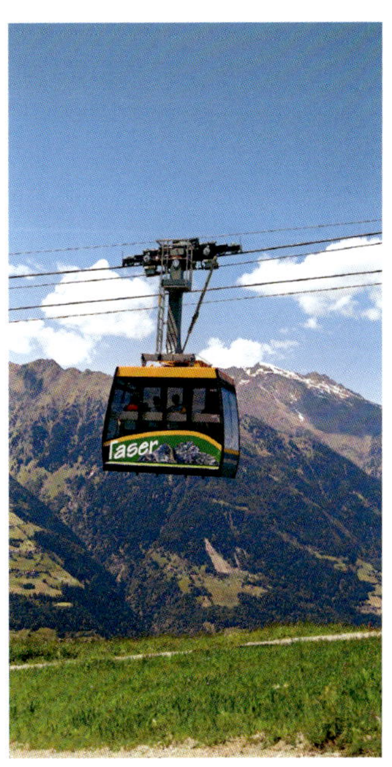

Variante im Abstieg: Von Lenzeben auf Markierung Nr. 24 absteigen, bis man zur Kreuzung mit der Markierung Nr. 40 gelangt; dieser – dem Taser Höhenweg – nach rechts bis zum Taser folgen. Die Gehzeit verlängert sich um etwa 1 Stunde.

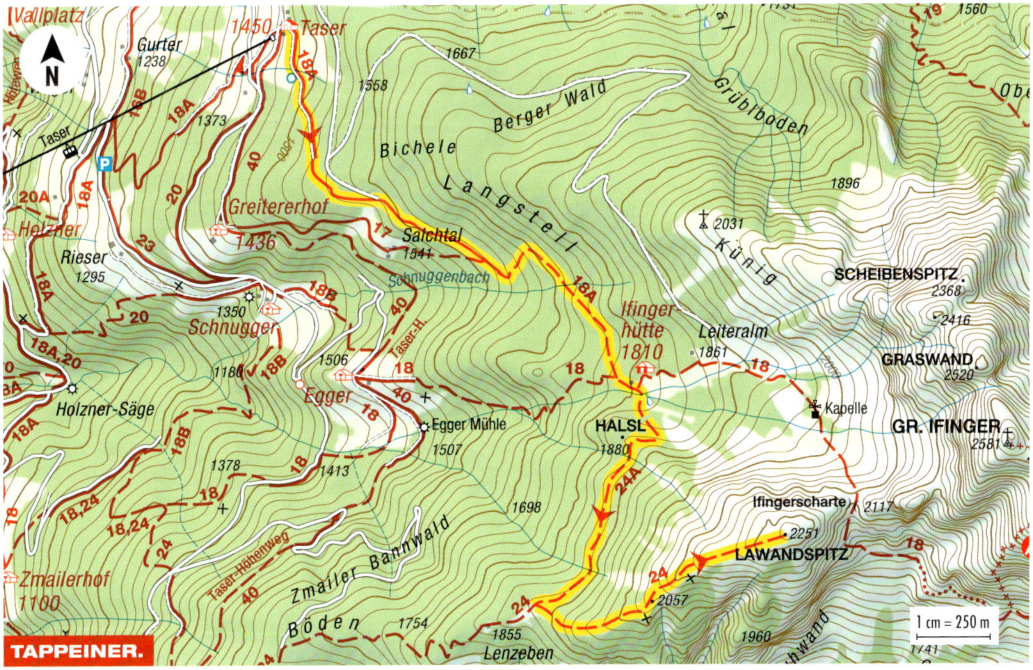

35 VON VERDINS ÜBER VIDEGG ZUM TASER

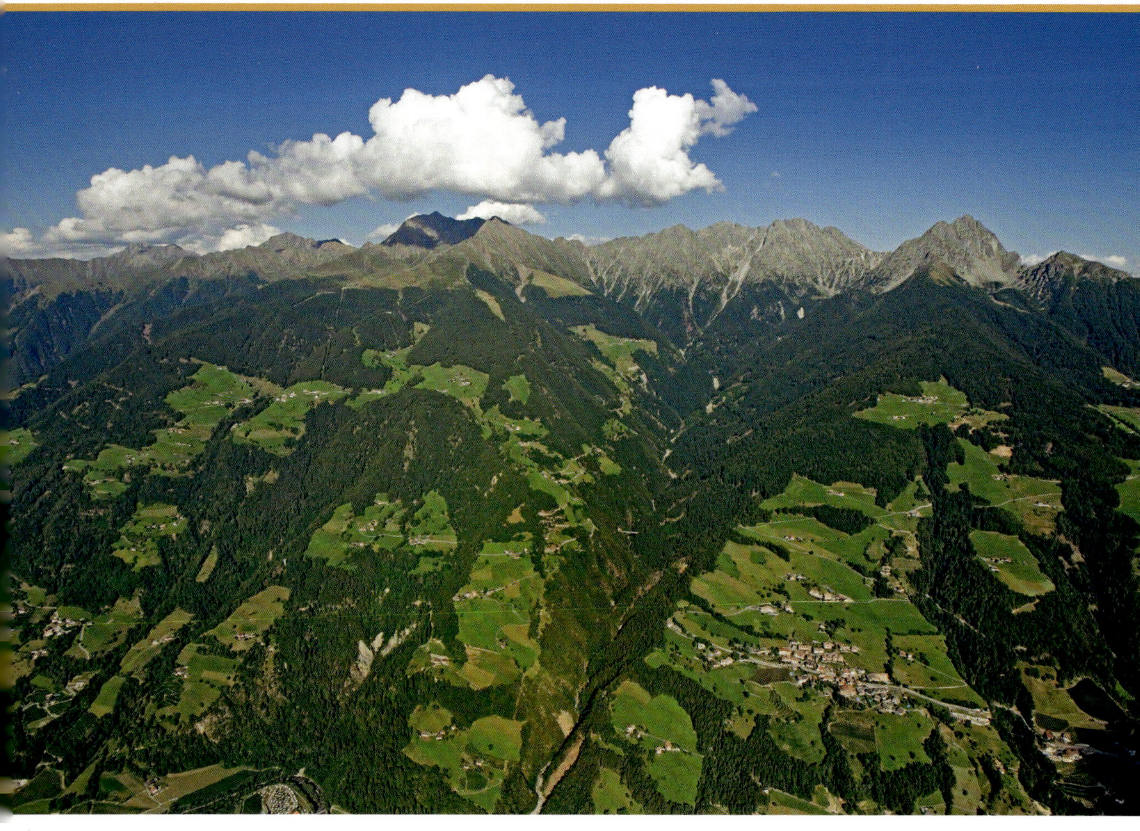

TECHNISCHE DATEN

Gehzeit
ca. 3½ Stunden

Höhenunterschied
ca. 210 m im Auf- und Abstieg

Ausgangspunkt
Bergstation Seilbahn Verdins-Tall

Kartenmaterial
Tappeiner 121, Meran und Umgebung, 1:25.000

Eine einfache, aber landschaftlich sehr schöne Wanderung quer durch steile Wald- und Wiesenhänge und vorbei an alten Höfen in extrem steilem Gelände unterhalb des Weges. Auch bei dieser Wanderung stimmen der Ausgangspunkt (Bergstation der Seilbahn Verdins-Tall) und der Endpunkt (Bergstation der Taser Seilbahn) nicht überein, man nutze daher das kostengünstige Kombiticket der beiden Seilbahnen, die beide mit öffentlichen Bussen gut erreichbar sind.

Anfahrt: Von Meran mit öffentlichen Verkehrsmitteln über Schenna nach Verdins und zur Seilbahn nach Tall.

Wegverlauf: Nach der Bergfahrt mit der Seilbahn nach Tall (Oberkirn) folgt man der Markierung Nr. 40 A – Beschilderung Videgg – zunächst auf asphaltierter Straße nach Südosten. Durch Wald und Wiesen wandert man nie besonders steil dahin, stets den Ifinger im Blick und mit immer wieder schöner Aussicht auf das Meraner Becken. Nach etwa einer Stunde ist der hübsche Bergweiler Videgg mit seinen vier Höfen und dem Kirchlein erreicht und damit auch der höchste Punkt der Wanderung. Weiter geht es nun vorwiegend durch Wald auf dem Taser-Höhenweg (Mark. Nr. 40). Bei kleinen Bächlein sind immer wieder kurze Gegenanstiege zu überwinden, aber anstrengend ist es eigentlich nie. Und bald ist die weite Wiesenfläche der Taseralm und die Bergstation der gleichnamigen Seilbahn erreicht. Die Wanderung kann auch sehr gut in umgekehrter Richtung unternommen werden.

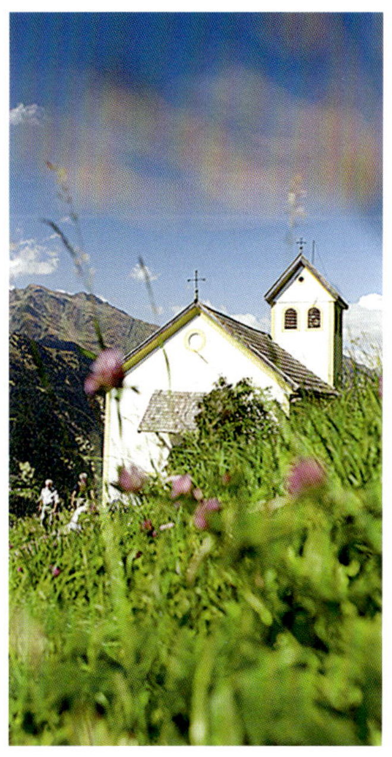

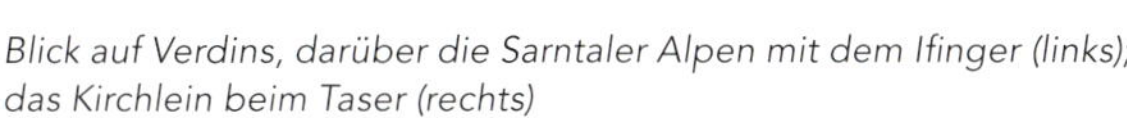

Blick auf Verdins, darüber die Sarntaler Alpen mit dem Ifinger (links); das Kirchlein beim Taser (rechts)

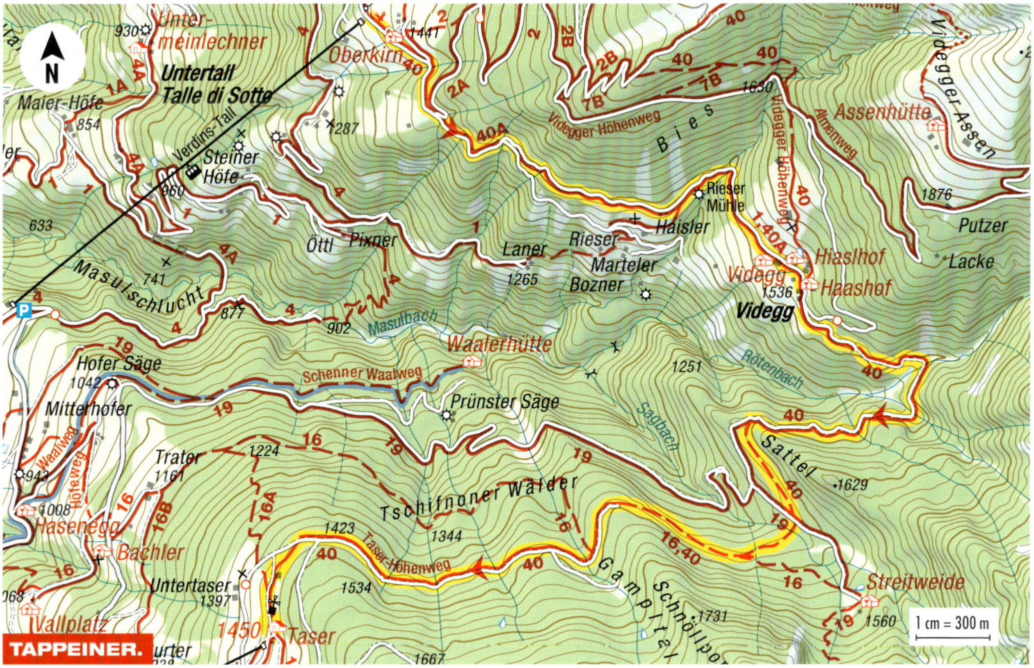

36 VOM TASER NACH MERAN 2000

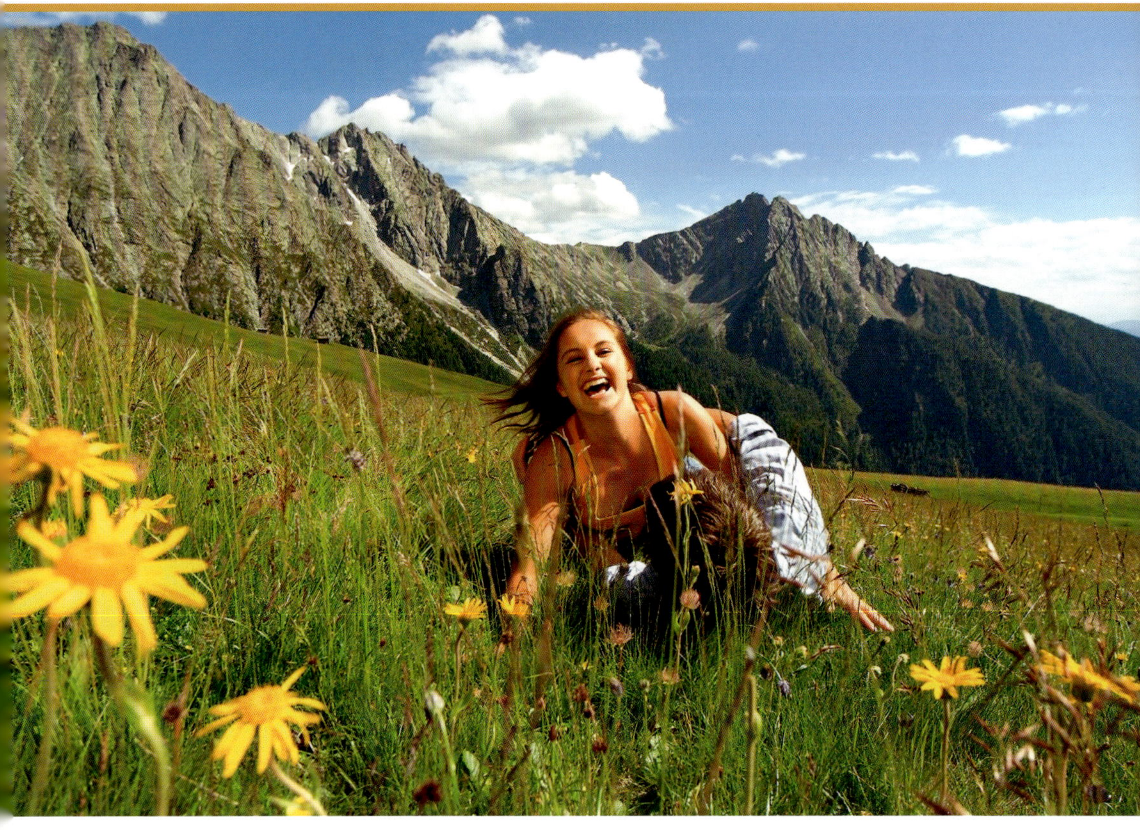

TECHNISCHE DATEN

Gehzeit
5–5½ Stunden

Höhenunterschied
ca. 940 m im Aufstieg
ca. 500 m im Abstieg

Ausgangspunkt
Bergstation der Taser-Seilbahn

Kartenmaterial
Tappeiner 121, Meran und Umgebung, 1:25.000

Eine landschaftlich sehr lohnende „Rundwanderung", bei der Ausgangs- und Endpunkt allerdings nicht übereinstimmen. Ausgangs- bzw. Endpunkte sind die Talstationen der Seilbahnen Taser und Meran 2000, beide mit öffentlichen Bussen gut erreichbar. Die Wanderung kann daher auch sehr gut in umgekehrter Richtung unternommen werden – bei deutlich weniger Höhenmetern im Aufstieg.

Anfahrt: Von Meran mit öffentlichen Verkehrsmitteln nach Schenna und weiter in Richtung Seilbahn Taser bis zum Parkplatz der Talstation.

Wegverlauf: Nach der Bergfahrt mit der Seilbahn zur Taseralm folgt man der Markierung Nr. 40 vorwiegend durch Wald und ohne nennenswerten Höhenunterschied zur Alm Streitweide. Von dort geht es dann „endlich" aufwärts, in dem weiten Kar zwischen Vorderer Verdinser Plattenspitze und Ifinger überwindet man fast in der Falllinie die Waldgrenze und erreicht schließlich die Oswaldscharte. Etwas jenseits davon steht das hübsche Oswaldkirchlein, dessen Ursprünge ins 15. Jahrhundert zurückreichen. 1641 gelobten die Haflinger Bauern dem Patron der Vieh- und Weidewirtschaft, eben dem heiligen Oswald (von Northumbria), am Fuße des Ifinger eine Kapelle zu errichten und jedes Jahr an seinem Namensfest einen Bittgang dorthin zu unternehmen. Jeweils am 5. August ist es alljährlich soweit und es geht recht hoch her am „Oswald-Kirchtag". Von der Scharte folgt man der Markierung Nr. 19A nach links hinunter, biegt nach rechts auf Markierung Nr. 3 ab und gelangt zur Bergstation der Seilbahn Meran 2000.

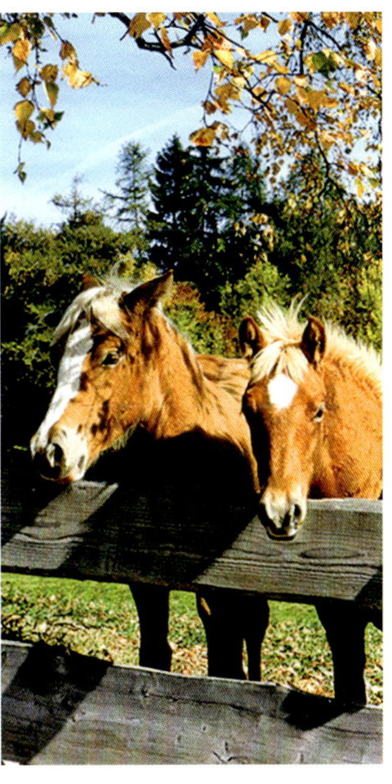

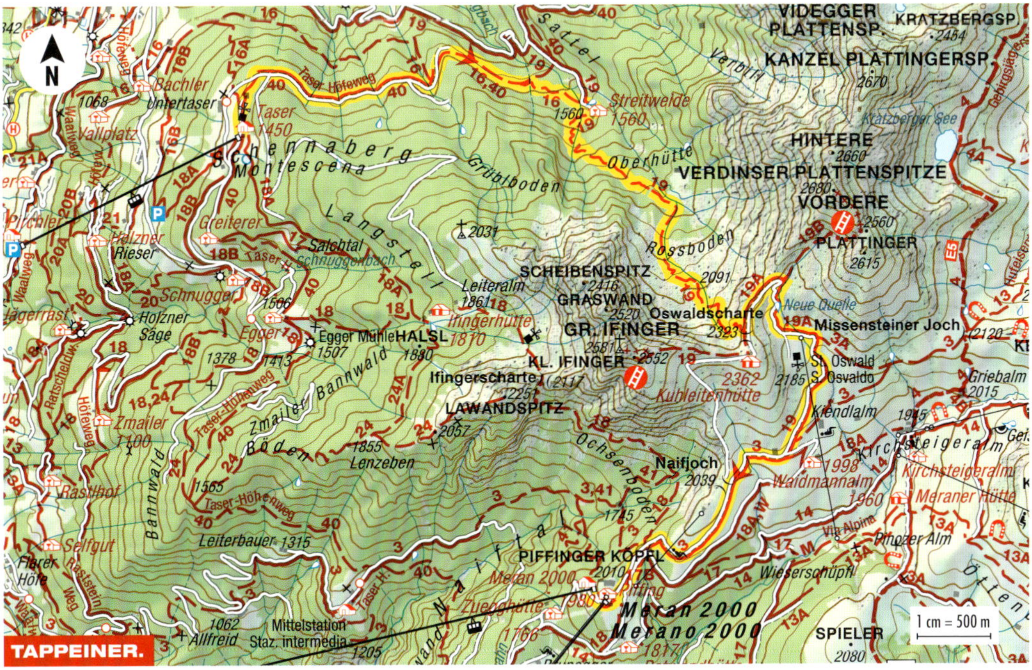

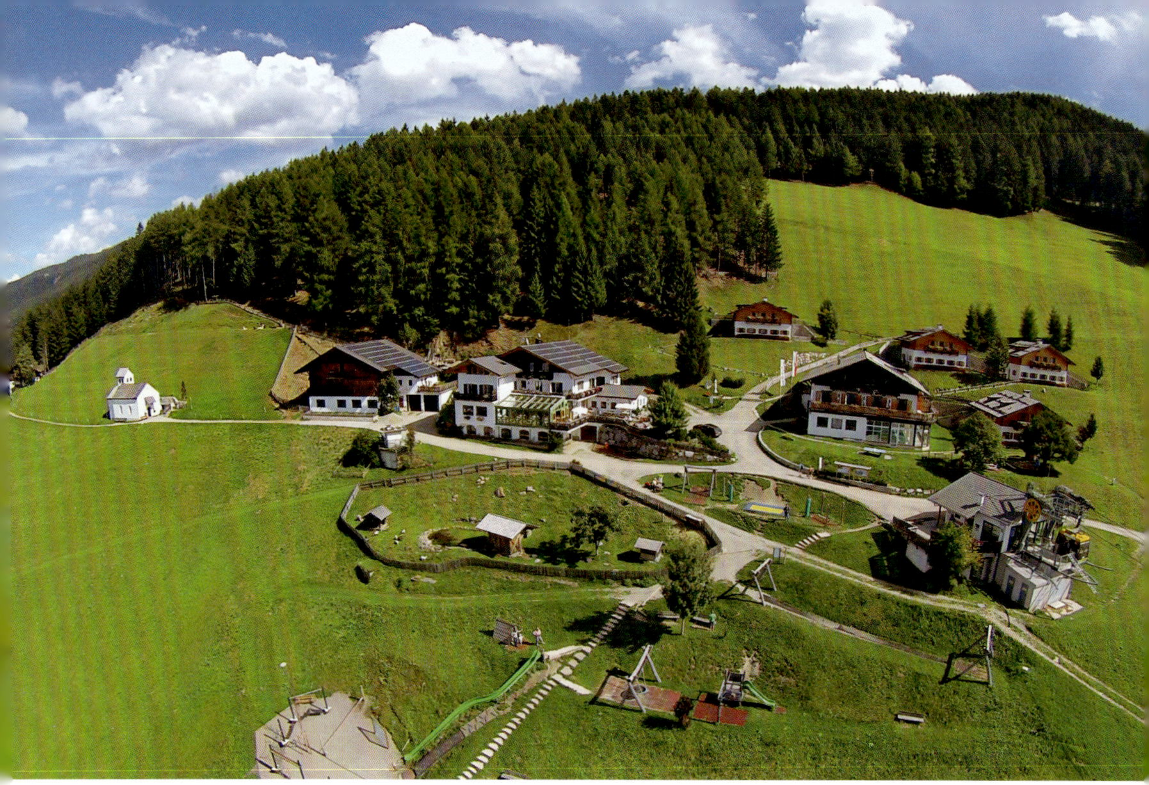

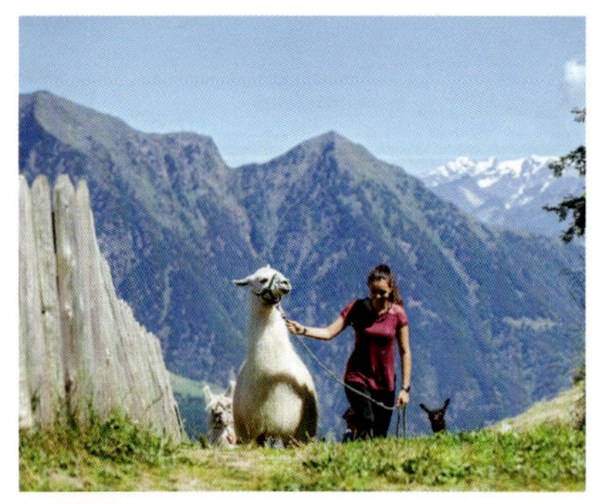

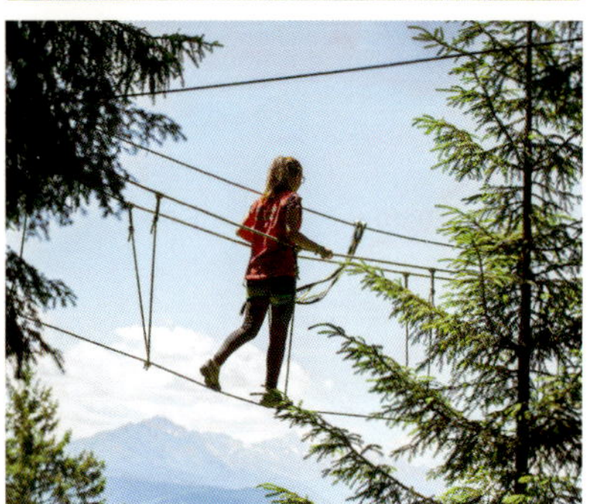

Taser Alm ★★★S, 1450 m

Authentischer Feriengenuss, fern von Hektik und Straßenlärm, eingebettet inmitten einer traumhaften Berglandschaft, auf 1450 Metern und dennoch optimal erreichbar, nur wenige Kilometer von der Kurstadt Meran entfernt, befindet sich die Taser Alm, das einzigartige Almhotel inmitten unberührter Natur in Südtirol. Das innovative Konzept der Taser Alm, basierend auf der Kombination authentischer Natur mit exklusiven Ferienleistungen, bietet ein unvergessliches Naturerlebnis für jedermann. Aufgrund des besonderen Augenmerks auf die ökologische Ausrichtung, wurde die Taser Alm als erstes Hotel in Südtirol mit dem Europäischen Umweltzeichen ausgezeichnet. Komfortable Suiten, verteilt auf vier Almchalets mit Panoramasicht auf das Meraner Land, sowie gemütliche Wohlfühlzimmer im Almhotel sorgen für erholsamen Schlaf und die verdiente Urlaubserholung. Das Taser-Alm-Spa mit Panoramahallenbad, Almblocksauna und ausgewählten Beauty- und Wohlfühlanwendungen bietet natürliches Wohlbefinden im Einklang mit der Natur; der Almgasthof hingegen bietet kulinarische Hochgenüsse aus der Südtiroler und mediterranen Küche. Die Taser Alm ist ein wahres Paradies für Aktivurlauber und Erholungssuchende, welche speziell im Frühling und im Herbst unvergleichlichen Urlaubsgenuss erwarten dürfen. Der Sommer hingegen gehört hauptsächlich den Familien. Denn die einzigartige Lage der Taser Alm inmitten einer unberührten Naturlandschaft bietet Kindern eine unvergessliche Erfahrung, die ihresgleichen sucht. Kleine Gäste dürfen sich im einzigartigen Berghotel in Südtirol auf einen betreuten Kids-Club mit Indoor- und Outdoorspielwelt genauso freuen wie auf den Abenteuerspielplatz, das Indianerdorf, den Bergzoo, den Hochseilgarten (Anmeldung erforderlich, Kinder Mindestgröße 1,30 m), den Bogenschießstand und vieles mehr.

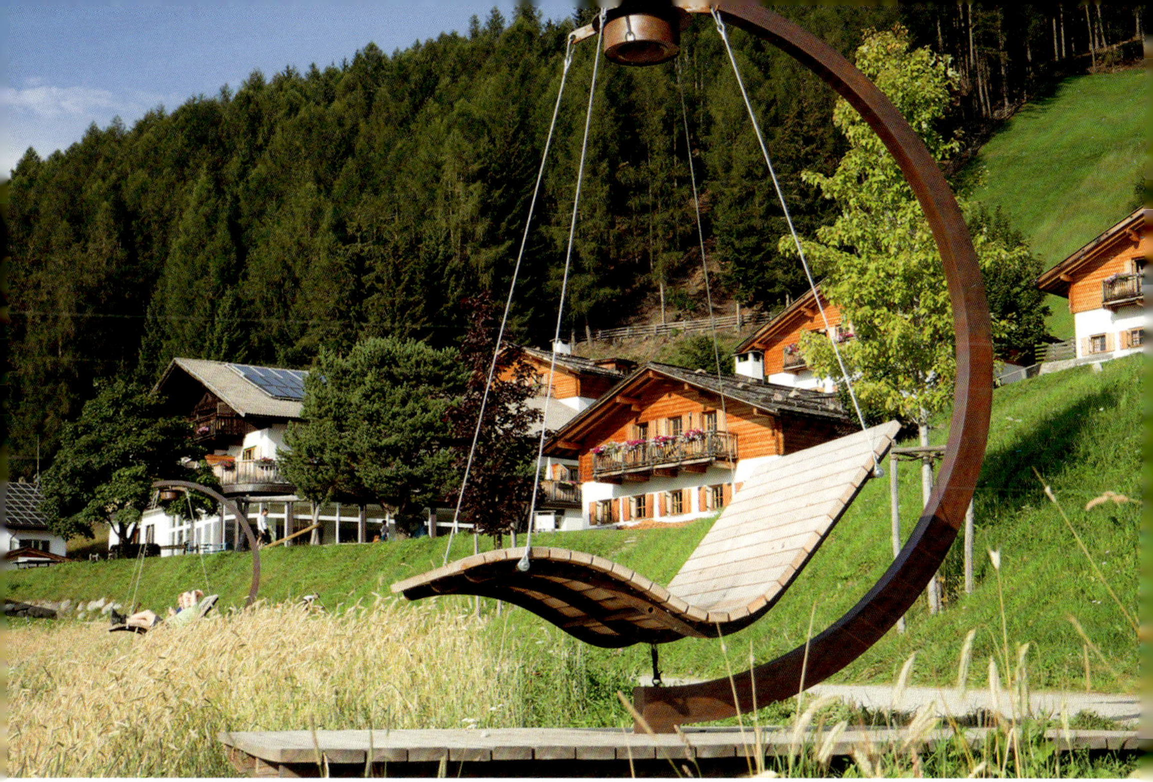

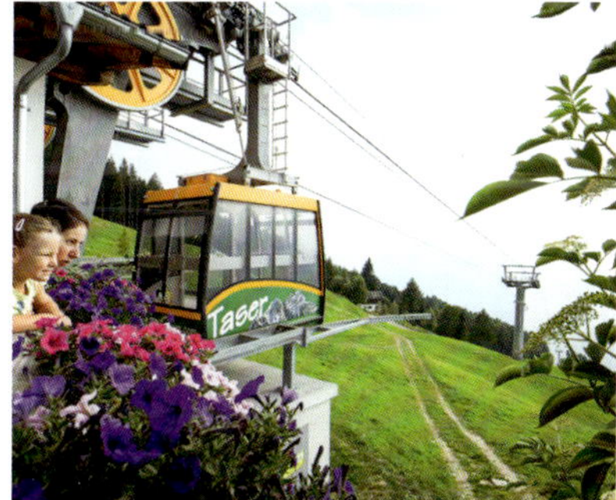

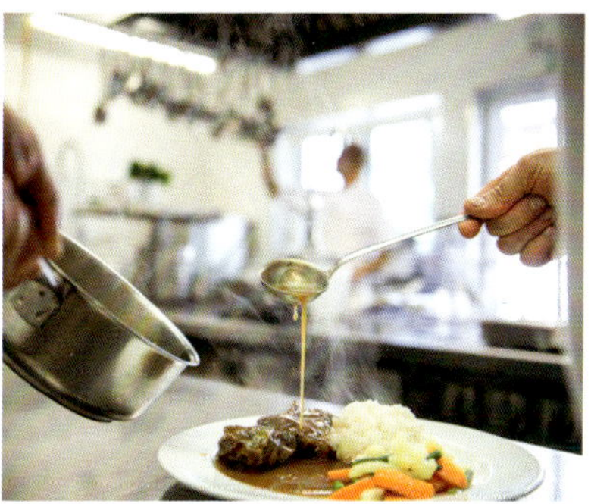

Schennaberg 25
I-39017 Schenna
Tel. +39 0473 945615
info@taseralm.com – www.taseralm.com

Öffnungszeiten: Von Ostern bis Allerheiligen und von Weihnachten bis Heilige Drei Könige

37 IFINGER, 2579 m

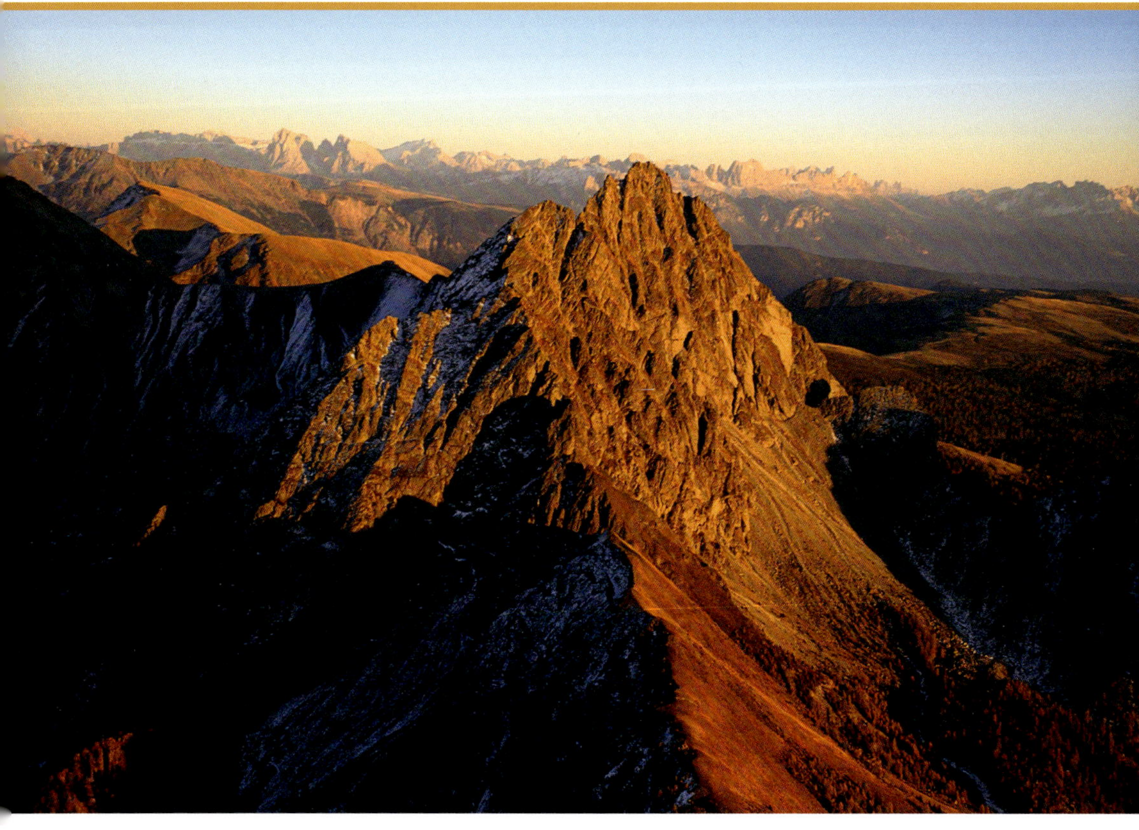

TECHNISCHE DATEN

Gehzeit
ca. 5 Stunden

Höhenunterschied
ca. 680 m im Auf- und Abstieg

Ausgangspunkt
Bergstation der Seilbahn Meran 2000

Kartenmaterial
Tappeiner 121, Meran und Umgebung, 1:25.000

Der Ifinger ist der Hausberg von Meran. Steil und abweisend richtet sich der Granitklotz auf, von Meran aus gesehen sind Nordwand und Südwestgrat schon ordentliche Klettertouren. Von Nordosten her zeigt er sich allerdings auf dem Normalweg zugänglich, zumindest bis zum Kleinen Ifinger. Der Abschnitt vom Graskamm am Kleinen zum Großen Ifinger ist trittsicheren und wirklich schwindelfreien Wanderern vorbehalten. Der Gipfelanstieg mit Klettersteigcharakter ist zwar nicht lang, zum Teil aber recht ausgesetzt und nur auf Abschnitten gesichert.

Anfahrt: Von Meran in Richtung Hafling zur Talstation der Seilbahn Meran 2000 (großer, gebührenfreier Parkplatz). Alternativ mit öffentlichem Bus oder PKW über Hafling nach Falzeben (Parkplatz gebührenpflichtig) und mit dem Sessellift hinauf nach Piffing.

Wegverlauf: Von der Bergstation der Seilbahn bzw. des Sessellifts folgt man der Markierung Nr. 3 nur mäßig steil in Richtung Waidmannalm. Kurz vor der Jausenstation hält man sich links auf Weg Nr. 19A und wandert, nun steiler, hinauf in Richtung Oswaldscharte und Kuhleitenhütte. Der gute Steig führt am Kamm entlang und an der Weggabelung unter dem Gipfelaufbau fällt die Entscheidung: Großer oder Kleiner Ifinger? Links hinauf geht's einfach und unproblematisch zum Kleinen, rechts geht es kurz hinunter und es folgt der erwähnte Klettersteig. Von beiden Gipfeln ist die Aussicht prächtig: Ortlergruppe und Adamellogletscher, die Brenta-Dolomiten und der Monte Baldo, auf der Ostseite die Dolomiten vom Peitlerkofel bis zu Marmolata, Rosengarten und Latemar und im Norden von der Texelgruppe zu den Ötztaler und Stubaier Gletschern. Abstieg wie Aufstieg.

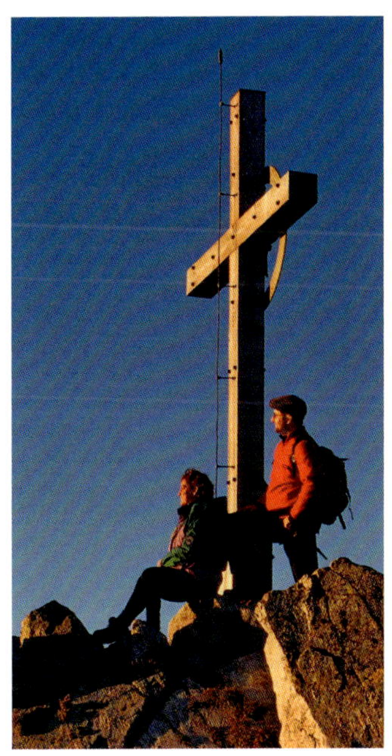

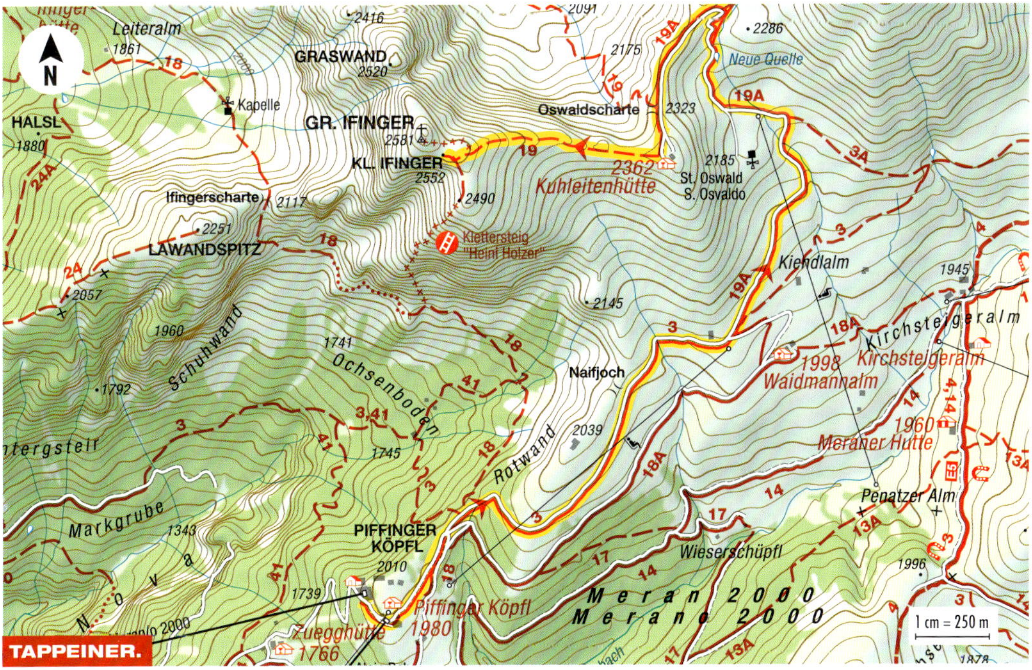

TAPPEINER.

38  DER HEINI-HOLZER-GEDÄCHTNISSTEIG AM IFINGER

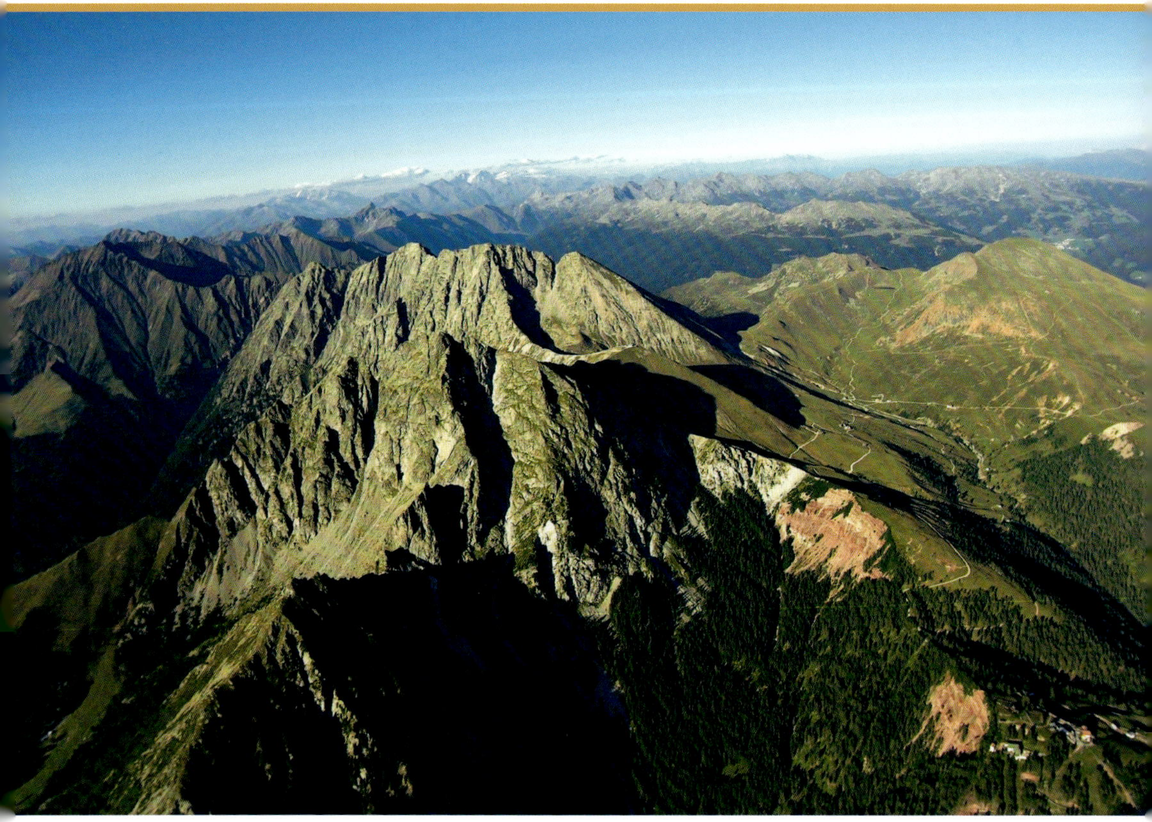

TECHNISCHE DATEN

Gehzeit
3½–4 Stunden

Höhenunterschied
ca. 670 m im Auf- und Abstieg

Ausgangspunkt
Bergstation der Seilbahn Meran 2000

Kartenmaterial
Tappeiner 121, Meran und Umgebung, 1:25.000

Ein Klettersteig in einem Wanderführer? Merans Umgebung ist überreich an Wandermöglichkeiten, aber Klettersteige waren bis vor kurzem Fehlanzeige. Nun gibt es deren zwei: Den älteren Hoachwool-Steig am Eingang zum Schnalstal – sehr anspruchsvoll – und seit Mai 2016 den Heini-Holzer-Gedächtnissteig. Dieser wird mit den Schwierigkeitsgraden A/B – einige Stellen B/C – eingestuft, ist also auch für weniger Geübte geeignet. Trotzdem ist komplette Klettersteigausrüstung Pflicht, alpine Erfahrung und gute Kondition sind Voraussetzung, einen Notausstieg gibt es nicht. Noch etwas zum Namen: Heini Holzer ist vor allem durch seine Steilwandabfahrten auf Skiern berühmt geworden, eine Leidenschaft, die er leider 1977 am

Piz Roseg mit dem Leben bezahlt hat. Der Klettersteig führt genau neben der Wand empor, durch die Holzer mit Skiern abgefahren ist.

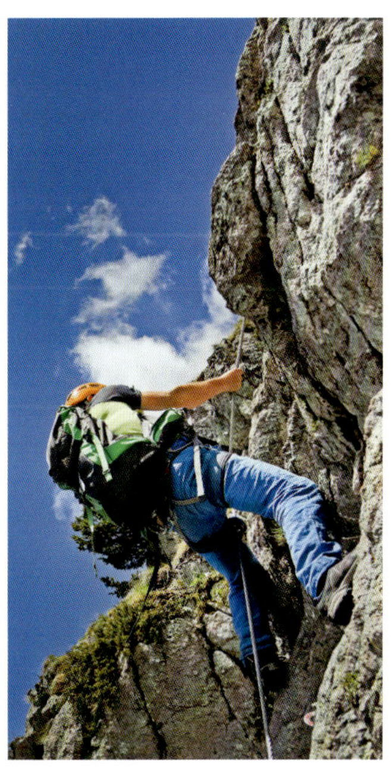

Anfahrt: Von Meran mit öffentlichen Verkehrsmitteln oder PKW zur Talstation der Seilbahn an der Straße nach Hafling.

Wegverlauf: Von der Bergstation folgt man der Markierung Nr. 3, später 18 zum Anseilplatz und zum Einstieg. Der 550 Höhenmeter lange Aufstieg ist mit 1000 Meter Stahlseil perfekt gesichert, es gibt keine Passagen, die in freier Kletterei oder in ungesichertem Gelände bewältigt werden müssen. Viele steile und schwierigere Stellen wurden durch Tritthilfen entschärft. Trotzdem stellt der letzte Teil des Klettersteiges, die sogenannte Engelskante, eine sehr beeindruckende Felspassage dar. Vom Ausstieg gelangt man auf den Normalweg zum Ifinger. Rückweg siehe dort.

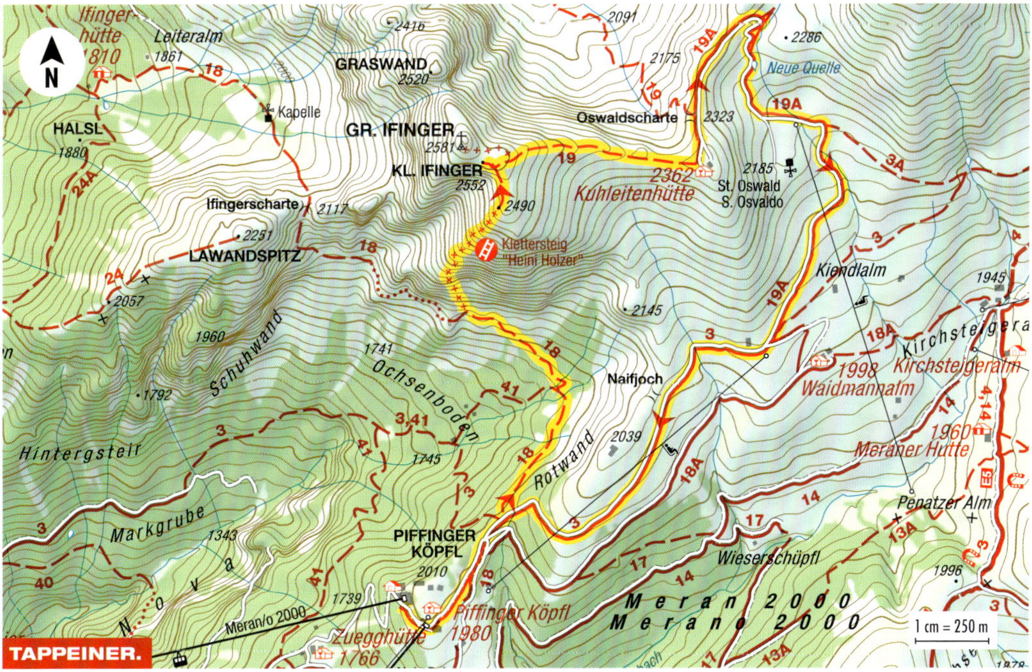

39 ZUM KRATZBERGER SEE

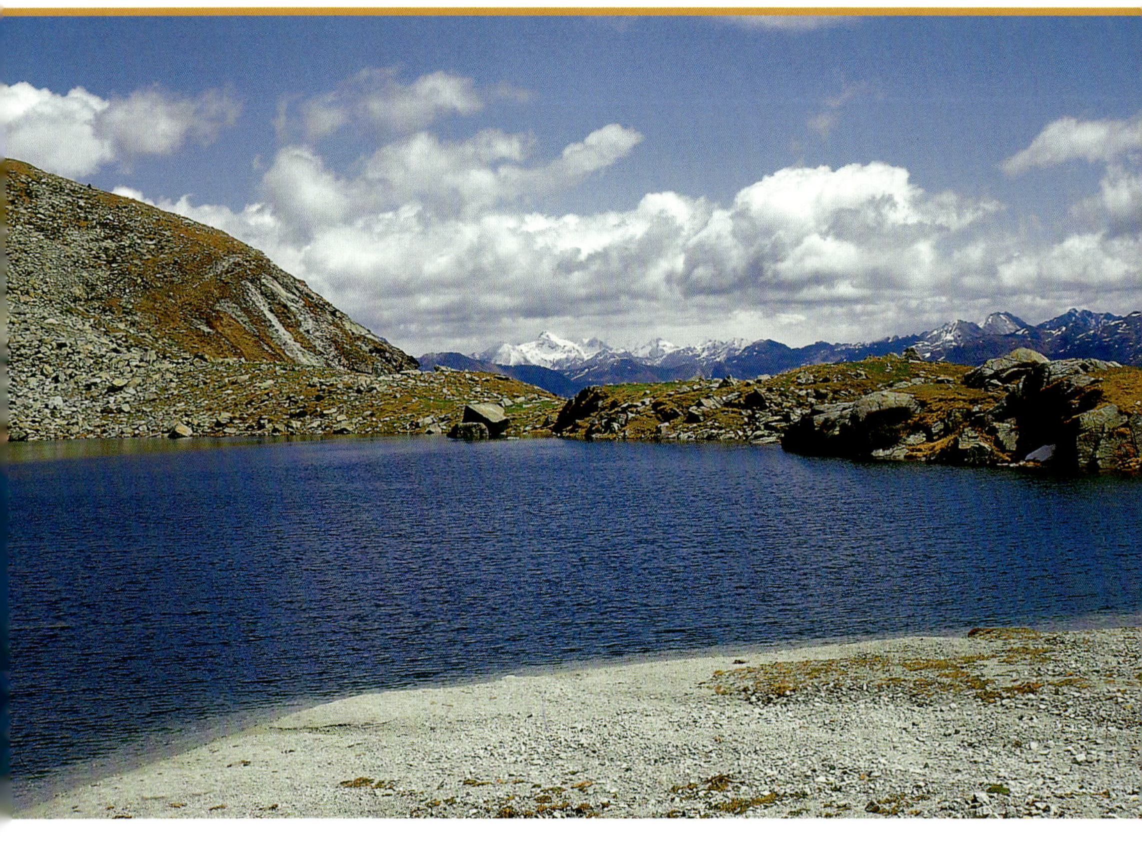

TECHNISCHE DATEN

Gehzeit
3½–4 Stunden

Höhenunterschied
ca. 330 m im Auf- und Abstieg

Ausgangspunkt
Bergstation der Seilbahn Meran 2000

Kartenmaterial
Tappeiner 121, Meran und Umgebung, 1:25.000

Eine einfache, aber landschaftlich sehr schöne Wanderung zu einem „geheimnisumwitterten" Bergsee. Er gilt als „Wettersee" (siehe auch Faglssee), der vor einem Wetterumschwung „brüllt". Und einmal soll eine Kuh im See ertrunken sein, ihre Glocke kam dann am Kalterer See zum Vorschein. Überragt wird der See von der Verdinser Plattenspitze, schön ist der Panoramablick hinunter ins Sarntal und zum markant aufragenden Sarner Weißhorn. Der helle Sandstrand lädt zu einem Fußbad ein.

Anfahrt: Von Meran mit öffentlichen Verkehrsmitteln oder PKW zur Talstation der Seilbahn an der Straße nach Hafling.

Wegverlauf: Nach der Bergfahrt folgt man der Markierung Nr. 3 nur mäßig steil hinauf zum Missensteiner Joch. Dort folgt man dem Europäischen Fernwanderweg E5 nach links und gelangt fast eben zum See. Am Rückweg steigt man vom Joch auf Markierung Nr. 4 ab, hält sich bei den beiden folgenden Wegverzweigungen rechts und gelangt auf Markierung Nr. 8A über die Jausenstation Waidmannalm zurück zum Ausgangspunkt.

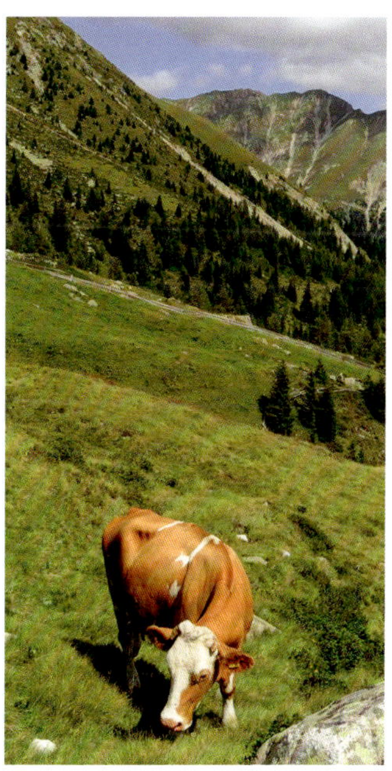

Variante für Gehfreudige: Mit Bus oder PKW von Meran über Hafling nach Falzeben (Parkplatz gebührenpflichtig) und auf Markierung Nr. 14 über Zuegg- und Rotwandhütte hinauf, bis oberhalb der Kirchsteigeralm die Markierung Nr. 4 geradeaus zum Missensteiner Joch führt. Rückweg wie oben beschrieben und vom Piffinger Köpfl auf Markierung Nr. 18 hinunter zum Aufstiegsweg. Höhenunterschied ca. plus 200 m, Gehzeit ca. 1½ Stunden.

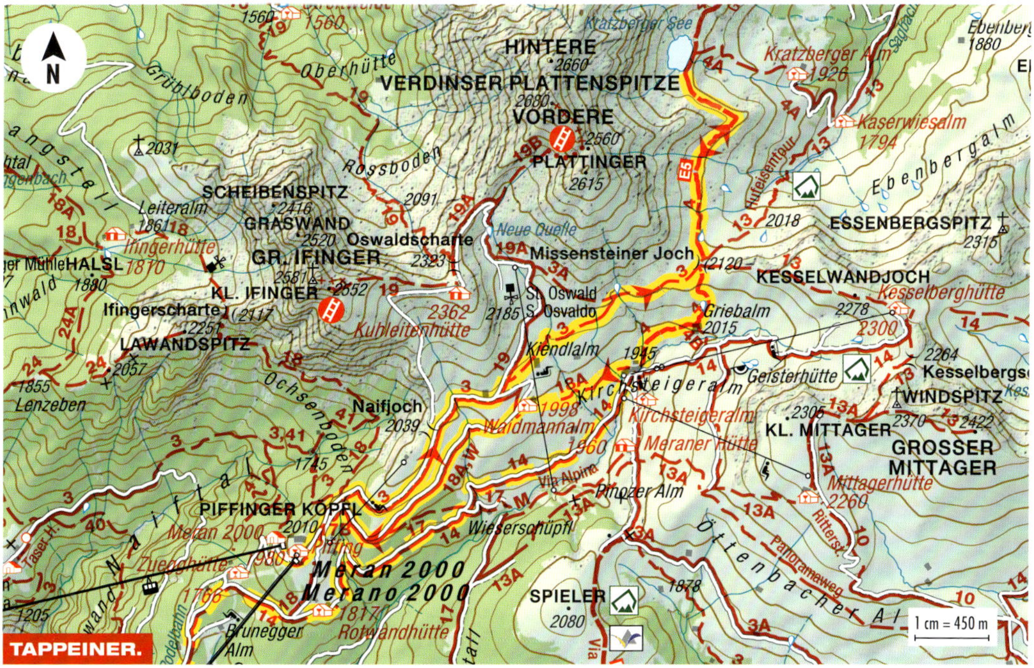

40 AUF DEN GROSSEN MITTAGER, 2422 m

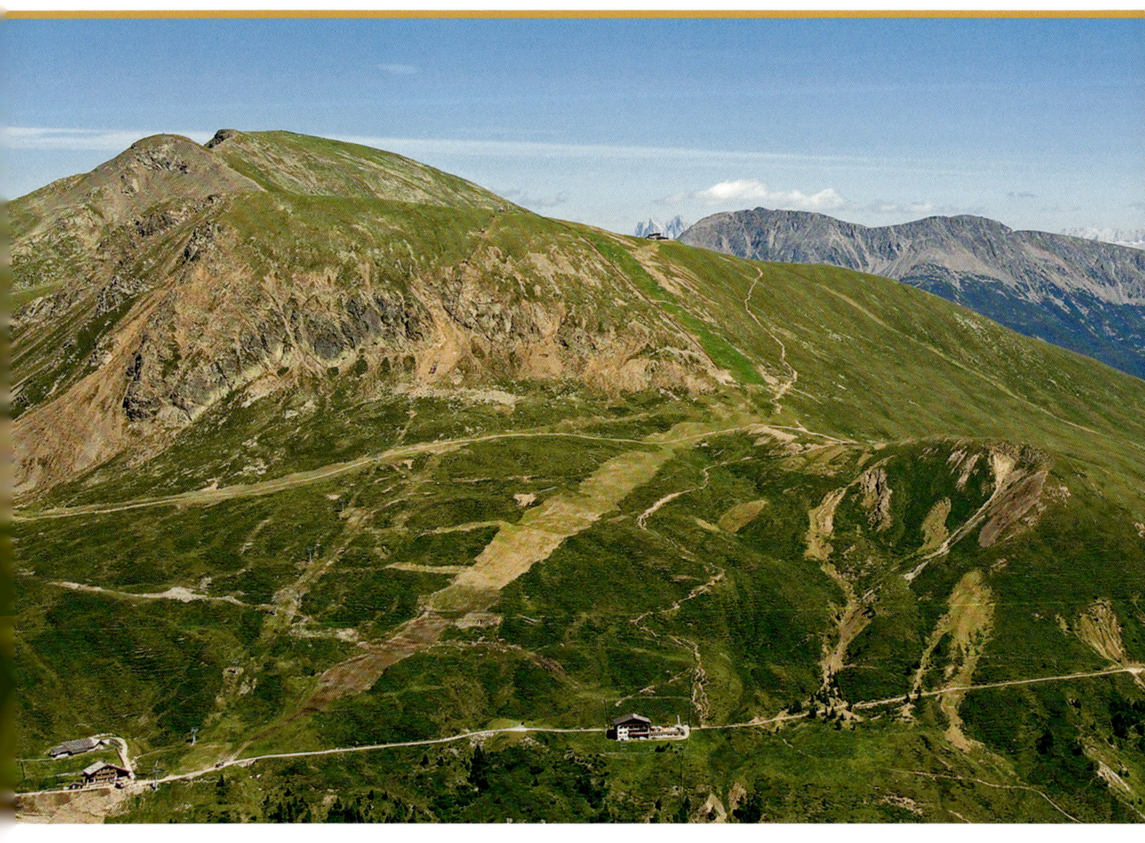

TECHNISCHE DATEN

Gehzeit
4–4½ Stunden

Höhenunterschied
ca. 580 m im Auf- und Abstieg

Ausgangspunkt
Bergstation der Seilbahn Meran 2000

Kartenmaterial
Tappeiner 121, Meran und Umgebung, 1:25.000

Der frei stehende Gipfel zwischen Hafling und dem Sarntal ist ein sehr schöner Aussichtsberg, das Panorama reicht von den nahen Gipfeln der Sarntaler Alpen mit Weißhorn, Hirzer, Plattinger und Ifinger bis zu den Dolomiten im Osten und zur Ortlergruppe im Westen. Eine einfache, aber lohnende Gipfeltour.

Anfahrt: Mit öffentlichen Verkehrsmitteln oder PKW nach Meran und weiter in Richtung Hafling bis zur Talstation der Seilbahn Meran 2000 (großer, gebührenfreien Parkplatz). Alternativ mit öffentlichem Bus oder PKW über Hafling nach Falzeben (Parkplatz gebührenpflichtig) und mit der Kabinenbahn hinauf nach Piffing.

Wegverlauf: Von der Bergstation wandert man hinüber nach Piffing und setzt weiter nach Norden fort, bis die Markierung Nr. 17/18A nach rechts leitet. Man bleibt auf 18A und wandert durch Almgelände in sanfter Steigung zur Waidmannalm. Von dort setzt man fort bis zur nächsten Wegverzweigung, wo man die Markierung Nr. 14 wählt, die nach Nordosten hinaufführt zu einem Sattel, wo die Markierung Nr. 13 die Bergflanke nach Süden quert. Dieser folgt man und biegt unterhalb der Windspitze nach links auf den breiten Rücken ab, der zum Gipfel des Großen Mittager leitet. Der Abstieg erfolgt über die Markierung Nr. 13A zur Mittagerhütte und weiter zur Meraner Hütte und zur Kirchsteigeralm. Kurz danach hält man sich links auf Weg Nr. 14 und wandert in sanftem Gefälle nach Westen. Kurz nach dem Wieser Schüpfl zweigt nach rechts am Waldrand die Markierung Nr. 17 ab (nicht übersehen, sonst droht ein langer Gegenanstieg!); der Steig führt zurück zum Aufstiegsweg und zur Bergstation der Seilbahn, wo sich die Rundwanderung schließt.

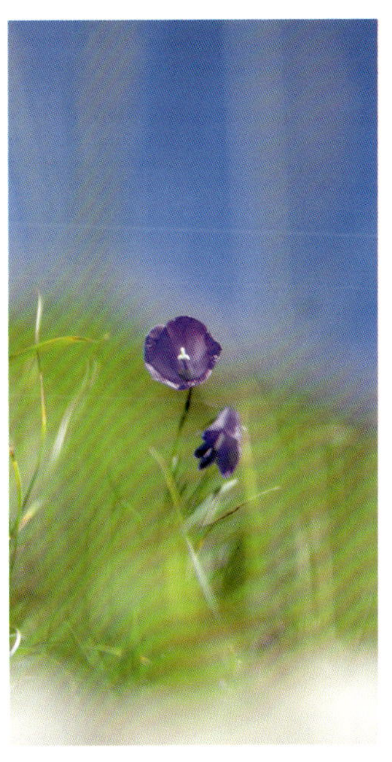

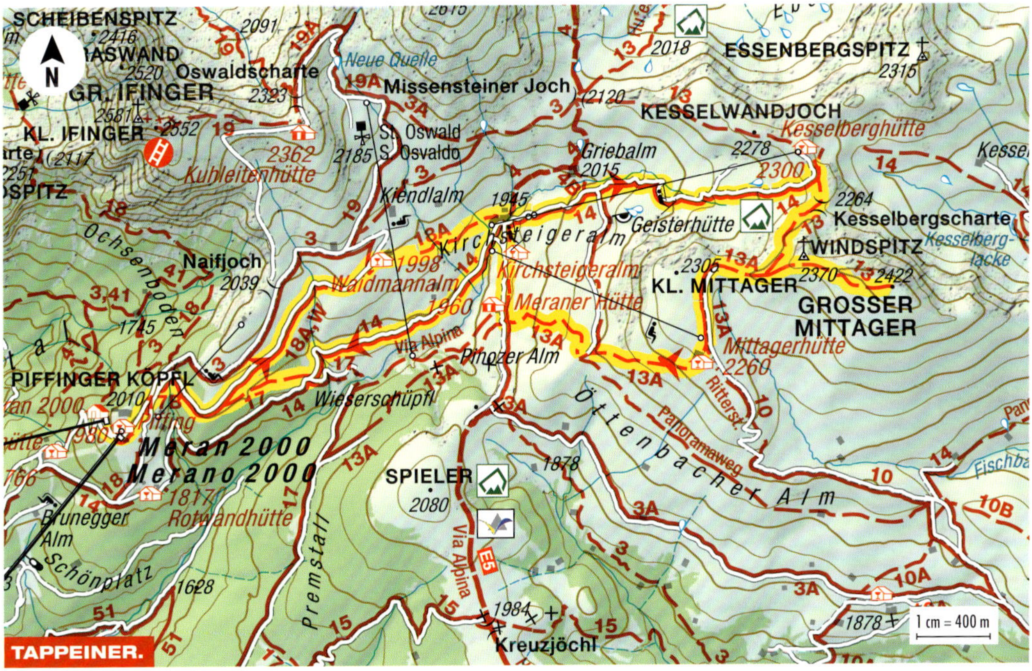

TAPPEINER.

1 cm = 400 m

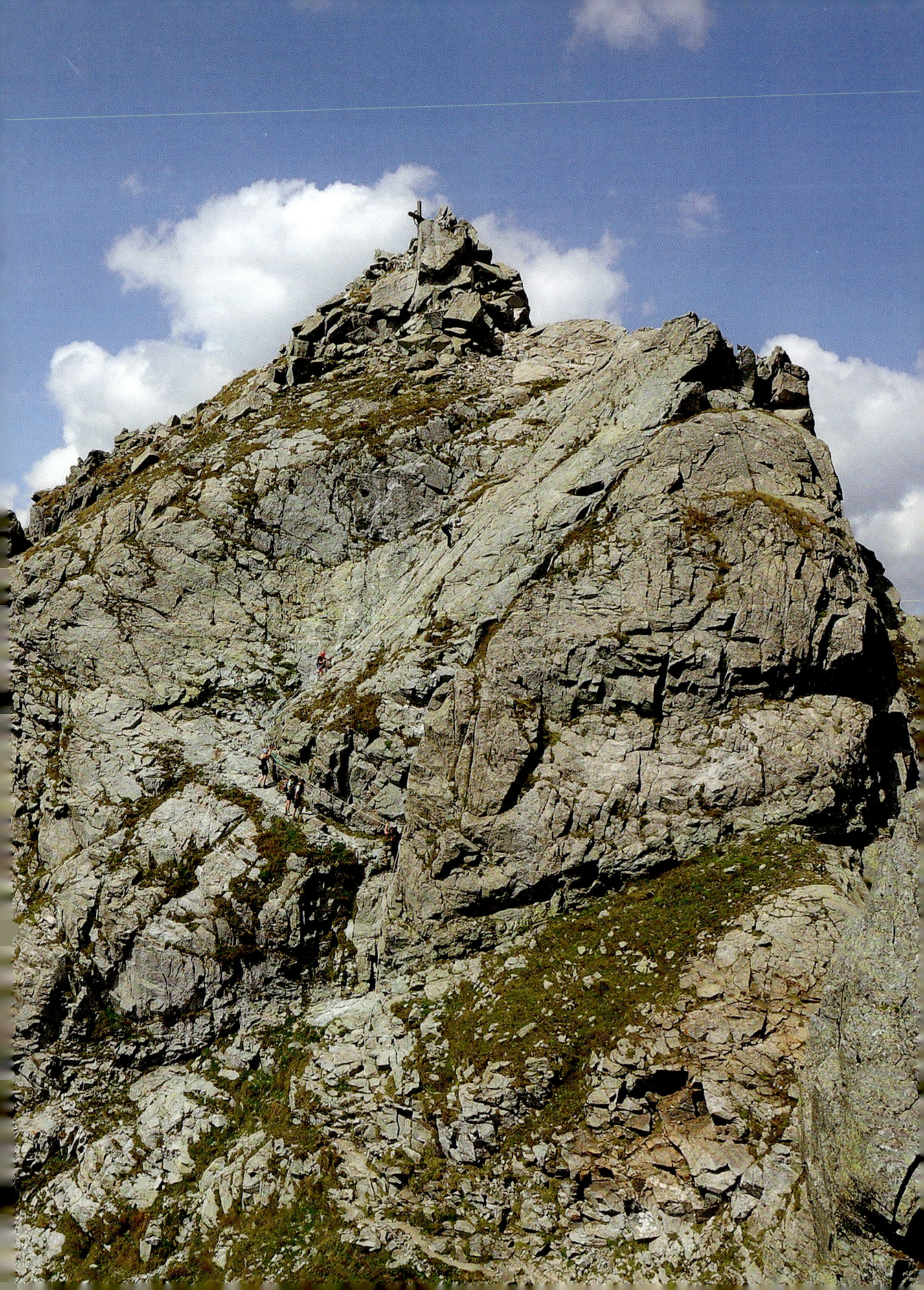

Kuhleitenhütte, 2361 m

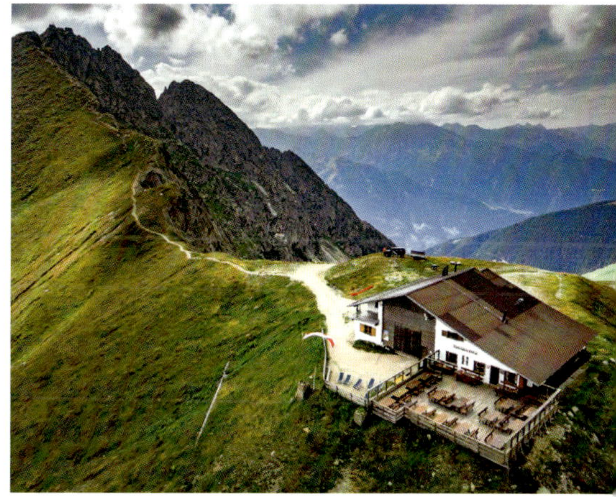

Begleitet vom Läuten der Kuhschellen und den Pfiffen der Murmeltiere, werden Sie mit leckeren Gerichten und saisonalen Spezialitäten verwöhnt, die mit viel Liebe auf der Almhütte zubereitet und serviert werden. Natürlich ist alles frisch gekocht. Und auf Qualität sowie Regionalität der Zutaten wird besonders großen Wert gelegt. Das absolute Highlight der Kuhleitenhütte ist natürlich die Aussicht auf der Sonnenterasse: Hier haben Sie einen herrlichen Fernblick auf die Dolomiten, den Kalterer See, die Brentagruppe, die Königsspitze sowie zu den Ötztaler und Stubaier Alpen. Auch die nahe gelegenen Berge wie Ifinger und Plattinger können Sie aus direkter Nähe bestaunen. Dieser Anblick bei der Wanderung von der Bergstation Meran 2000 bis zur Hütte lässt die Köstlichkeiten gleich doppelt so gut schmecken! Natürlich können Sie es sich bei kalten oder regnerischen Tagen auch in der Stube gemütlich machen und Kraft tanken für den Rückweg. Die Alm ist von Meran, Hafling, Vöran sowie Schenna gut erreichbar. Entweder können Sie mit dem Auto bis nach Falzeben fahren, dort parken und dann zur Kuhleitenhütte wandern (gut beschildert, Gehzeit: ca. 2½–3 Std.). Sie können auch die Seilbahn Meran 2000 nehmen (Start ab der Naif, etwas oberhalb von Meran, Richtung Hafling) und von der Bergstation Piffing dem gut beschilderten Weg nach Kuhleiten folgen (Gehzeit: 1½–2 Std.). Von Schenna können Sie mit der Seilbahn Taser zur Bergstation hochfahren und zur Streitweidealm wandern. Von dort gelangen Sie über die Ifingerscharte zur Kuhleitenhütte (Gehzeit: 2½–3 Std.).

Auch im Winter ein Paradies: Wenn der erste Schnee fällt und die verschneite Winterlandschaft ruft, dann nix wie los auf die Kuhleitenhütte: Ob mit Tourenskiern, Schneeschuhen oder zu Fuß, ein Besuch auf der Hütte ist immer einen Ausflug wert.

Piffingweg 36
I-39010 Hafling
Mobil +39 347 7143277
info@kuhleiten.it
www.kuhleiten.it

Öffnungszeiten: Sommer und Winter

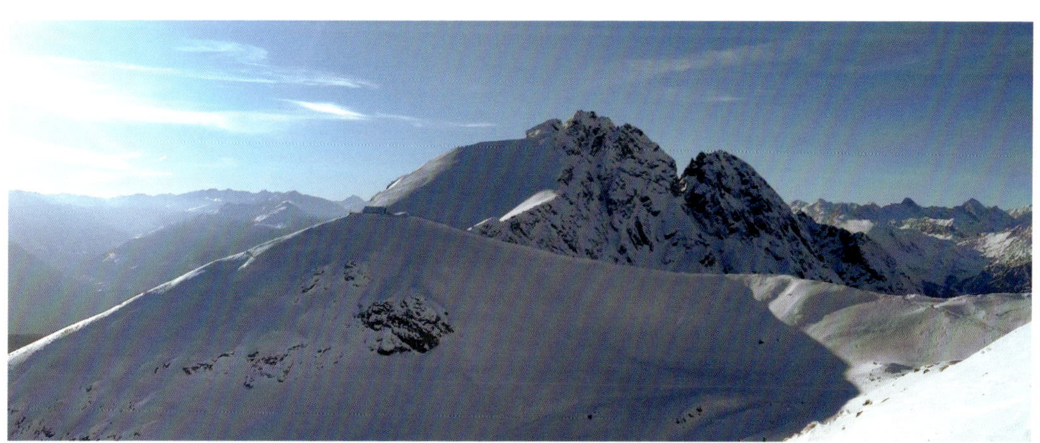

41 VON FALZEBEN AUF DEN SPIELER, 2080 m

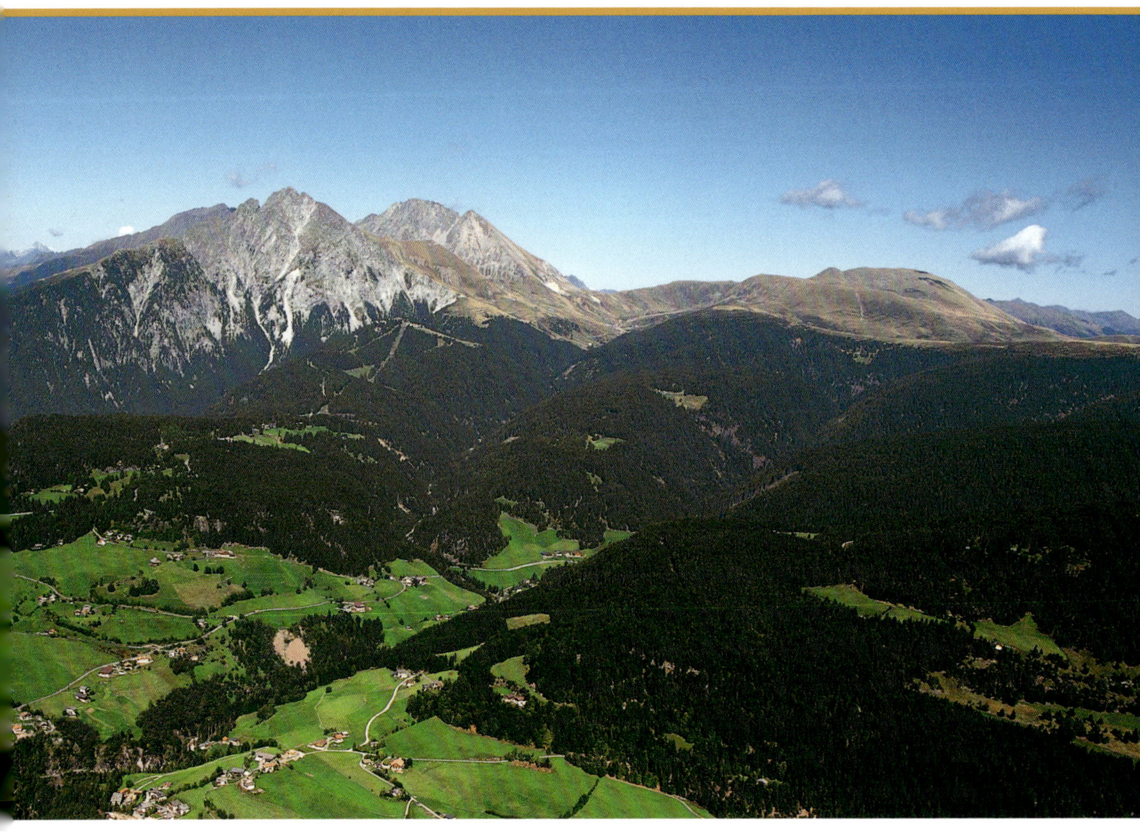

TECHNISCHE DATEN

Gehzeit
4–4½ Stunden

Höhenunterschied
ca. 550 m im Auf- und Abstieg

Ausgangspunkt
Bushaltestelle oder gebührenpflichtiger Parkplatz in Falzeben

Kartenmaterial
Tappeiner 121, Meran und Umgebung, 1:25.000

Eine schöne Rundwanderung auf einen „Hügel", der jedoch ob seiner freien Lage einen herrlichen Rundumblick bietet. Im Nordwesten dominiert der Ifinger, nach Westen reicht der Blick bis zur Ortlergruppe und im Südosten ragt der Rosengarten auf. Angenehm auch, dass der Weg mit einer Ausnahme nie wirklich steil ist. Und – man verzeihe den Einwurf – dass man an bewirtschafteten Almen und Berghütten vorbei kommt.

Anfahrt: Mit dem PKW oder öffentlichem Bus von Meran über Hafling nach Falzeben.

Wegverlauf: Von Falzeben folgt man der Markierung Nr. 51 leicht abwärts zum Sinichbach und überquert ihn, kurz darauf biegt der Weg in einer Spitzkehre nach rechts und es folgt das einzige Steilstück der Wanderung durch den Wald hinauf zur weiten Lichtung der (im Sommer) bewirtschafteten Moschwaldalm. Von dort folgt man der Markierung Nr. 15 zur Maiser Alm (Sommerbewirtschaftung), steigt in einigen Serpentinen weiter hinauf und gelangt auf das Kreuzjöchl mit Kreuz und Sitzbank. Nun folgt man dem Europäischen Fernwanderweg E5 auf dem breiten Kamm nach links zur Gipfelkuppe des Spielers – auch hier Kreuz und Sitzbank. Die ganzjährig bewirtschaftete Meraner Hütte ist etwas tiefer bereits gut zu sehen. Zu dieser steigt man gemächlich ab und hält sich an ihr links auf Markierung Nr. 13 A, die weiter unten zur 17 wird. Auf dieser bleibt man und gelangt zur Moschwaldalm und damit zum Aufstiegsweg.

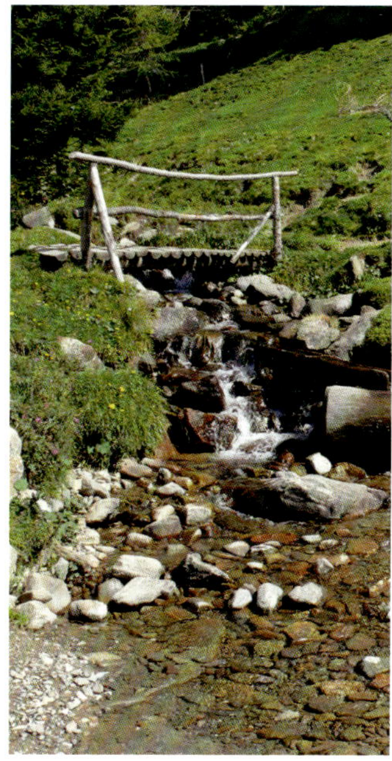

Links im Bild der Meraner Hausberg, der Ifinger, und rechts davon der Spieler

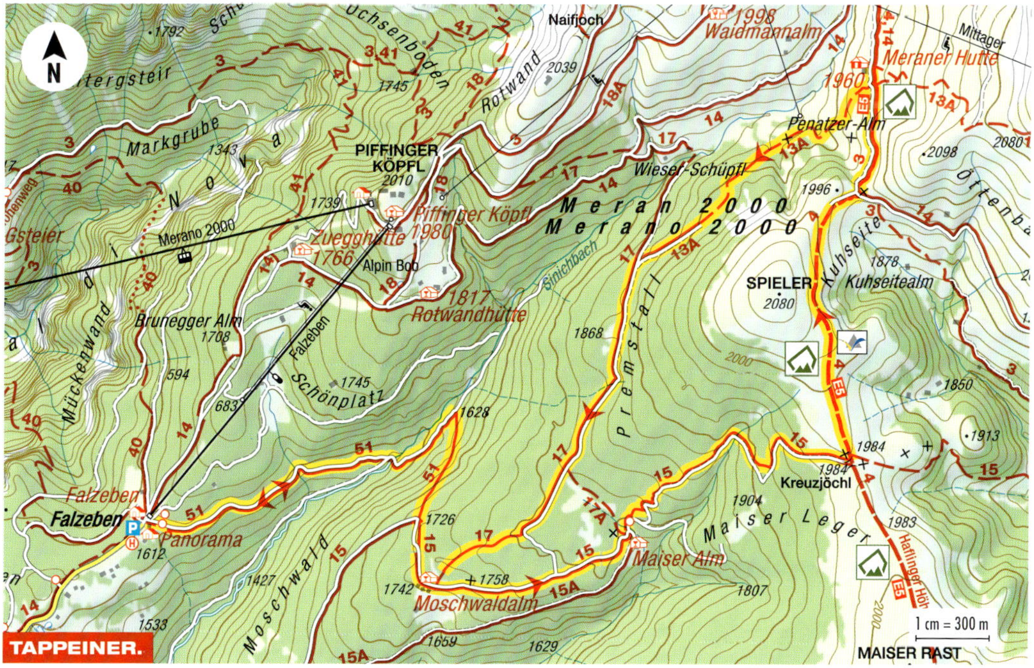

42 RUNDWANDERUNG ZUM KNOTTNKINO

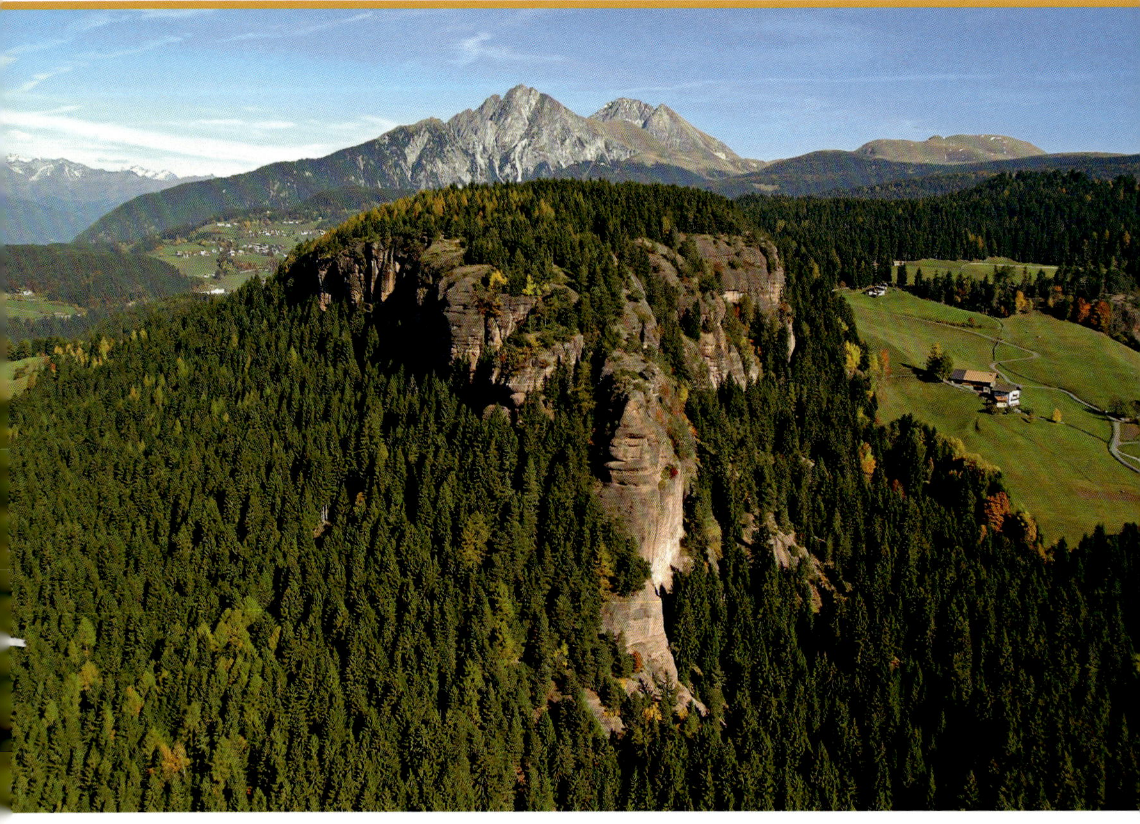

TECHNISCHE DATEN

Gehzeit
ca. 3½ Stunden

Höhenunterschied
ca. 500 m im Auf- und Abstieg

Ausgangspunkt
Bergstation der Seilbahn nach Vöran

Kartenmaterial
Tappeiner 156, Tschögglberg – Salten, 1:25.000

Das Knottnkino liegt an der Kante des Rotsteinkogels, also direkt auf einem „Knottn" (südtirolerisch Felsen, Felsabstürze) und bietet eine geradezu fantastische Fernsicht. Tatsächlich ändert sich die Sicht mit wechselndem Licht, mit treibenden Wolken, die Natur ist ein hervorragender Regisseur. Für Anfang 2019 ist ein neuer ganzjährig begehbarer Themenweg auf dem Rotsteinknott geplant, mit weiteren Stationen und Installationen auf dem Beimsteinknott und dem Timpfler-Knott sowie einem kleinen Spielplatz an der Bergstation der Seilbahn.

Anfahrt: Mit dem PKW oder öffentlichem Bus zur Talstation der Seilbahn nach Vöran südlich von Burgstall.

Wegverlauf: Von der Bergstation folgt man der Markierung Nr. 1 in nördlicher Richtung bis zum schönen alten Tötenmoarhof (Strohdach) und biegt kurz danach rechts ab auf Markierung Nr. 12A. Nahe dem Gassenhof geht's auf Markierung Nr. 12 nach links weiter bis zum Reithhof, wo man nach rechts abbiegt auf Markierung Nr. 11, die Landesstraße überquert und zum Fuße des Rotsteinkogels gelangt, wo man nach rechts abbiegt und aufsteigt zum Knottnkino. Nach dem Abstieg nach rechts weiter auf dem Schützenbrünnlweg (Mark. Nr. 14) bis zur Abzweigung auf den Beimsteinknott. Nach dem Abstieg nach rechts weiter zum Gasthof Grüner Baum und auf den Markierung Nr. 16 und 1 zurück zur Bergstation, oder man setzt kurz auf der Straße nach Mölten fort, biegt nach rechts ab zur dritten Station, dem Timpfler-Knott, und kehrt auf Markierung Nr. 13 zurück nach Vöran.

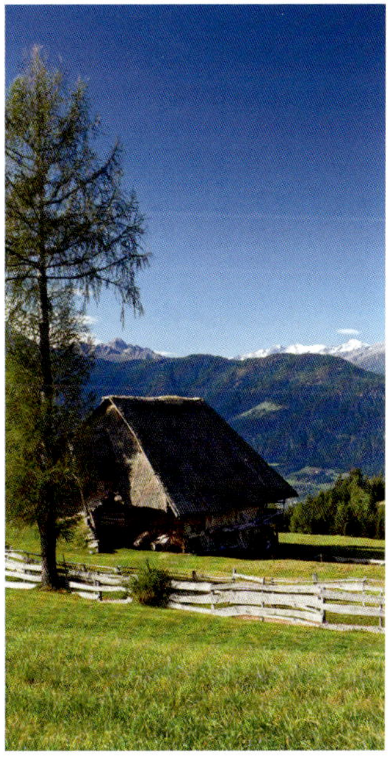

Der Rotsteinknott (links) und ein Strohdachstadel in Vöran (rechts)

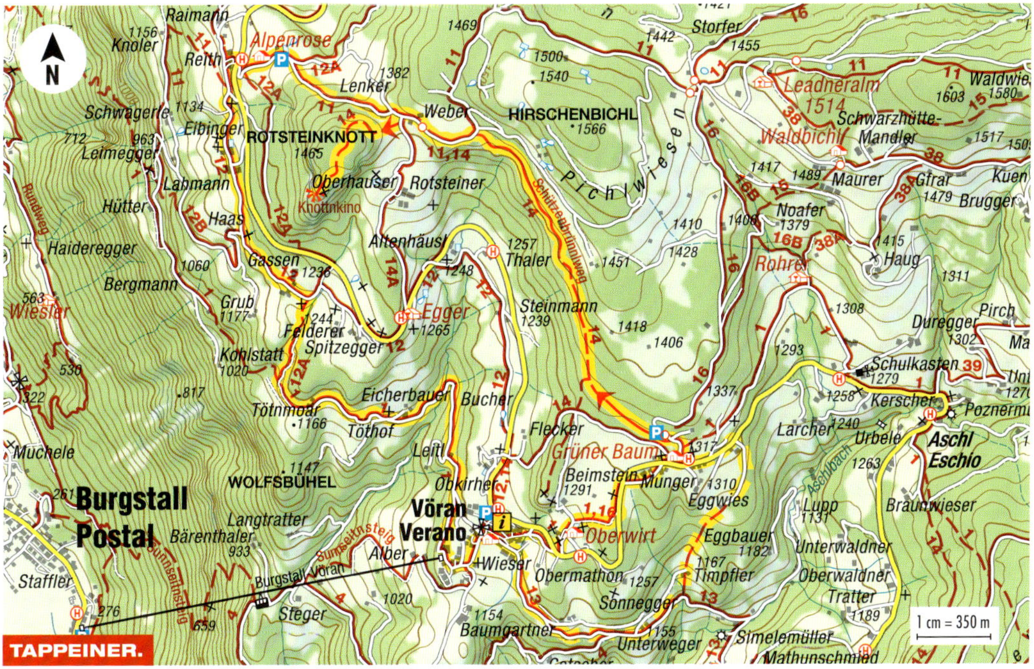

43 ALMENWANDERUNG OBERHALB VÖRAN

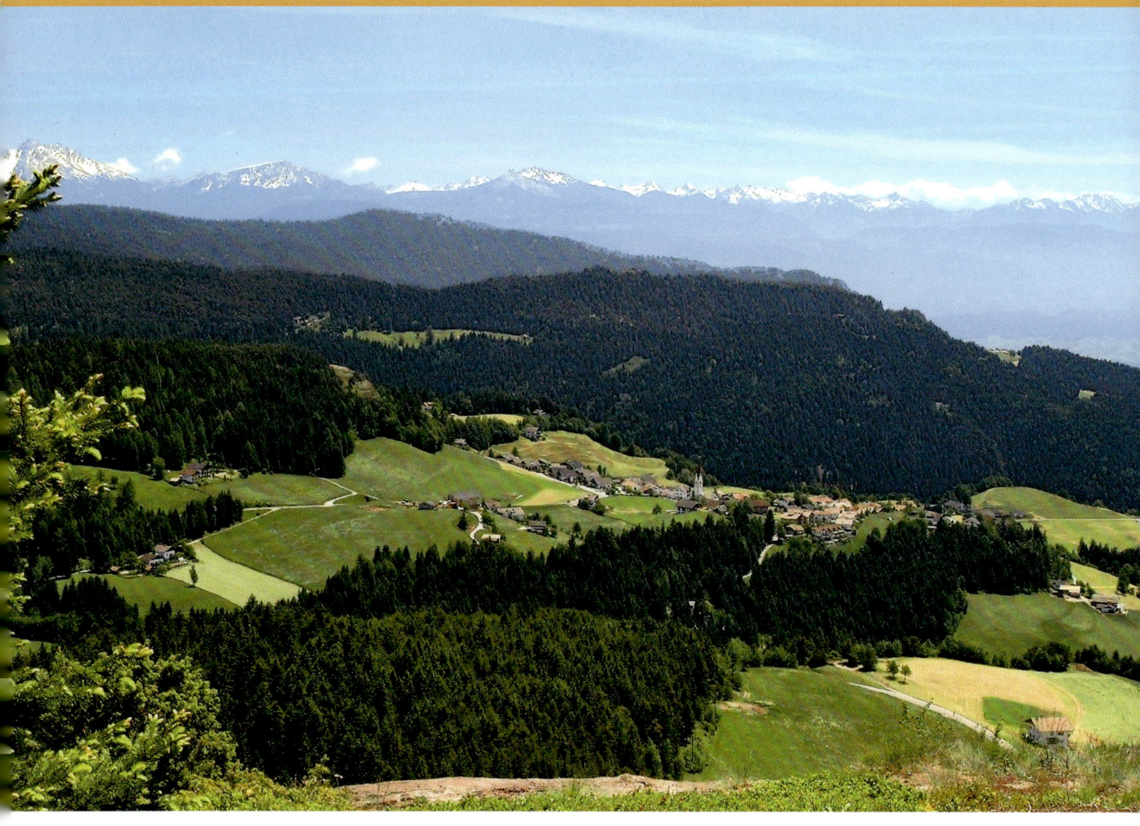

TECHNISCHE DATEN

Gehzeit
ca. 6 Stunden

Höhenunterschied
ca. 700 m im Auf- und Abstieg

Ausgangspunkt
Parkplatz oberhalb des Gasthofes Grüner Baum in Vöran

Kartenmaterial
Tappeiner 156, Tschögglberg – Salten, 1:25.000

Eine sehr schöne Wanderung, die durch schattige Wälder führt und sich daher auch für den Hochsommer anbietet. Umso überraschender und erfreulicher sind dann die blumenübersäten Almwiesen, zu denen man immer wieder gelangt.

Anfahrt: Mit dem PKW von Terlan über Mölten nach Vöran oder von Meran über Hafling nach Vöran zum gebührenpflichtigen Parkplatz am Gasthof Grüner Baum oberhalb des Dorfes. Möglich ist die Zufahrt auch mit dem Wanderbus von Hafling oder Jenesien aus. Empfehlenswert auch die Benützung der neuen Seilbahn nach Vöran und Fahrt mit dem Wanderbus bis zum Gasthof Grüner Baum.

Wegverlauf: Vom Parkplatz folgt man zunächst der Markierung Nr. 16 meist neben der Zufahrtsstraße recht flach zur Leadner Alm. Will man dort nicht einkehren, bleibt man auf dem Forstweg, von der Alm führt der Steig auf der Wiese darüber hinauf an den Waldrand und erreicht schließlich die Markierung Nr. 16A, die nach rechts abzweigt. An den nächsten beiden Abzweigungen hält man sich rechts und gelangt auf Markierung Nr. 2 zur Wurzeralm. In sanfter Steigung geht es auf der selben Markierung weiter zur Vöraner Alm, wo man den höchsten Punkt der Wanderung erreicht. Im Abstieg wählt man die Markierung Nr. 11A und erreicht unterhalb der Rosshütte die Markierung Nr. 11, der man nach rechts bis zur Leadneralm folgt. Von dort geht's auf dem Aufstiegsweg zurück zum Ausgangspunkt.

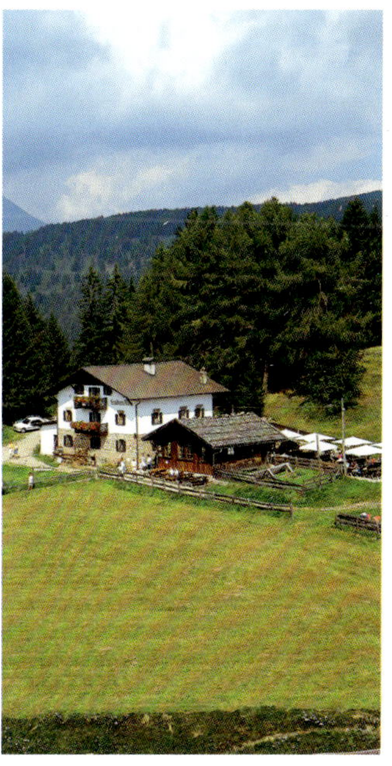

Das Dorf Vöran (links) und die Leadneralm (rechts)

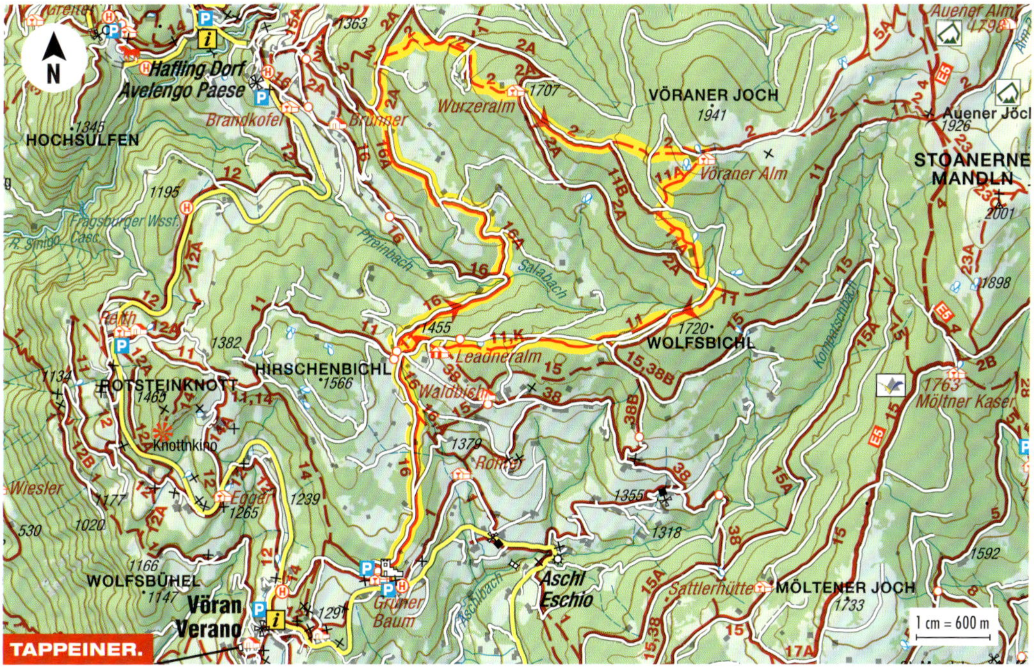

44 STOANERNE MANDLN, 2000 m

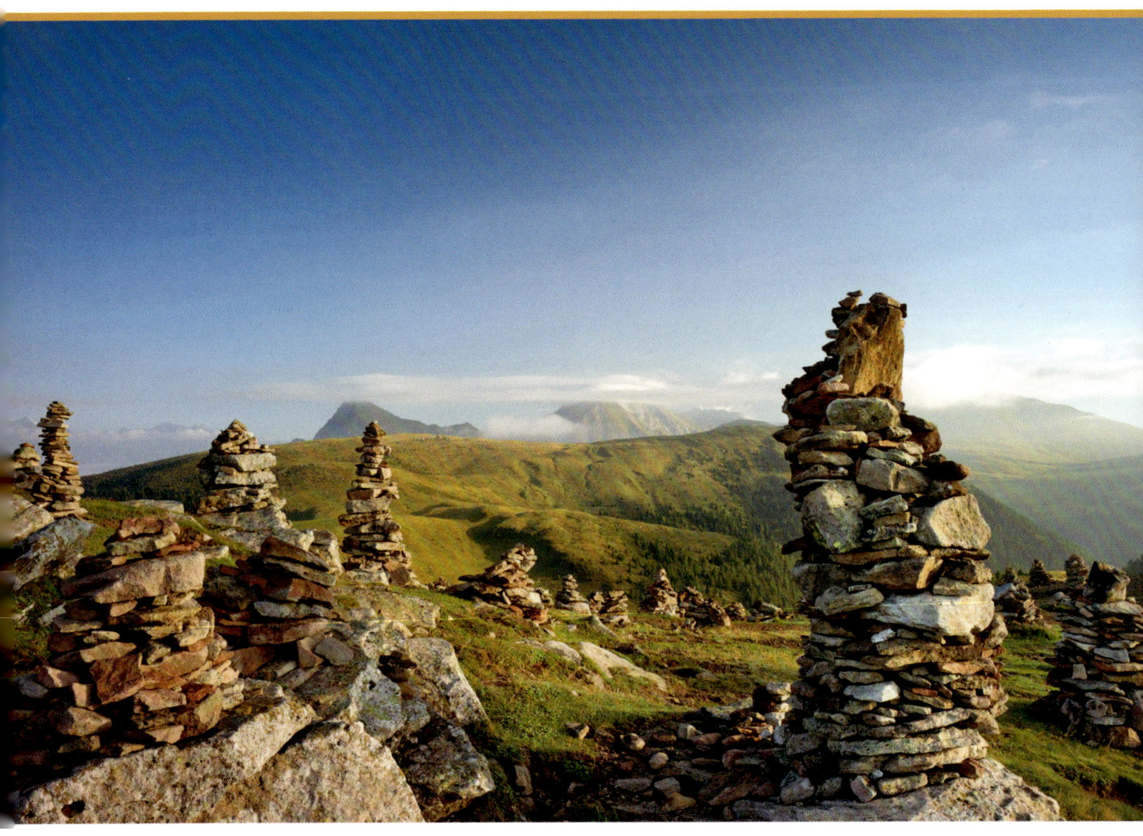

TECHNISCHE DATEN

Gehzeit
ca. 6 Stunden

Höhenunterschied
ca. 690 m im Auf- und Abstieg

Ausgangspunkt
Parkplatz oberhalb des Gasthofes Grüner Baum in Vöran

Kartenmaterial
Tappeiner 156, Tschögglberg – Salten, 1:25.000

Die Stoanernen Mandln sind eine Ansammlung von über 100 Steinmännchen auf dem höchsten Punkt des Schöneck in den Sarntaler Alpen. (Der Name des Gipfels ist übrigens fast unbekannt, man ist einfach bei den Stoanernen Mandln.) Ein magisch-mystischer Platz, der bereits 1540 urkundlich als Ort erwähnt wird, an dem Hexentänze und Teufelsfeiern veranstaltet werden. Außerdem wird man trotz der relativ geringen Höhe mit einer fantastischen Rundumsicht belohnt.

Anfahrt: Mit dem PKW zum gebührenpflichtigen Parkplatz am Gasthof Grüner Baum oberhalb von Vöran. Mögliche Anreise auch mit dem Wanderbus oder der Seilbahn.

Wegverlauf: Vom Parkplatz folgt man zunächst der Markierung Nr. 16 meist neben der Zufahrtsstraße recht flach zur Leadneralm. Von dort wandert man auf der Markierung Nr. 11 nie wirklich steil und zum größten Teil durch Wald hinauf zum Auener Jöchl. Dort hält man sich rechts und erreicht in kurzer Zeit das gut sichtbare Gipfelkreuz und die vielen Stoanmandln. Im Abstieg setzt man kurz geradeaus fort und hält sich bei der nächsten Wegverzweigung rechts auf Markierung Nr. 4 (auch Europäischer Fernwanderweg E5) und steigt ab zur Möltner Kaser. Dort hält man sich rechts auf Markierung Nr. 15 und biegt bei der ersten Wegverzweigung wieder rechts ab (Mark. Nr. 15). Weitgehend durch Wald erreicht man den Gasthof Waldbichl und bald danach den Aufstiegsweg, auf dem es zum Ausgangspunkt zurückgeht.

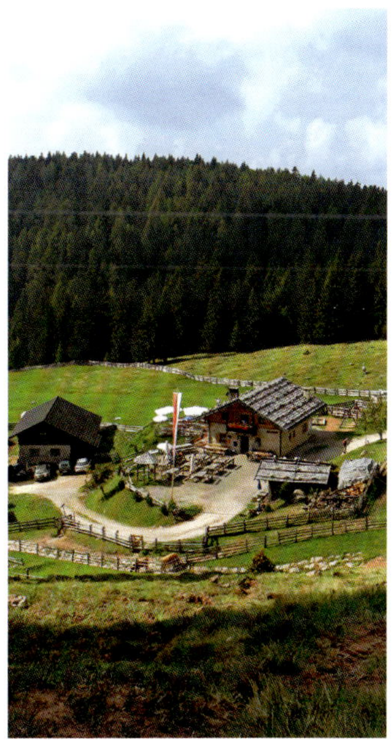

Die Stoanernen Mandln (links) und die Möltner Kaser (rechts)

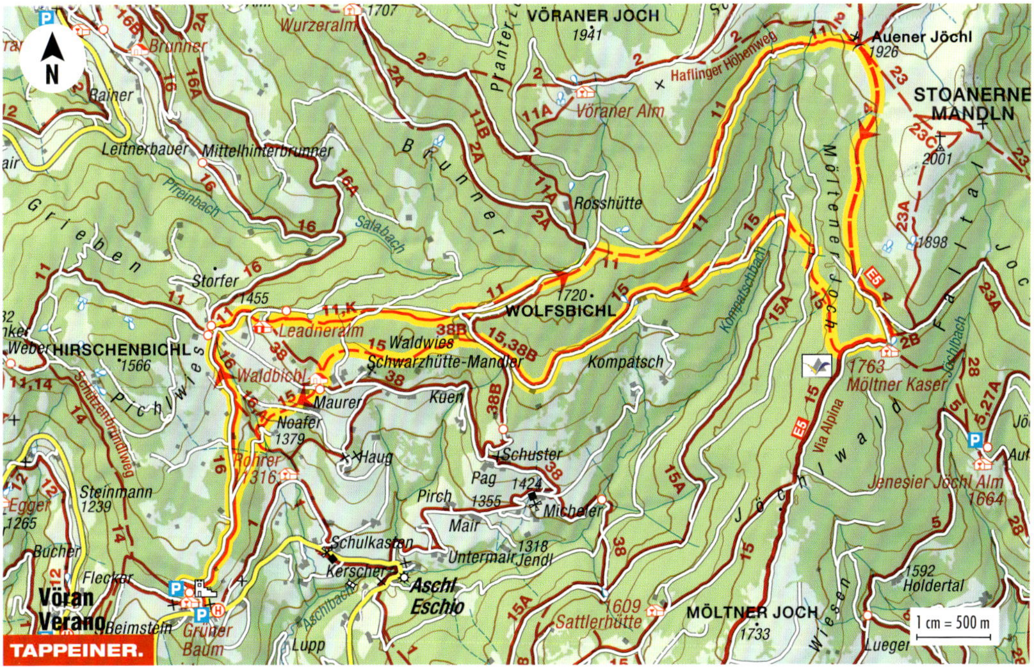

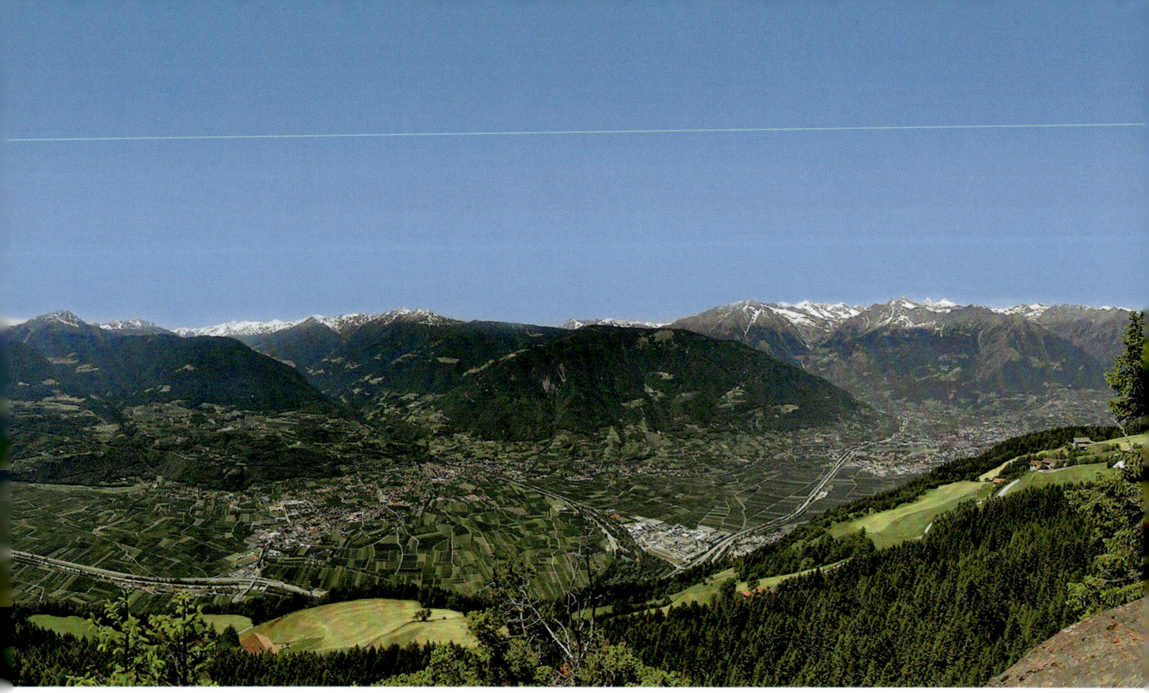

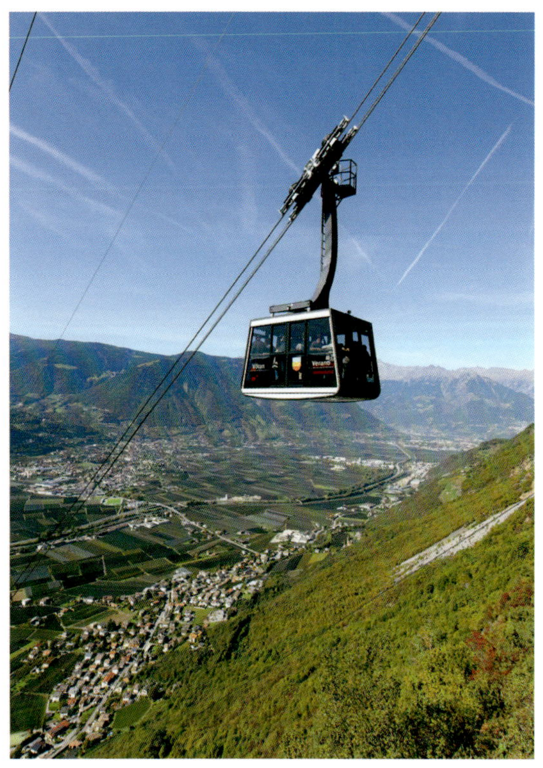

Neue Seilbahn Burgstall – Vöran

Eine Fahrt mit der neuen Seilbahn, noch dazu bei strahlendem Sonnenschein, ist ein wahres Erlebnis. Und nun ja: Bereits die Neubauten an Berg- und Talstation imponieren mit ihrer Größe und lassen erahnen, dass die neue Kabine (für bis zu 35 Personen) genügend Platz für Kinderwagen, Fahrräder, Bergläufer, Pendler und Gäste bietet.

Beeindruckend ist auch die einzige Stütze der neuen Seilbahn. 44 Meter ragt diese über das Tal hinaus und weist – im halben Etschtal sichtbar – auf das Dorf Vöran und sein Wandergebiet hin. Mit einer Geschwindigkeit von 10 m/s, welche die Fahrzeit der neuen Anlage auf 5 Minuten reduziert, gelangt man rasch zur Bergstation. Gleichzeitig genießt man die herrliche Sicht über das Meraner Land.

› Viele Bergläufer und Mountainbiker
Auch Fahrräder können transportiert werden, eigene Radständer in der Bahn sorgen für einen sicheren Transport der Räder.

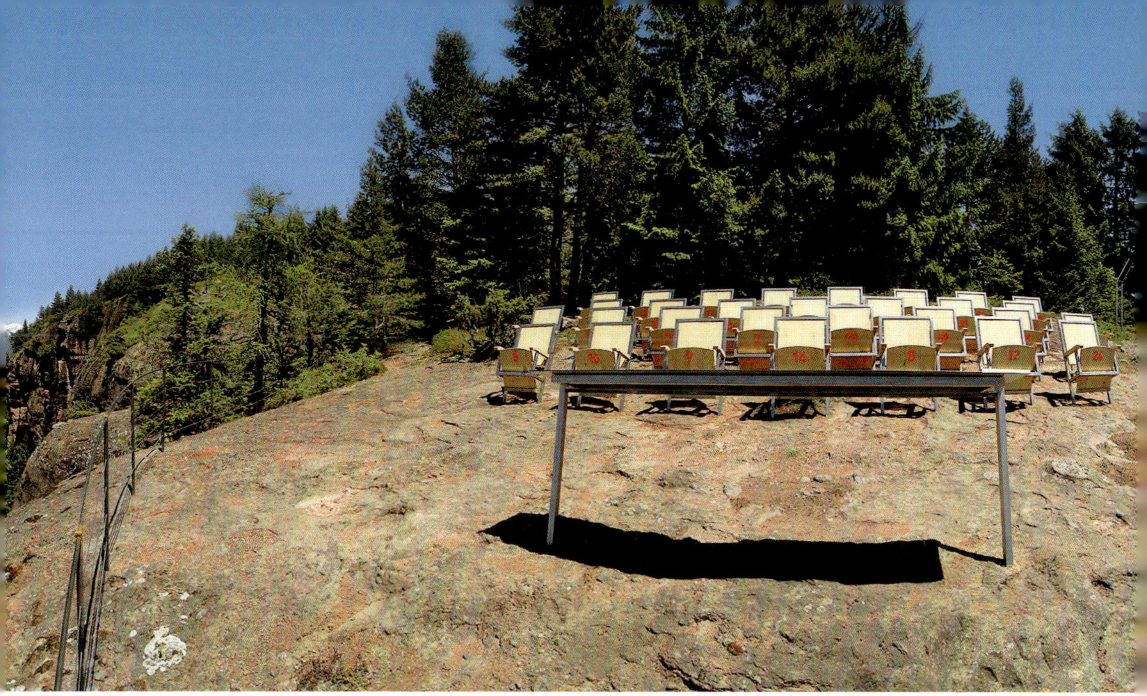

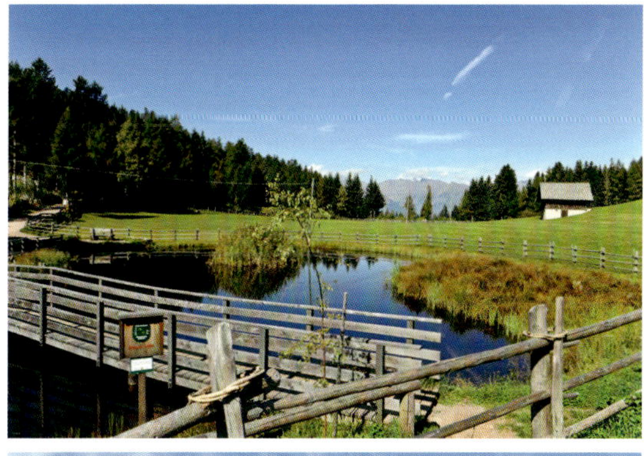

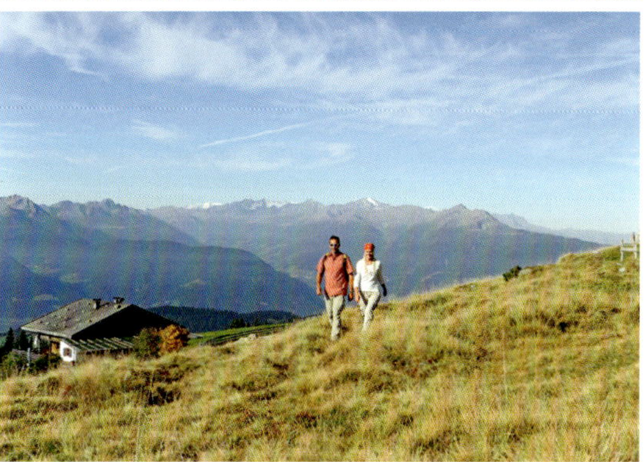

› Bistro „Sunnseitn"
Eine weitere Besonderheit der Seilbahn-Bergstation ist das liebevoll geführte Bistro „Sunnseitn". Das Lokal bietet hausgemachte Kuchen sowie Waren lokaler Produzenten und Bauern zum Verkauf an. Ein Spielplatz für die Kleinen rundet das Angebot ab. So kann jeder Gast selbst ein „kleines Stück Vöran" mit nach Hause nehmen, wenn er das Dorf mit der Seilbahn wieder in Richtung Tal verlässt ...

› Neuer Themenweg
Ein neuer Themenweg (Fertigstellung Anfang 2019) zum Knottnkino beginnt bei der Bergstation und bietet Abwechslung und Panoramaaussichten sondergleichen ...

Seilbahnstraße 13
I-39010 Vöran (BZ)
Tel. +39 0473 278187
info@gemeinde.voeran.bz.it
www.gemeinde.voeran.bz.it

Ganzjährig geöffnet (außer 25.12. und 01.01.)

45 FLAUMEICHENWALD UND ORCHIDEENWELT NAHE GARGAZON

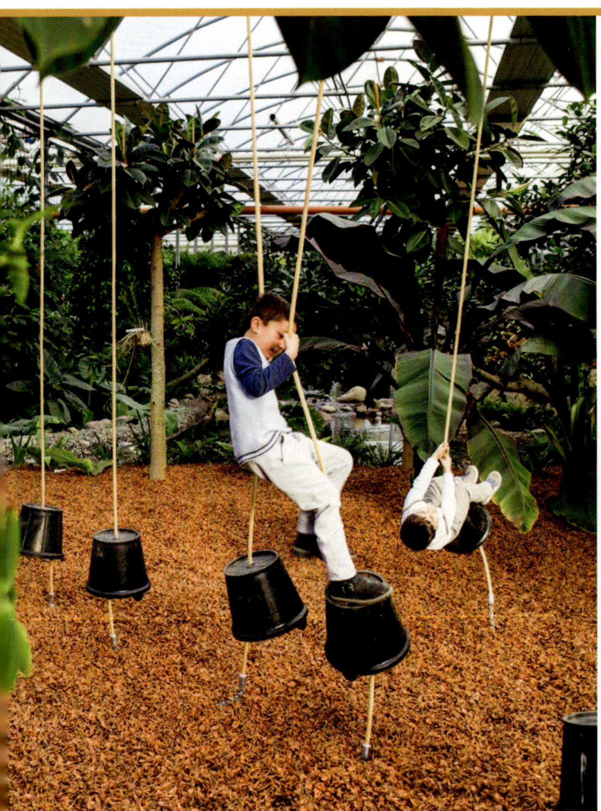

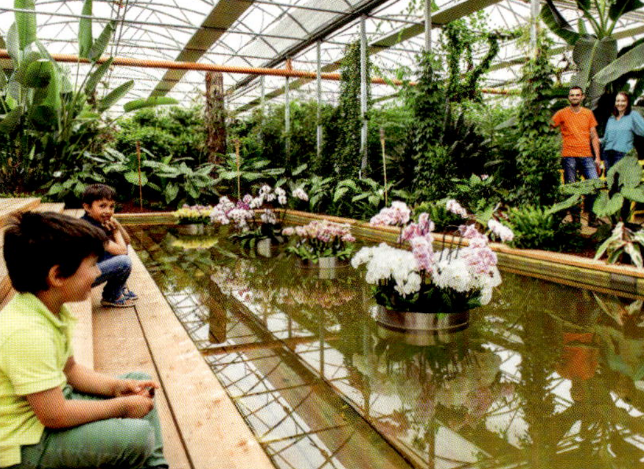

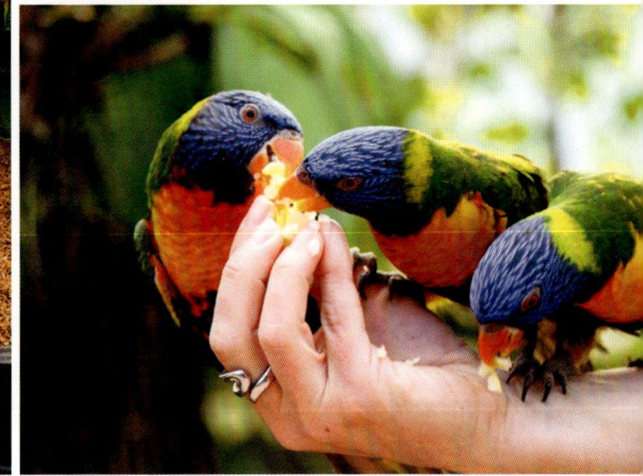

TECHNISCHE DATEN

Gehzeit
ca. 4 Stunden

Höhenunterschied
ca. 700 m im Auf- und Abstieg

Ausgangspunkt
Parkplatz an der Talstation der Seilbahn nach Vöran

Kartenmaterial
Tappeiner 107, Lana und Umgebung, 1:35.000

Die hier vorgeschlagene Wanderung besticht mit ihrem Gegensatz der submediterranen Vegetation am Sonnenhang des Etschtales und der überquellenden Pflanzenpracht auf über 6000 m² Gewächshausfläche, wo über 12.000 Pflanzen in einen Dschungel eingebettet sind. Die Besucher erwarten über 500 verschiedene Orchideenarten, die ein wahres Naturschauspiel an Farben, Formen und Düften bieten.

Anfahrt: Mit dem PKW zum Parkplatz der Seilbahn nach Vöran südlich von Burgstall; dieser ist auch bestens mit dem öffentlichen Bus zu erreichen

Wegverlauf: Vom Parkplatz folgt man der Beschilderung „Sunnseitensteig", an manchen Stellen recht steil, durch den Buschwald aufwärts. Im Sommer kann es hier recht heiß werden. Nach mehreren Serpentinen gelangt man schließlich an den Waldrand und zur Kreuzung mit der Markierung Nr. 4. Dieser folgt man nach rechts abwärts. Teilweise auf der Zufahrtsstraße zum Hof Pfrontschen geht es nun wieder durch den Buschwald abwärts. Vorbei am Wasserfall des Aschlbaches gelangt man hinunter nach Gargazon und folgt dem „Panoramaweg" (Mark. Nr. 3) nach links bis man schließlich direkt zu den Gewächshäusern der Orchideenwelt Raffeiner gelangt. Neben den bereits erwähnten Orchideen mit ihrem Blütenreichtum sind hier auch Koi-Karpfen, Schildkröten und auch Gebirgslori-Papageien zu bestaunen. Auch für Speis und Trank ist bestens gesorgt. Zurück zum Ausgangspunkt mit öffentlichem Bus von der 3 Gehminuten entfernten Bushaltestelle.

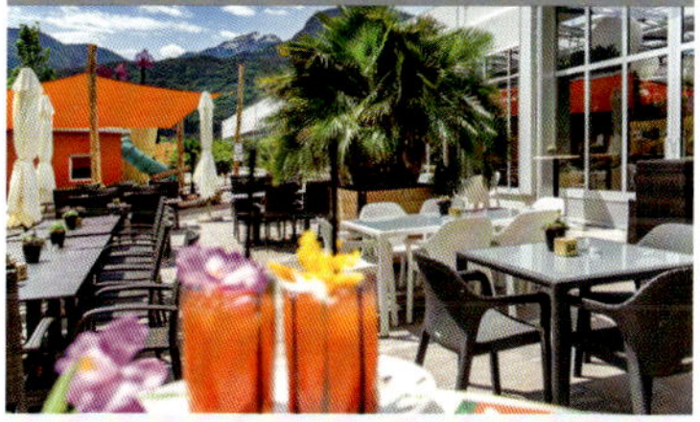

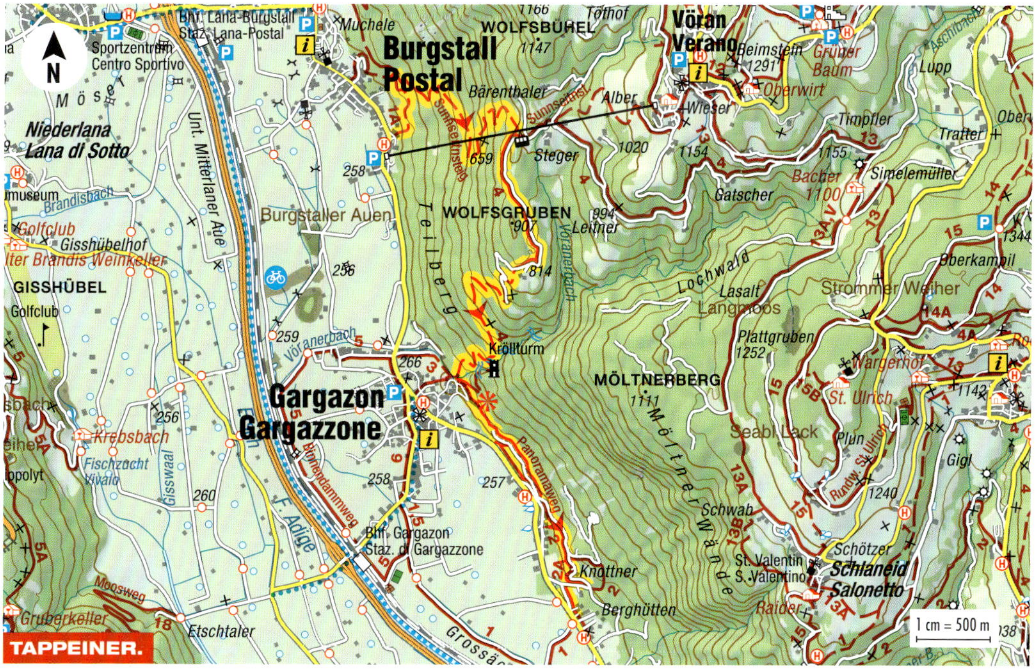

46 RUNDWANDERUNG VON TISENS NACH ST. HIPPOLYT

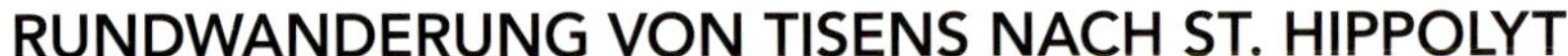

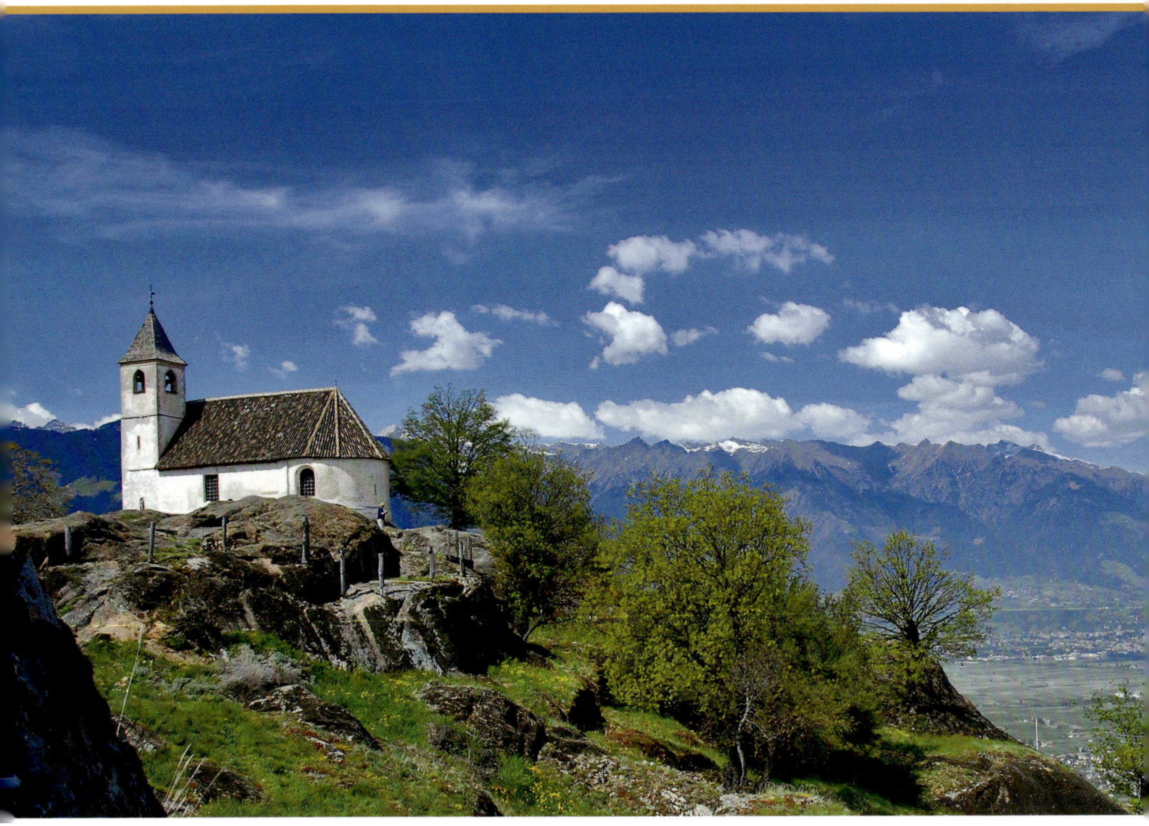

TECHNISCHE DATEN

Gehzeit
3½–4 Stunden

Höhenunterschied
ca. 480 m im Auf- und Abstieg

Ausgangspunkt
Ortskern von Tisens

Kartenmaterial
Tappeiner 107, Lana und Umgebung, 1:35.000

Die Königsloge des Burggrafenamtes, so wird die Felskuppe genannt, auf der sich das Kirchlein befindet. Zu Recht, denn das Etschtal liegt dem Betrachter zu Füßen, weit schweift der Blick über den Tschögglberg bis zum Ifinger, Hirzer und dem Jaufenkamm, der das Passeiertal abzuschließen scheint. Gegen Westen hin reihen sich die Gipfel der Texelgruppe aneinander. Ein fleißiger Mensch hat sich die Mühe gemacht und gezählt: 20 Ortschaften und 40 Schlösser und Ruinen sind zu sehen. Auffallend ist der gestufte, eher sanfte Aufstieg zum Kirchhügel, der nach Norden und Osten doch recht steil abfällt. Und auffallend sind auch die tiefen „Kratzspuren" vor dem Kirchlein. Diese morphologischen Besonderheiten sind auf die letzte Eiszeit zurückzuführen, es handelt sich um einen glazialen Rundhöcker und bei den zum Teil recht tiefen Rillen um „Kratzspuren", hervorgerufen durch Gesteinsbrocken am Grunde des Eises.

Anfahrt: Mit PKW oder öffentlichem Bus über Lana nach Tisens.

Wegverlauf: Im Ortskern von Tisens folgt man dem „Jakobsweg" (Mark. Nr. 1A und 5) zunächst durch Obstwiesen, dann durch Buschwald mäßig steil hinauf zum Kirchlein. Man setzt fort hinunter in die Senke (lohnender Abstecher nach links zum idyllischen Narauner Weiher) und weiter auf den Markierungen Nr. 7 und 8A, bis der „Larchweg" (Mark. Nr. 6) nach links abzweigt. Diesem folgt man, bis bei einem Gehöft die Markierung Nr. 6A zweimal scharf nach links abzweigt. Auf dieser gelangt man in kurzer Zeit zurück zum Ausgangspunkt.

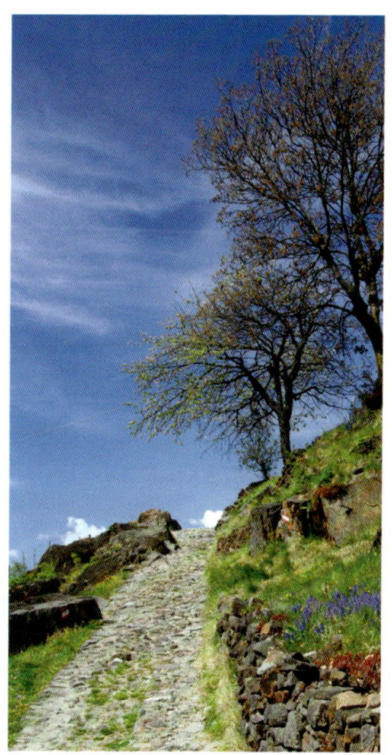

St. Hippolyt (links) und der Aufstieg zum Kirchlein (rechts)

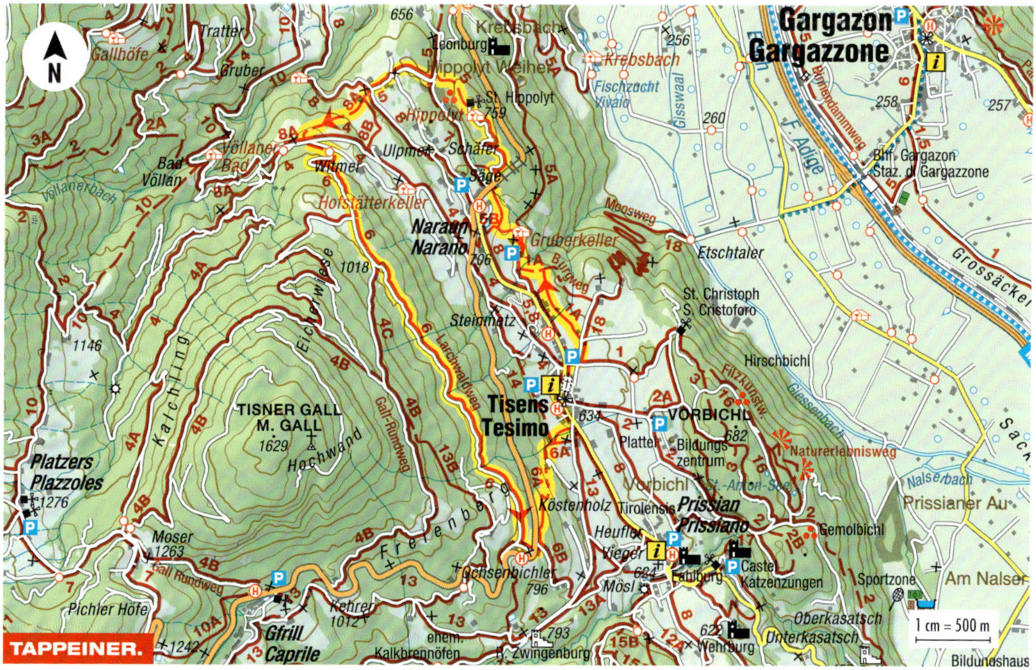

47 VON PRISSIAN NACH ST. APOLLONIA

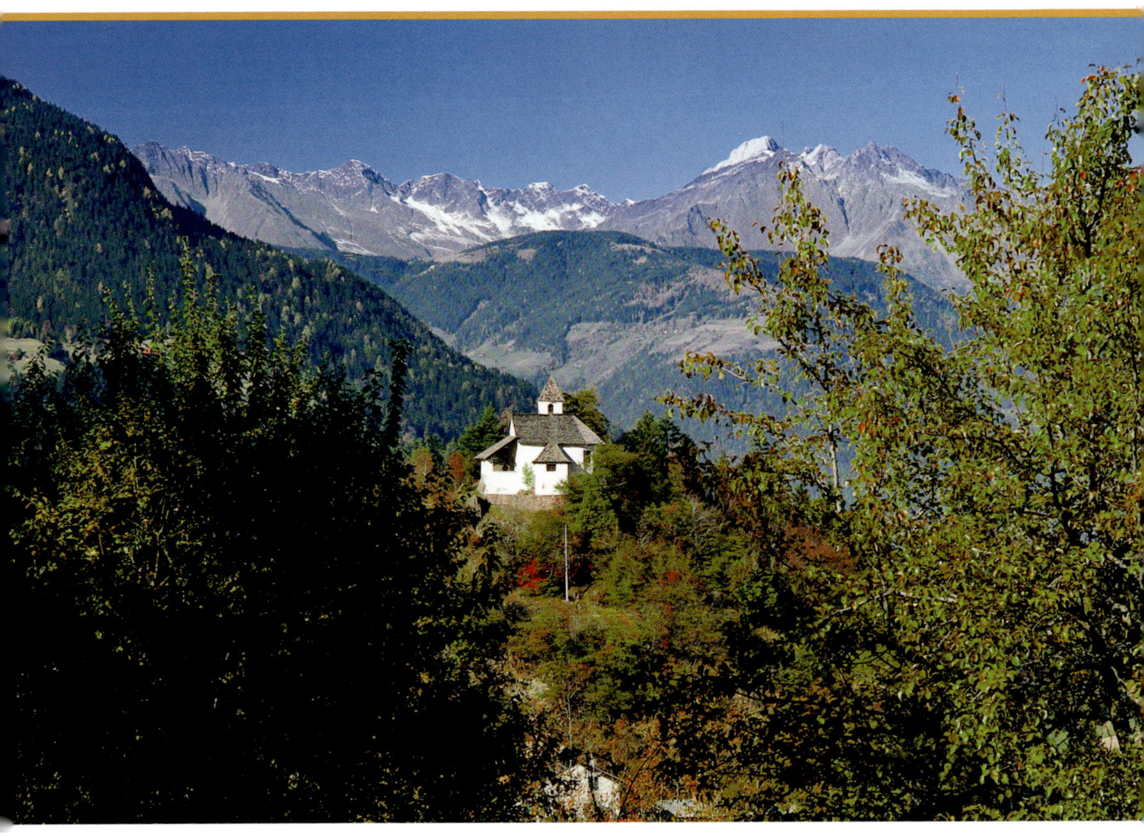

TECHNISCHE DATEN

Gehzeit
3½–4 Stunden

Höhenunterschied
ca. 520 m im Auf- und Abstieg

Ausgangspunkt
Bushaltestelle oder Parkplatz in Prissian

Kartenmaterial
Tappeiner 107, Lana und Umgebung, 1:35.000

Zwei Kirchlein liegen an diesem einfachen Wanderweg: St. Jakob und St. Apollonia, Ziel der Wanderung. Beide liegen auf sehr exponierten Punkten, es handelt sich wohl um frühgeschichtliche Siedlungs- und Kultplätze. Diese standen im Zeitalter der christlichen Missionierung im Brennpunkt. Die einheimischen „Sturschädel" sind ja nicht mit fliegenden Fahnen zur neuen Religion übergelaufen, vielleicht haben sie „ja, ja" gesagt, um ihre Ruhe zu haben und sind doch wieder hinaufgestiegen zu den rituellen Plätzen ihrer Götter. Doch die „andere Seite" war auch nicht „auf der Brennsuppe daher geschwommen" und hat ein christliches Kirchlein darüber gebaut. Und jetzt betet mal schön!

Anfahrt: Mit PKW oder öffentlichem Bus von Lana über Tisens nach Prissian.

Wegverlauf: Von Prissian folgt man der Markierung Nr. 12, an der Fahlburg vorbei bis zur Häusergruppe „Sandbichl", wo der „Waldsteig" nach rechts abzweigt. Diesem folgt man in sanfter Steigung nach Grissian, von wo man durch Wiesen hinüber wandert zum Kirchlein St. Jakob (sehenswerte Fresken, Schlüssel im Hof daneben) und weiter auf Markierung Nr. 8 bis St. Apollonia (Abkürzung von St. Jakob auf dem Jakobsweg nach St. Apollonia möglich). Nun auf Weg Nr. 9 eher steil hinunter nach Untersirmian und nach links auf den Markierungen Nr. 10 und 15 A zurück zum Aufstiegsweg und nach Prissian.

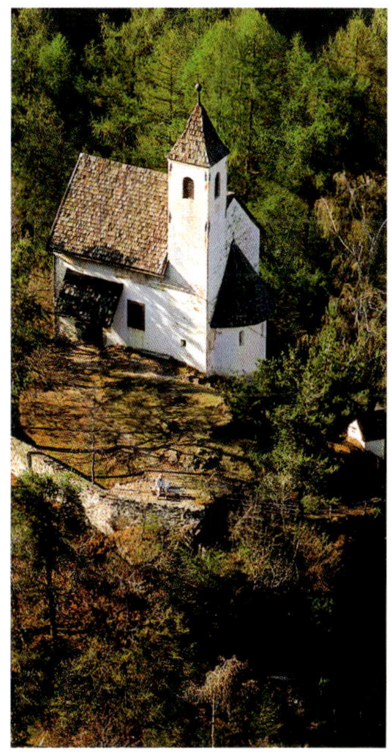

St. Apollonia (links) und das St.-Jakob-Kirchlein (rechts)

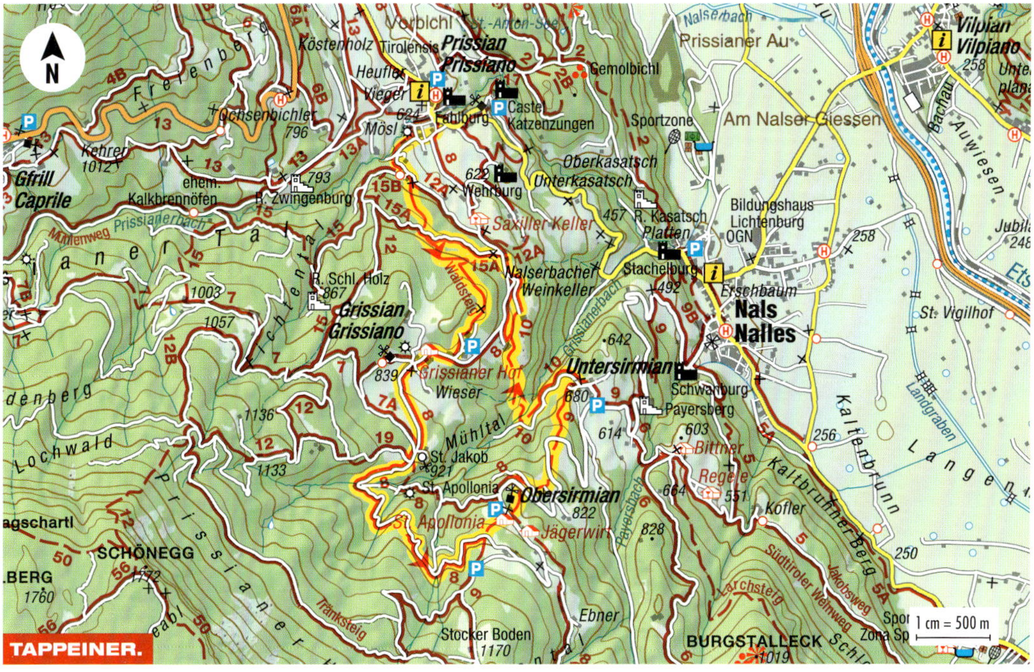

48  BURGENWANDERUNG BEI PRISSIAN

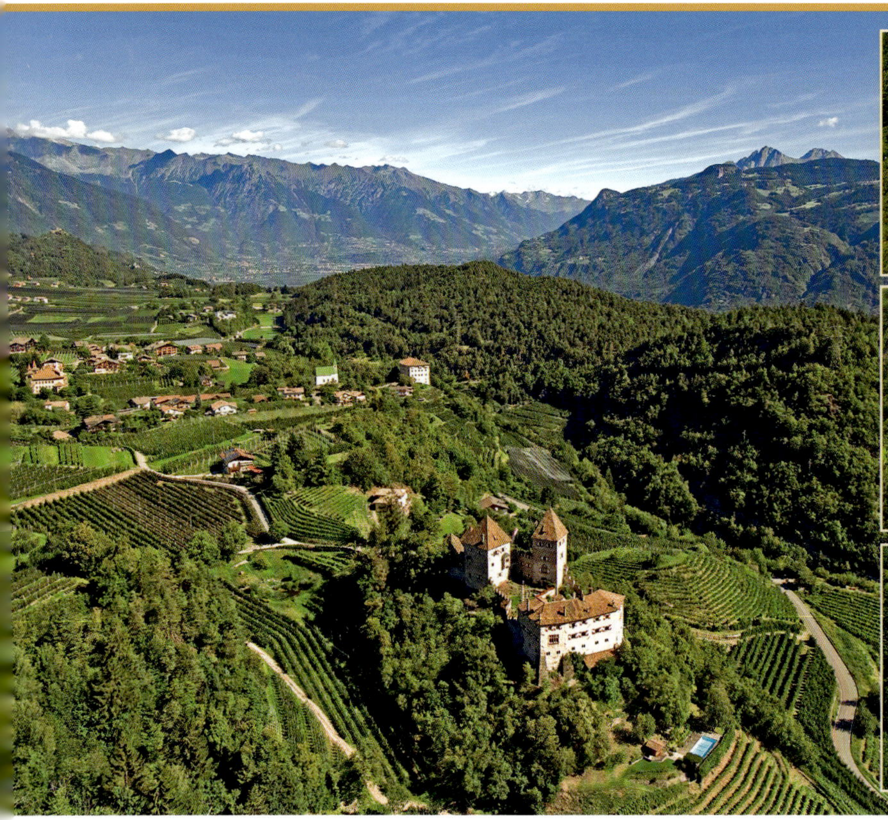

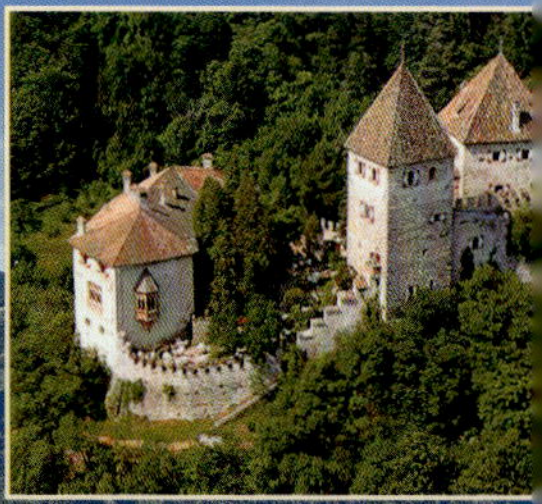

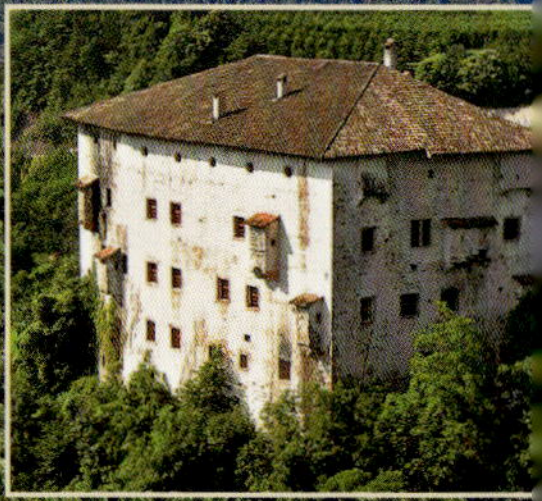

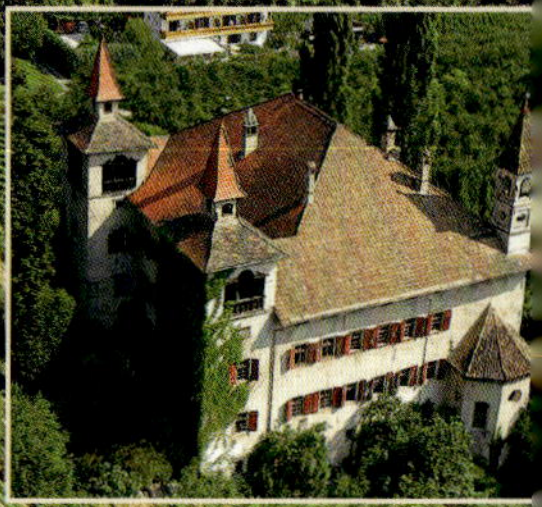

TECHNISCHE DATEN

Gehzeit
3½–4 Stunden

Höhenunterschied
ca. 460 m im Auf- und Abstieg

Ausgangspunkt
Bushaltestelle oder Parkplatz in Prissian

Kartenmaterial
Tappeiner 107, Lana und Umgebung, 1:35.000

Prissian wird auch das Burgendorf genannt. Im oder in unmittelbarer Nähe des Dörfchens finden sich die Burgen bzw. Schlösser Fahlburg, Zwingenburg, Holz (Ruine), Wehrburg und Katzenzungen. Und vier davon liegen auf diesem Wanderweg. Eine Besonderheit zu Katzenzungen: Vor dem eher unansehnlichen Bau findet sich „der größte und älteste Rebstock Europas". Wissenschaftliche Untersuchungen haben ein Alter von ungefähr 350 Jahren ergeben, ein namenloser Weinstock in Margreid im Südtiroler Unterland ist allerdings nachweislich 1601 gepflanzt worden, jedoch die Größe von 300 m^2 ist unübertroffen. Und auch der Rebtypus, der Versoaln ist einzigartig, da keine andere Pflanze gleicher Genetik bekannt ist.

Anfahrt: Mit PKW oder öffentlichem Bus von Lana über Tisens nach Prissian.

Wegverlauf: Von Prissian folgt man dem Weg mit der Markierung Nr. 13A bergauf, vorbei an der Zwingenburg, überquert den Prissianer Bach und setzt an der nächsten Wegverzweigung auf Markierung Nr. 15 nach rechts fort. Es folgt ein steiler Aufschwung zur Kreuzung mit der Markierung Nr. 7, der man nach links folgt. Bei der folgenden Verzweigung hält man sich links auf Weg Nr. 7A und gelangt nach St. Jakob. Von dort wandert man auf Weg Nr. 8 hinunter, biegt am Waldrand nach rechts auf die Markierung Nr. 12A ab und gelangt vorbei an der Wehrburg nach Katzenzungen. Von dort auf der Straße zurück ins Dorf.

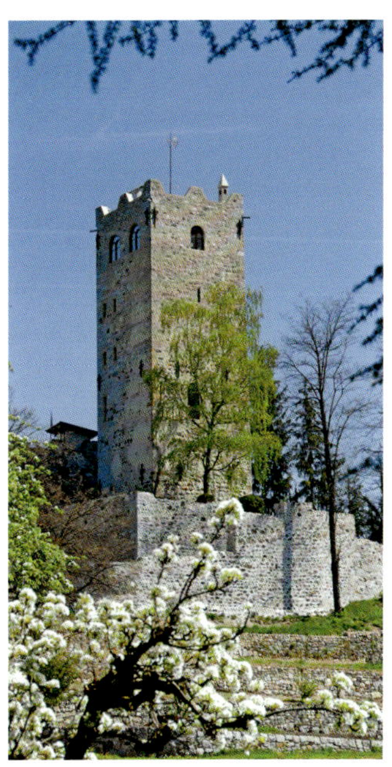

Ansicht der Burgen und Schlösser, die während der Wanderung zu sehen sind: Schloss Wehrburg (oben), Katzenzungen (Mitte), Schloss Fahlburg (unten) und Schloss Zwingenburg (rechts)

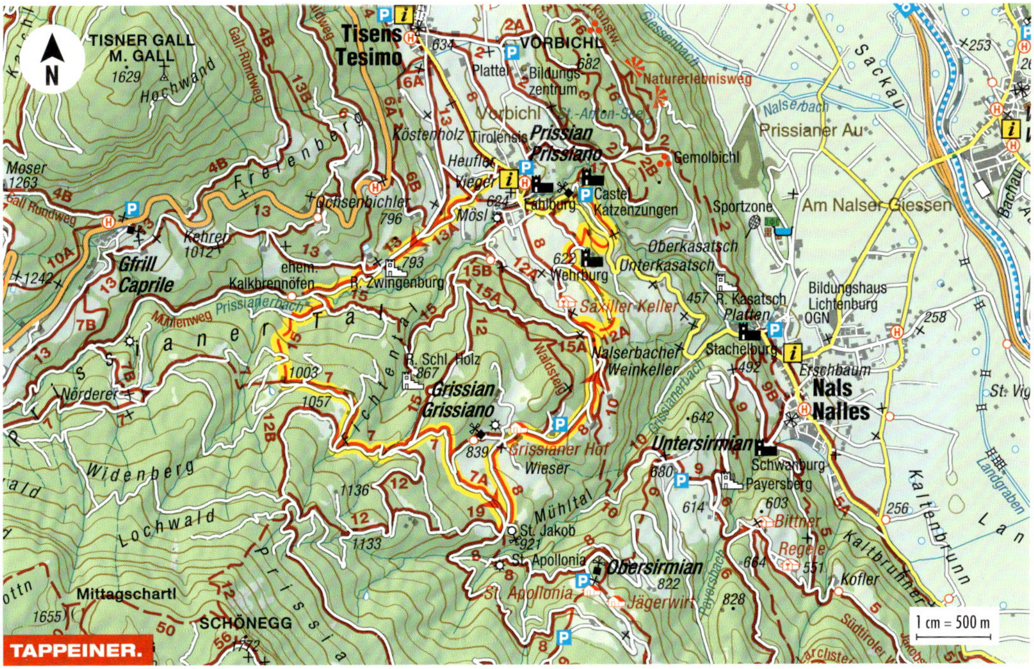

49  RUNDWANDERUNG VON VÖLLAN NACH PLATZERS

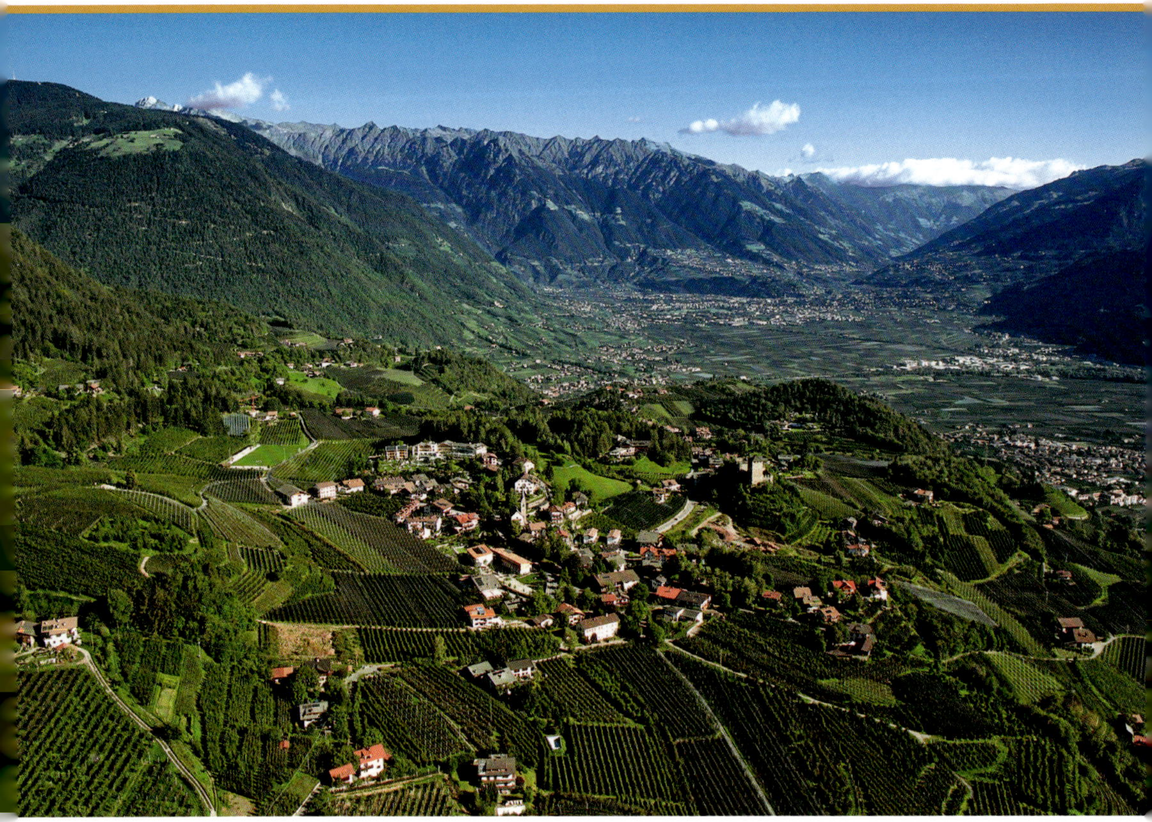

TECHNISCHE DATEN

Gehzeit
5½–6 Stunden

Höhenunterschied
ca. 950 m im Auf- und Abstieg

Ausgangspunkt
Bushaltestelle oder Parkplatz in Völlan

Kartenmaterial
Tappeiner 107, Lana und Umgebung, 1:35.000

Eine schöne Rundwanderung, bei der man meist alleine unterwegs ist. Gewiss, sie stellt einige Anforderungen an die Kondition, man erlebt aber einige sehr schöne alte Bergbauernhöfe und besonders im Abstieg einen wunderbaren Fernblick über die Talweite von Meran und hinein ins Passeiertal bis zum Jaufenkamm.

Anfahrt: Mit PKW oder öffentlichem Bus über Lana nach Völlan.

Wegverlauf: Im Ortskern von Völlan wandert man kurz nach Süden und biegt nach rechts auf die Markierung Nr. 4 ab. Dieser folgt man, teilweise auf der Zufahrtsstraße der Berghöfe.

Oberhalb des Hofes „Tratter“ setzt man auf Weg Nr. 3 geradeaus fort und gelangt hinauf zum Hofschank Gallhof. Mehr oder weniger gleichmäßig steil geht es nun durch den Wald hinauf und man gelangt – vorbei an der nicht bewirtschafteten Jagdhütte – aufs Völlaner Joch. Eher steil führt der Weg von dort hinunter nach Platzers (Einkehrmöglichkeiten; wird man von Schlechtwetter überrascht, kann man auf der Zufahrtsstraße in ca. 45 Minuten hinüberwandern zur Bushaltestelle an der Gampenpassstraße). Dort nach links abbiegen (immer auf Mark. Nr. 10) und geradeaus weiter zum Völlaner Badl (reaktiviertes Bauernbad mit hauseigener Naturquelle; Sulfate und andere Minerale), wo man auch „nur“ gemütlich einkehren kann, ohne sich unbedingt dem Baderitual zu unterziehen. Und dann ist es auf Markierung Nr. 10 nicht mehr weit zurück zum Ausgangspunkt.

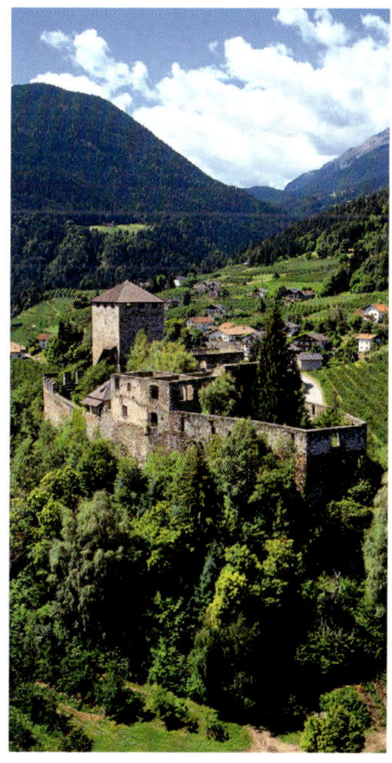

Völlan (links) und die Mayenburg (rechts)

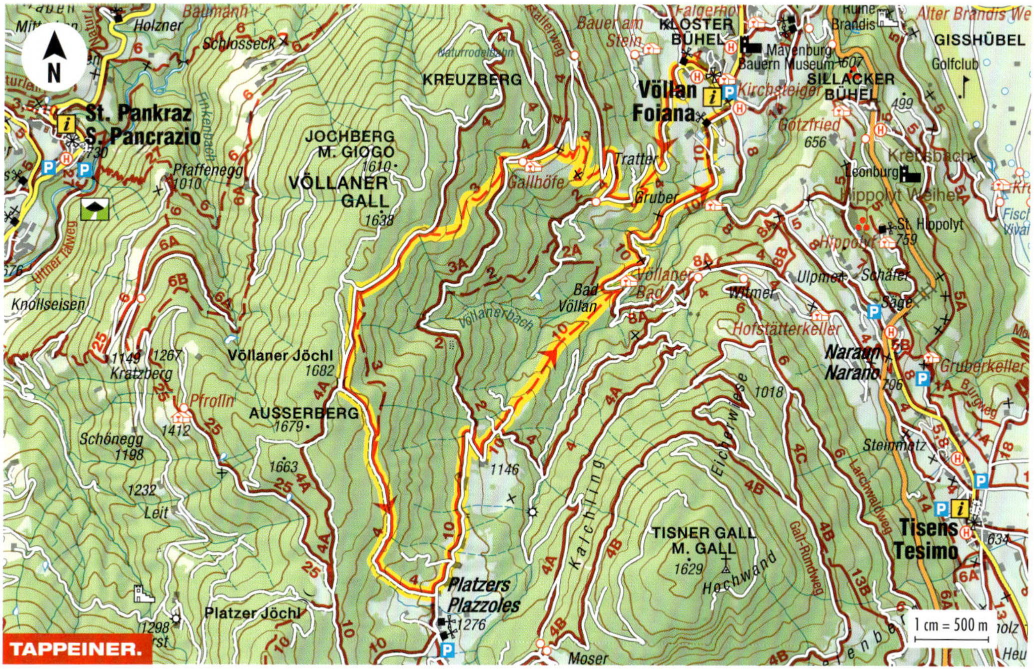

50 UMRUNDUNG DER TISNER GALL

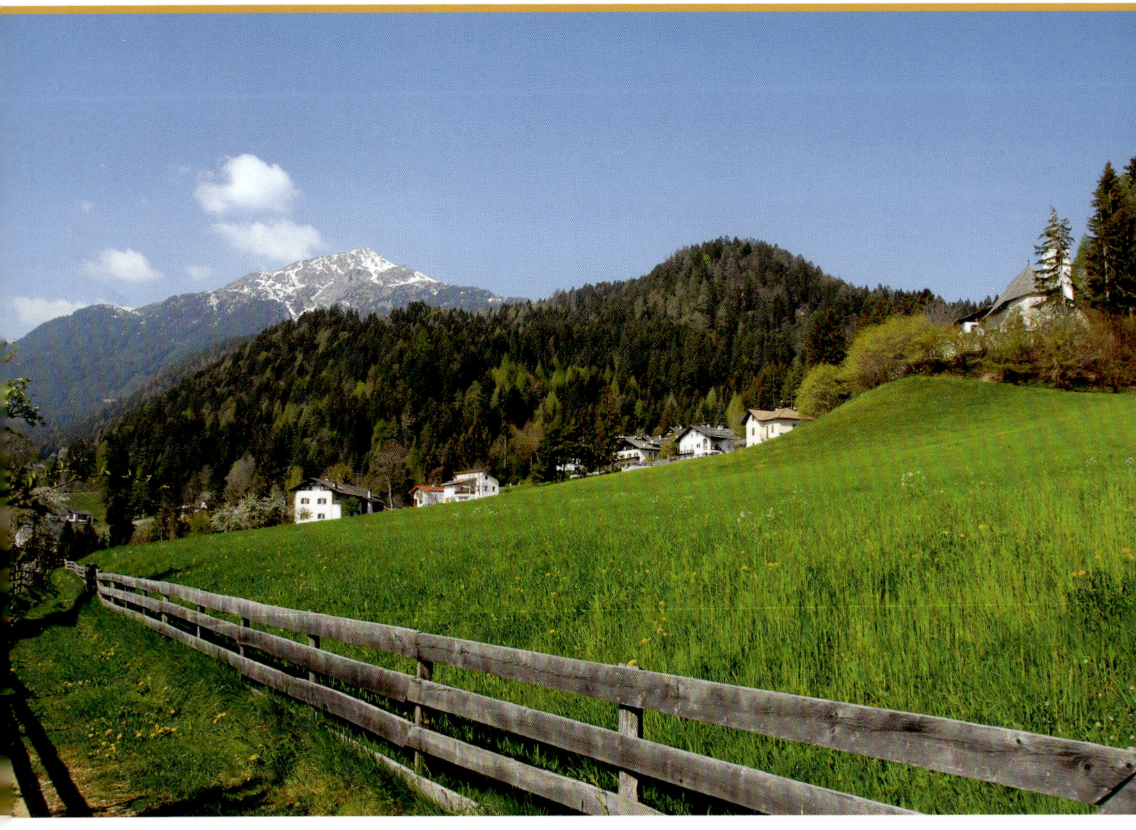

TECHNISCHE DATEN

Gehzeit
2½–3 Stunden

Höhenunterschied
ca. 380 m im Auf- und Abstieg

Ausgangspunkt
Bushaltestelle oder Parkplatz in Gfrill

Kartenmaterial
Tappeiner 107, Lana und Umgebung, 1:35.000

Die Tisner Gall ist eine bewaldete Erhebung zwischen dem Laugen und der Talterrasse von Völlan und Tisens. Der hier vorgeschlagene Weg führt fast zur Gänze durch Hochwald und weist nur geringe Steigungen auf. Er kann daher auch im Hochsommer gut begangen werden und bietet sich, weil eher kurz, auch als angenehme Halbtagestour an. Hinter vorgehaltener Hand berichtet man von „schönen Plätzchen" während der Pilzezeit. Aber selbstverständlich hält man sich an die gesetzlichen Vorgaben betreffend Sammelgebühr, erlaubte Zeiten und erlaubte Menge.

Anfahrt: Mit PKW oder öffentlichem Bus von Lana nach Gfrill an der Gampenpassstraße.

Wegverlauf: Vom Parkplatz bzw. der Bushaltestelle folgt man der Markierung Nr. 4B, auch Rundweg Gall, am Anfang eher steil hinauf in Richtung Platzers. Nach einem kurzen Stück entlang der Zufahrtsstraße hält man sich rechts, das heißt, man bleibt auf der Markierung Nr. 4B und hat, nun nur mehr mäßig steil, schon bald den höchsten Punkt der Wanderung erreicht. Immer durch den Wald geht es nun in sanftem Gefälle abwärts zu einem Gehöft und weiter bis zur Gampenpassstraße, die man überquert. Bald danach, am Beginn einer großen Wiesenfläche, zweigt die Markierung Nr. 10A nach rechts ab. Dieser folgt man in einem kurzen Gegenanstieg und erreicht den Ausgangspunkt.

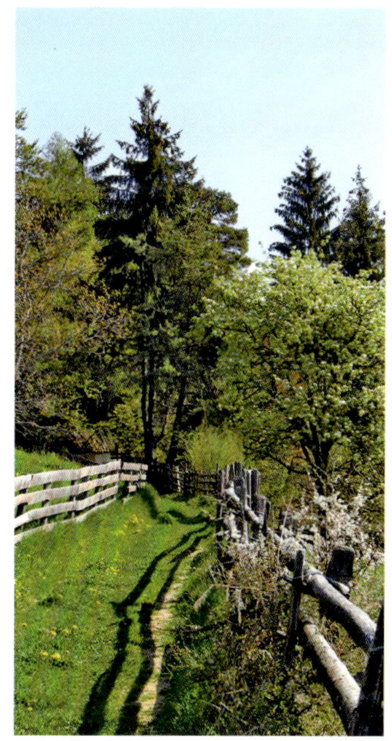

Gfrill oberhalb Tisens

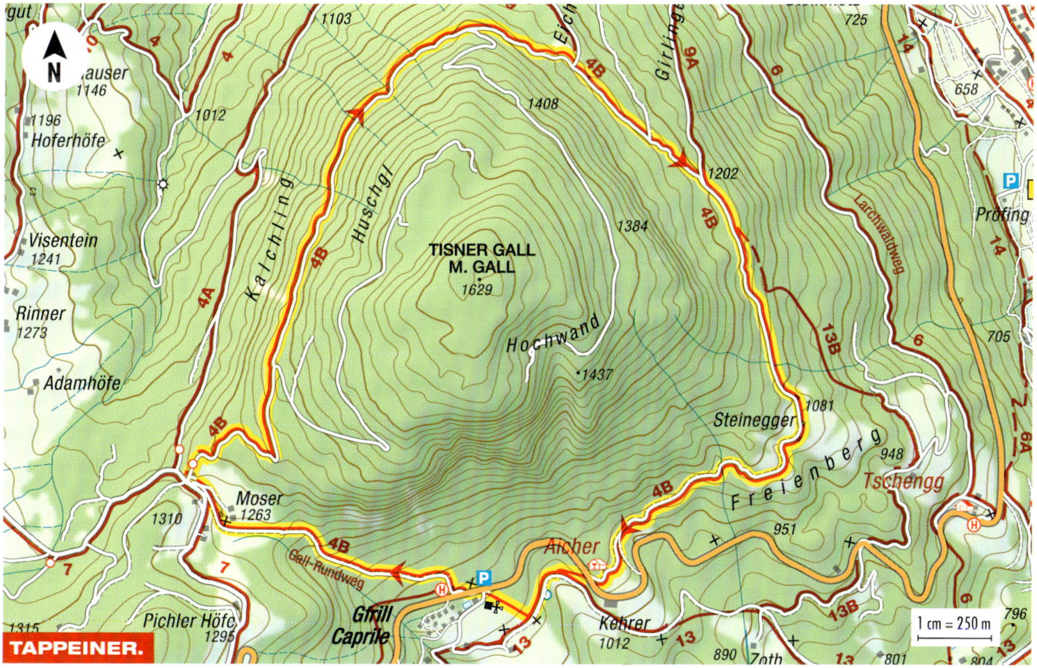

Hinweis: Alle Angaben in diesem Wanderführer wurde vom Autor sorgfältig recherchiert. Sollten Sie bei Ihren Touren dennoch Unstimmigkeiten bemerken, nimmt der Verlag Ihre Hinweise gerne entgegen (buchverlag@athesia.it). Die Benutzung dieses Führers erfolgt auf eigenes Risiko. Eine Haftung für etwaige Unfälle und Schäden wird weder vom Autor noch vom Verlag übernommen.

Umschlagfoto: Andy Walder (Blick von der Berghütte Adlerhorst auf Hirzer und Ifinger)

Bild- und Textnachweis: Athesia-Tappeiner Verlag, Klaus Auer, Alex Filz, Anneliese Kompatscher, Kuhleitenhütte / Martin Drahorad, Christjan Ladurner, Landesmuseum Bergbau, Hanspaul Menara, Hotel Niedermair / Foto Drescher, Orchideenwelt / Helmut Rier, Michael Schwarzer, Nora Sölva, Georg Tappeiner, Taseralm/Alex Filz, TV Algund / Angelika Schwarz, TV Marling, TV Naturns / PhotoGrünerThomas, TV Passeiertal / Benjamin Pfitscher/Kassian Plangger/Hubert Gögele, TV Hafling-Vöran (Routentexte 42, 43, 44) / Laurin Moser/Roland Pircher/Clemens Zahn (Fotos), Andy Walder, Manfred Waldner, Elke Wasmund sowie Bilder aus dem Privatbesitz der Inserenten.

2018

Design & Layout: Athesia-Tappeiner Verlag
Druck: Athesia Druck, Bozen
ISBN 978-88-7073-898-8
www.athesia-tappeiner.com
buchverlag@athesia.it

TAPPEINER

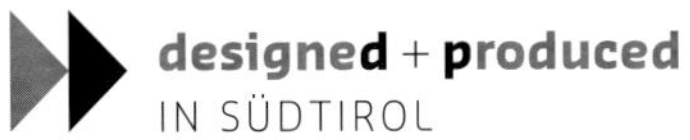